北京语言大学校级科研项目
“对外汉语教学课堂活动设计研究”08YB05

汉语教师志愿者教学实用指南

课堂活动设计指南

KETANG HUODONG SHEJI ZHINAN

姜丽萍　李俊芬　著

北京语言大学出版社
BEIJING LANGUAGE AND CULTURE UNIVERSITY PRESS

图书在版编目(CIP)数据

课堂活动设计指南 / 姜丽萍，李俊芬著 . — 北京：北京语言大学出版社，2014.11（2025.1重印）

ISBN 978-7-5619-3931-4

Ⅰ. ①课… Ⅱ. ①姜… ②李… Ⅲ. ①汉语－对外汉语教学－课堂教学－课程设计 Ⅳ. ① H195.3

中国版本图书馆 CIP 数据核字（2014）第 242796 号

书　　名：课堂活动设计指南
　　　　　KETANG HUODONG SHEJI ZHINAN
责任编辑：唐琪佳　纪　成
装帧设计：李　佳
责任印制：邝　天

出版发行：北京语言大学出版社
社　　址：北京市海淀区学院路 15 号　　邮政编码：100083
网　　址：www.blcup.com
编 辑 部：010-8230 3647/3592/3395
国内发行：010-8230 3650/3591/3648
海外发行：010-8230 0309/3365/3080
读者服务部：010-8230 3653
网上订购：010-8230 3908（国内）/ 3668（海外）
　　　　　service @blcup.com
印　　刷：北京鑫丰华彩印有限公司
经　　销：全国新华书店

版　　次：2014 年 11 月第 1 版　　2025 年 1 月第 6 次印刷
开　　本：787 毫米 ×1092 毫米　1/16　印张：18
字　　数：274 千字
书　　号：ISBN 978-7-5619-3931-4 / H· 14203
定　　价：55.00 元

Printed in China

前　言

随着汉语言文化加快走向世界，对外汉语教学学科正在转型为汉语国际教育学科。以往谈对外汉语教学，基本以“请进来”为主，现在是“请进来”和“走出去”相结合，尤以“走出去”为主。学科内涵扩大了，研究对象、研究环境、研究内容和方法也必将随之调整。原来在目的语环境中形成的缜密的教学理念、教学法体系，在海外学生面前会“水土不服”，甚至“苍白无力”。看似简单的“教什么？怎么教？谁来教？”的问题，却是制约汉语国际传播与发展的瓶颈问题。要想破解“三教”难题，我们必须建立在对汉语国际教育的特点、条件及规律的系统认识和正确把握的基础上，必须依靠科学的研究和教学实践。

一

国家汉办2007年、2008年相继出版发行了《国际汉语能力标准》、《国际汉语教学通用课程大纲》，并于2013年做了全面修订。该大纲的研制开发均是基于汉语作为外语或第二语言进行的，这是开展汉语国际教育研究的基础。以往的研究和教学，多以目的语环境和对象为切入点，然后将研究的成果向海内外推广。今天看来仅有对普遍性规律的研究是远远不够的，更需要根据不同教学对象、教学环境、教学目标进行有针对性的探索。因为汉语国际教育发展到今天，仅以对外汉语教学研究为核心已经不能涵盖所有研究领域，必须进行专门化和针对性的研究。目前，汉语国际教育根据教学环境的不同分为国内和国外两大块，只有把这两大块的性质、特点搞清楚了，才能在普适性教学的基础上进行针对性教学。

1．在目的语环境下对外国人进行的汉语教学

此类具有汉语国际教育特征的对外汉语教学，根据教学性质和总体特点，可划分为：学历教育和非学历教育、一般进修教育和速成强化教学、专项语言技能培训和与语言有关的职业培训等，具有学科专业的特征。

2．在非目的语环境下对各类汉语学习者进行的汉语教学

目前，国外汉语教学面临的情况很复杂，表现为在不同的国家、地区或社区开展

汉语教学所处的环境，学习者的需求千差万别。为进行研究的方便，我们把国外汉语教学细分为“无汉语文化背景”与“有汉语文化背景”两类。其中，无汉语文化背景的汉语教学是对第一语言非汉语的外国人在其母语环境下进行的、纯粹的外语教学。为避免术语上的混乱，我们把这类汉语教学定名为“海外汉语教学”；有汉语文化背景的汉语教学是指在国外进行的、但具有一定汉语文化背景或环境的汉语教学，这类教学是汉语国际教育中非常特殊的一类，也是与政治、经济、历史、语言文化等因素交织在一起的，属于最为复杂的汉语国际教育类型。比如马来西亚、新加坡等国家的汉语教学，分布在世界各地的“华侨学校”等，我们暂时把这类汉语教学定名为“海外华文教学”。

我们以“汉语国际教育”为统领，对两种环境的三类教学进行了区分，形成了汉语国际教育架构下的对外汉语教学、海外汉语教学、海外华文教学，这种分类既有助于我们对它们进行共性研究，也有助于对其进行特殊性研究，整体形成汉语国际教育的研究对象。

目前，在这三种类型的学术研究和教学实践中，对外汉语教学已有较雄厚的学科基础，无论是作为第二语言（外语）的汉语本体研究、汉语习得与认知研究还是教学理论和方法、教材建设、现代教育技术应用等研究，都有了较长时间的积累和研究成果，也有其庞大的研究队伍和研究机构。海外华文教学研究有较悠久的历史，也有专业的研究机构、研究人员，但规模、影响还不够广泛。海外汉语教学目前还没有作为一个相对独立的领域来对待，正处于在“对外汉语教学母体中孕育”的阶段，没有从对外汉语教学领域明确独立出来，其研究机构、人员均以国内的对外汉语教学体系为主，没有专门针对海外汉语教学的学术研究机制。我们认为，海外汉语教学在对外汉语教学中孕育，这是现实条件决定的，但必须看到，两者毕竟是不同特性的汉语教学，面对海外复杂的环境，基于国内的对外汉语教学理念、方式、方法不能简单地向海外汉语教学“移植”。为适应汉语国际教育事业发展的需要，亟须在汉语国际教育体制内把海外汉语教学与对外汉语教学进行学科意义上的分离，以对外汉语教学学科为基础，结合海外汉语教学的实际，迅速构建有鲜明特色的“海外汉语教学”研究机制。

二

海外汉语教学，与国内最大的不同，是在非目的语环境下对母语非汉语的外国人进行的跨文化教学，其特点是学生层次多样，年龄相差悬殊，课内学时较少(一般周课时1到6小时不等，大多2到4小时)，课外没有延伸。要想把这些学生吸引到课堂，并能引导他们持之以恒地学下去，教师就要时刻牢记“以学生为中心”，最重要的就是调动学生的积极性、主动性，让学生参与到课堂活动中来。

前文提到，我们在目的语环境进行对外汉语教学所积累的许多行之有效的教学方法，在语音、词汇、语法、汉字、课文等方面形成的较完备的方法体系，是开展海外汉语教学的基础，但这些方法并不完全适用于海外汉语教学。因为在海外，汉语作为外语教学，有其自身的特殊性:（1）缺乏目的语环境;（2）学生学习的非持续性;（3）本土文化与中国文化的差异较大。这些因素可能会使教师在国内精心准备的教学方法无用武之地。若教学方法无助于激发、保持学生的学习兴趣，无助于提高学生的语言交际能力，那么再完美的理论都是纸上谈兵，再符合教学理论、看似完善的教学实践都不会成功。只有让学生动起来，集体参与到形式不断变换的活动中，才能调动和保持学生的学习积极性，才有可能实现预期的教学目标。所以课堂活动无疑成为海外汉语课堂不可或缺的教学组成部分，无活动即无互动，无互动则无效能。

上世纪80年代任务型语言教学开始在英语作为第二语言教学中兴起并逐渐发展起来。任务型教学法主张用任务组织教学，在完成任务的过程中，以学生参与、体验、互动、交流、合作的方式，充分发挥学习者自身的认知能力，调动他们已有的目的语资源，在实践中感知、认识、应用目的语，在“做”中学、“用”中学、“活动”中学。这些理念也在90年代传入对外汉语教学领域，并在理论和实践方面得到了探讨、应用和发展。

基于任务型教学的理念，在海外进行汉语教学时，首先，课堂教学必须贯彻“以交际为中心”的教学原则，这就要求在课堂教学中，教师的讲与练、学生的学与用要高度结合；第二，必须为学生的“用”创设语境，这是在国外非目的语环境下的特殊要求；第三，必须营造教学过程的“趣”、学习过程的“易”，打破“汉语难学”的心理障碍，使国外学习者乐学；第四，必须适应国外不同文化背景下的课堂教学组织特点，等等。

以“任务”为理念的课堂活动教学正是基于海外汉语教学的特点、学生的需求，在教学实践中提炼出来的课堂教学方法。教师通过对课堂活动的设计、实施来组织并展开特定内容的教学。课堂活动设计以语言实践为载体，把教与学、讲与练、学与用有机结合，把汉语言要素学习、技能训练融入有实际交际意义的语言实践中，学生在语言实践中学练结合，于“境”中用、于“用”中生趣、于“趣”中熟练掌握。

三

本书包括理论篇（第一章到第三章）、实践篇（第四章到第九章）两部分。

理论篇重点概述活动教学法、活动设计的理论依据。海内外汉语教师对“活动教学”耳熟能详，但是大家对活动在教学中的作用的认识并不统一，有人认为是课堂结束前的一个小游戏或活动，有人认为是贯穿课堂始终的教学活动。我们认为上述观点都有其合理的部分，但是不能涵盖活动教学的全部，我们构建的“活动教学法”是在建构主义、任务型教学和汉语教学理论的指导下，以任务为导向，以活动为载体，以学生为中心，师生共同参与完成的教学活动。之所以提出“活动教学法”，目的是引起广大汉语教师的关注和应用，并能使活动成为自己教学不可或缺的部分或全部；同时，理论篇着力对“课堂活动设计”进行了较详尽的介绍，包括活动设计的种类和原则、活动设计的要素和结构、活动设计的步骤和方法等。“活动设计”是本书的核心内容。

实践篇从语音、汉字、词汇、语法、话题、中国文化等方面展示了 140 个课堂活动示例。对这些教学示例的研读可以加深我们对“课堂活动”及“活动教学法”的感性认识，也可以帮助我们更好地组织教学。需要说明的是，这些示例都是作者在国内外汉语课堂教学实际中设计、实施并反复修改过的，都是经教学实践证明有效的。这些示例大多是在海内外针对年龄在 17 岁以上的中学生、大学生进行设计的，并没有涵盖对外汉语教学的全部类型和层次，但是对海内外汉语教学均有借鉴和应用价值。

本书在写作过程中借鉴了《国际汉语教学通用大纲》(国家汉办)、《欧洲语言共同参考框架：学习、教学、评估》(欧盟)、《美国 21 世纪标准》(美国）等，同时也借鉴了一些一线教师的教学经验，并参考了相关的论著和文章，这些参考文献和课堂实录在行文中尽量标明了出处，如有遗漏，敬请原谅。

因水平所限，定有错漏之处，请各位同仁、专家学者批评指正！

姜丽萍　李俊芬

2014 年 3 月

目　录

第1章　活动教学在汉语国际教育中的应用 …… 1
第一节　活动教学概述 …… 1
第二节　汉语国际教育与活动教学 …… 6
第三节　汉语国际教育中的课堂活动构建 …… 15
第2章　课堂活动教学的理论基础 …… 23
第一节　建构主义教学理论与课堂活动教学 …… 23
第二节　任务型语言教学理论与课堂活动教学 …… 27
第三节　对外汉语教学理论与课堂活动教学 …… 33
第3章　课堂活动教学的设计原则和方法 …… 39
第一节　课堂活动教学设计的种类与原则 …… 39
第二节　课堂活动教学设计的要素与结构 …… 44
第三节　课堂活动教学设计的步骤与方法 …… 48
第4章　语音教学课堂活动设计与应用示例 …… 55
第一节　声母、韵母教学课堂活动示例 …… 56
示例1　乒乓球比赛“嘻唰唰”啦啦队 …… 56
示例2　听音配物谁第一 …… 57
示例3　为《多瑙河之波》伴奏识 d、t …… 58
示例4　扑克接龙识 u、ü …… 60
示例5　嘴边儿上的儿化音 …… 61
第二节　声调教学课堂活动示例 …… 63
示例6　拿根筷子就是卡拉扬 …… 63
示例7　拿准调了再开口 …… 65
示例8　分清轻重找主人 …… 66

示例 9　听音辨调唱歌谣……68
示例 10　听古诗、辨音调……69
第三节　语流变调教学课堂活动示例……70
示例 11　礼貌用语“请”先行……70
示例 12　委婉否定顾情面……72
示例 13　中国公用电话号码早知道……73
示例 14　看图配成语，谁总是“第一”……74
示例 15　绕口令上练嘴皮……75
第四节　拼音呼读与语感综合训练课堂活动示例……77
示例 16　小游戏里找乐趣……77
示例 17　每月一歌……78
示例 18　“国别”、“语言”擂台赛……79
示例 19　用电脑 练打字……81
示例 20　歌词朗诵比功夫……82
第 5 章　汉字教学课堂活动设计与应用示例……85
第一节　识字教学课堂活动示例……86
示例 1　三三两两识汉字……86
示例 2　组合配对大比拼……87
示例 3　火眼金睛摘桃子……88
示例 4　各找自家门……90
示例 5　汉字套圈比赛……91
示例 6　汉字麻将连“长城”……92
示例 7　汉字“变脸”……93
示例 8　“跳跳”“拣拣”识汉字……94
第二节　汉字书写教学课堂活动示例……96
示例 9　先折后拼识笔画……96
示例 10　用毛笔写“福”字……97

第三节　用汉字制作系列物品教学课堂活动示例 …… 98
示例 11　为联合国会议制作标牌 …… 98
示例 12　我为自己做名片 …… 99
示例 13　为他人制作生日贺卡 …… 101
示例 14　为领导制作邀请函 …… 102
示例 15　自制汉字学习卡片 …… 103
第四节　汉字拓展教学课堂活动示例 …… 104
示例 16　“自造”汉字玩儿一把 …… 104
示例 17　圣诞节汉字艺术造型展 …… 105
示例 18　汉字整形医生 …… 106
示例 19　一个比划一个猜 …… 107
示例 20　偏旁部首查字典 …… 108

第 6 章　词汇教学课堂活动设计与应用示例 …… 111

第一节　常用量词教学课堂活动示例 …… 112
示例 1　打扑克 张张练 …… 112
示例 2　千手观音有千只手 …… 113
示例 3　我的宠物展示会 …… 115
示例 4　新年礼物 …… 116
示例 5　合格的采购员 …… 118
示例 6　小调查：各项活动用时量 …… 119
示例 7　测脉搏 听心跳 …… 120
示例 8　树上的鸟儿成双对 …… 122
示例 9　凭感觉估数量 …… 123
示例 10　在酒吧实习 …… 125
第二节　常用代词和方位词教学课堂活动示例 …… 126
示例 11　化装舞会巧开口 …… 126
示例 12　品准味道 说得地道 …… 128
示例 13　我是值日班长 …… 129

示例 14　聪明的乌鸦巧喝水 …… 131
示例 15　指南针 识方位 …… 132
示例 16　大变魔术 …… 135
示例 17　你的座位在哪里 …… 136
示例 18　画坐标图 说居家环境 …… 137
示例 19　估量一下好眼光 …… 139
示例 20　失而复得 …… 141
第三节　常用能愿动词、介词和连词教学课堂活动示例 …… 143
示例 21　客气与不客气 细节弄清晰 …… 143
示例 22　看天气 选衣物 …… 144
示例 23　谈未来计划 …… 146
示例 24　认识“禁止”标志 …… 148
示例 25　奇妙的动物世界 …… 149
示例 26　双簧：你做动作我解说 …… 151
示例 27　说距离 …… 152
示例 28　模拟驾驶 …… 154
示例 29　摔跤、足球比比看 …… 155
示例 30　“比较”的学问 …… 156
第四节　常用副词教学课堂活动示例 …… 158
示例 31　接话茬儿 …… 158
示例 32　归类说词 …… 160
示例 33　百货店与专卖店 …… 161
示例 34　通用的噤声动作 …… 163
示例 35　当评委 细评价 …… 165
示例 36　看射击比赛 …… 166
示例 37　紧急情况快处理 …… 168
示例 38　听、说“话中话” …… 169
示例 39　讲小时候的事情 …… 171
示例 40　谈未来的安排 …… 172

第7章 语法教学课堂活动设计与应用示例……175
第一节 汉语基本语序教学课堂活动示例……176
示例1 会说话的“多米诺骨牌”……176
示例2 说说笑笑揪“懒汉”……177
示例3 我的心思你知道……179
示例4 “悄悄话”接力赛……181
示例5 风格各异的“约会”……182
第二节 形容词谓语句、名词谓语句和主谓谓语句教学课堂活动示例……183
示例6 选秀——给美女打分……183
示例7 教鹦鹉报菜单……185
示例8 推销自己……187
示例9 集体就诊……189
第三节 疑问句教学课堂活动示例……190
示例10 抛硬币 猜一猜……190
示例11 如此这般行不行……192
示例12 生日晚会前的集中采访……194
示例13 我做你猜学哑语 边做边说练口语……195
第四节 几种特殊句式教学课堂活动示例……196
示例14 扑克推磨比大小 看谁今天运气好……196
示例15 好眼力 找差异……198
示例16 当上司令真叫爽……200
示例17 今天是愚人节……202
示例18 给卓别林《大马戏团》配音……203
示例19 睁大眼睛看仔细……204
示例20 逛超市……206

第8章 话题教学课堂活动设计与应用示例……209
第一节 “个人信息”话题课堂活动示例……210
示例1 老照片找主人 信息表猜身份……210
示例2 洋媳妇巧进中国家……211
示例3 快乐的生日派对……213
示例4 情人节 你的玫瑰送给谁……215
示例5 班级“快男”“超女”竞选……216
第二节 “日常生活”话题课堂活动示例……218
示例6 住宅小区规划设计大赛……218
示例7 先写后说谈经历……219
示例8 别开生面的拍卖会……221
示例9 中国厨艺大比拼……223
示例10 自导自演小品 讨价还价二百五……224
第三节 “天气、健康”话题课堂活动示例……227
示例11 石头变成孙悟空……227
示例12 写病假条……229
示例13 功夫熊猫的减肥计划……230
示例14 根据“符号”说天气……231
示例15 识中国地图 知各地天气……233
第四节 “旅游、交通”话题课堂活动示例……235
示例16 走迷宫 辨方向……235
示例17 繁忙的交通咨询台……236
示例18 展风景图片 谈旅游经历……238
示例19 这是我的名片 请多指教……240
示例20 模仿 听音 识乐器……241
第9章 中国文化教学课堂活动设计应用示例……243
第一节 中国民俗文化教学课堂活动示例……245
示例1 领中文名字 识古今名人……245

示例 2　说好称呼语 表明尊敬意 …… 246
示例 3　剪个吉祥带回家 …… 247
示例 4　识中国日历 知传统节日 …… 249
示例 5　包饺子 过大年 …… 250
示例 6　品香茗 悟茶道 …… 251
示例 7　品尝不同风味的中国菜 …… 253
示例 8　“喜”字成语知多少 …… 254
示例 9　练两招太极拳 …… 255
示例 10　数棋子 识围棋 …… 256
第二节　中国文化鉴赏教学课堂活动示例 …… 258
示例 11　做个文物鉴定家 …… 258
示例 12　京剧脸谱显风采 …… 259
示例 13　动手折纸扇 灯会赏彩灯 …… 260
示例 14　旗袍、唐装试试看 …… 262
示例 15　“最具中国特色景物”评选 …… 263
第三节　现代中国教学课堂活动示例 …… 265
示例 16　从数字看中国 …… 265
示例 17　识中国地图 游华夏名胜 …… 266
示例 18　MADE IN CHINA 调研报告会 …… 267
示例 19　奥运会上找中国 …… 268
示例 20　找个中国网友 …… 270

后　记 …… 272

1 活动教学在汉语国际教育中的应用

第一节　活动教学概述

一、活动教学的历史沿革

活动教学思想最早可追溯到欧洲文艺复兴时期。以人文主义教育思想为核心的教育家维多利诺（Vittorino）、拉伯雷（Rabelais）和蒙田（Montaigne）等反对摧残儿童身心发展的强制性教学，反对纯书本学习，提出应尊重儿童的个性，要把儿童当儿童看待，主张让儿童通过观察、考察、游戏和劳动等活动来理解事物，获取经验（田慧生，1998）。由人文主义教育家播下的活动教学思想的种子，在以法国18世纪启蒙思想家卢梭（Rousseau）为代表的近代自然主义教育思潮的催生和滋润下，得以迅速生长。卢梭的自然主义教育观主张，凡是能从经验、体验中学习的事物都不要从书本中去学，主张学生到大自然中通过身体锻炼、劳动、观察事物等行为获得经验、吸取教训。

19世纪瑞士民主主义教育家裴斯泰洛齐（Pestalozzi）和德国教育家福禄贝尔（Frobel）深受卢梭思想的影响，提出了教育应以儿童的活动为基础，重视游戏、作业、劳动和实物教学。福禄贝尔强调，人具有天赋的力量，对儿童进行教育就是通过各种活动使这种内在力量得到发展。

美国近代实用主义教育理论家杜威（Dewey）是“当代活动教育的集大成者”。他在“学校即社会”、“教育即生活”、“教育即生长”等一系列原则指导下，反对学科教学，主张活动教学，让学生通过自己的社会活动获得个人经验，提倡“从做中学”。在他看来，如果儿童没有“做”的机会，那必然会阻碍儿童的自然发展。儿童生来就有一种要做事和要工作的愿望，对活动具有强烈的兴趣，对此要给予特别的重视。杜威认为，“从做中学”也就是“从活动中学”，“从活动中学”使学校里知识的获得与生活中的活动联系了起来。由于儿童能从那些真正有教育意义和有兴趣的活动中进行学习，因此有助于儿童的生长和发展。

杜威的学生克伯屈（Kilpatrick）倡导设计教学法，把活动教学进一步具体化，由学生决定活动目的、制订活动计划、执行活动、评价活动效果。

在当代，活动教学思想与实践得到了进一步发展。瑞士心理学家皮亚杰（Piaget）提出了“发生认识论”，认为人对客体的认识是从人对客体的活动开始的。活动既是认识的源泉，又是思维发展的基础。儿童思维的发展完全是儿童一系列不同水平活动内化的结果。前苏联教育家维果茨基（Vygotsky）等认为，人的发展是在他完成某种活动的过程中实现的，也就是说，人是在活动过程中通过积极主动地掌握社会历史、文化经验促进心理发展的。

我国活动教学的研究，可追溯至20世纪二三十年代陶行知的“生活教育”理论和陈鹤琴的“活教育”理论。陶行知在“生活教育”理论中提出了“教学做合一”的思想，这一思想推动了我国活动教学思想的发展；陈鹤琴的“活教育”思想内容十分丰富，但是其基本教学原则是“做中教，做中学，做中求进步”。

经过几十年的探索发展，我国许多中小学在活动育人方面积累了有益的经验。90年代初，“国家教委”正式将活动课程纳入九年义务教育课程计划，活动及其在人的发展中的作用得到了应有的重视，活动课程的研究与实验逐渐形成高潮。

综上所述，我们认为：

（一）活动教学是对以“知识本位”、“教师中心”、“理论灌输”为主要特征的传统教育不断反思与超越的产物，是在与传授式、灌输式教学相抗衡的过程中逐步形成的一种教学主张。

（二）活动教学的思想与实践是随着时代的发展而不断发展变化的，不同时代的教育家都曾赋予过活动教学不同的时代内涵。

（三）活动教学强调“做中学”，认为教学是在人与人的互动过程中开展活动、完成“任务”的。

二、活动教学的概念和特点

活动教学，简言之，就是将“活动”纳入教学过程，以学生主体参与为主而展开的教学活动。有学者指出，活动教学是指以在教学过程中建构具有教育性、创造性、实践性的学生主体活动为主要形式，以激励学生主动参与、主动实践、主动思考、主动探索、主动创造为基本特征，以促进学生整体素质全面发展为目的的一种新型的教学观和教学形式（杨莉娟，1999）。

我们认为，活动教学就是在学校、课堂环境下，以“课堂活动”为载体，通过学生的积极参与和实践从而实现特定教育、教学目标的教学组织形式。活动教学经过多年的理论研究和实践探讨，在以下方面已经形成共识：

（一）活动教学是一种倡导“以活动促发展”的教学。任何教育、教学都要促进人的发展。活动教学是通过鼓励学生主动参与各种教学活动，从而实现人的全面发展的，该教学形式强调发展学生主体意识，体现了人本主义教育思想，是发挥学习者本质特点的重要教学组织形式。

（二）活动教学是以发挥学生的主体性、能动性、创造性和发展其各方面素质为目的的教学。活动教学在客观上弥补了以书本知识为主的传统教学的弊端，使学生的主体性得以发挥，探究精神得以彰显。同时，由于活动教学内容的丰富性和教学活动的和谐性，能够使学生各方面的素质得到充分的发展。

（三）活动教学是互动性教学。活动教学展示的是一种新型的师生关系。教师由教授者变为引导者，学生由被动接受者变为主动参与者，教学主体性得到最大限度的发挥。教师从学生创造性的活动中得到启发，教学相长，不断丰富、完善活动内容和教学计划，使教学螺旋式上升。学生从与其他人的交流合作中汲取知识和营养，使个人能力得到提高和发展。

（四）活动教学是各种外显活动与内隐活动相结合的教学。活动教学中的活动不单纯局限于学生外显的活动，即操作活动、言语交流活动和感知活动，还关注学生的内隐活动，即思维活动。活动教学既增加了学生动手、动口的机会，又促使内外活动及时转化；既使学生掌握了技能，又培养了其创造精神。这种促进学生全面发展的综合性教学是传统教学很难达到的。

三、活动教学的现状及存在的问题

目前，在教育领域尤其是在语言教学领域，“活动教学”作为一种教学理念、教学模式、教学方法，对广大教师、教育管理人员以及专家学者来说并不是新名词。作为一个研究领域，“活动教学”在各种文献、论文、论著中也占有重要的一席之地。但从教学实用角度观察，目前国内外教学界并没有一种普遍接受、广泛采用的“活动教学模式”，基本处于“理念提倡、机理探索、方法试验”的阶段。与传统教学相对立、具有“革新”意义的活动教学目前还处于不成熟、不成体系的状态，具体而言存在如下问题：

（一）理想化的教学理念与课堂教学现实脱节。“活动教学”一开始是以传统教学“革新者”的身份出现的，它揭示出了传统教学教育理念、机制的很多弊端。但是，这种教学理念的实施要以教学手段的正确使用、教学评估及教育政策的配合为支撑，要以教师、学生、教材、教学设施的条件、教学资源的合理配置等为基础，活动教学与目前以“批量化”教育形式为基本特征的学校教育、课堂教学相比，它所需要的教学资源配置更高。经济基础决定上层建筑，这是历史上活动教学虽大规模试验但没有持续、有效发展的根本原因，也是目前活动教学在“观摩教学”层次徘徊不前、不能大面积推广使用的根源。

（二）活动教学模式的研究、实践，虽然呈现繁荣的发展之势，但缺乏整体性的规划，概念众多、提法不一。比如有关“活动教学”的基本定义，在语言教学领域就有“任务型教学”、“互动教学”、“交际教学”、“游戏教学”、“活动教学”、“项目探究式教学”等名称。我们通过对比研究发现，这些听起来不同的概念、教学法却有相同的理论基础和共同的目标指向。当然，这种在不同方向进行探索的做法是任何研究都会出现的正常现象，也是推动活动教学研究发展的动力，但另一面也造成相关领域概念丛生、低水平重复的问题。

（三）在研究方向上缺乏对“模式设计”关键环节的关注。纵观目前活动教学现状，存在“两头多、中间少”的哑铃现象，即对理论的深入探讨多、对课堂教学实践经验描述多，在理论指导下的模式设计研究少，尤其是活动教学的核心“活动设计”始终处于“经验”、“艺术”层面，难于普遍推广和提升。

从一种理念到操作层面，这中间需要一个转化过程，自然科学领域如此，社会、教育科学亦不例外。建立在“活动教学”理念基础上的教学模式、教学法开发已成为当务之急。

四、对策与展望

（一）在活动教学研究思路上，增加现实色彩，促进活动教学模式、教学法在实际教学中的应用研究

“实践是检验真理的唯一标准”，课堂教学实践是任何教学模式、教学法成长的沃土。活动教学的发展，并不是要以对传统教学模式、教学法的完全否定为终极目标，而是要正确处理与其他教学法的关系，在融合中才能被广大教师所接受、所使用。而且，在我们所从事的研究过程中发现，活动教学模式、教学法是可以与现实的、传统的教学法兼容的，活动教学也离不开那些行之有效的传统教学法的配合。

（二）研究方向向活动教学的“模式化”、“工具化”转变

模式化，就是从机理上揭示活动教学中各种资源、内容、手段、进程、管理等的内在关系，形成可操作、可检验、可重复、可复制的操作系统；工具化，即为活动教学的开展提供所需的资源支持，例如：教材、教学设施、评估方法等。

（三）研究内容向活动教学的“技术开发设计”环节侧重

单纯的理念描述不会自动转化为使用的工具和方法，单纯的实践经验积累也同样不能自动升华为技术性规范。在两者基础上，应开展“技术开发设计”的研究，通过这个环节才能真正走向“由理念到蓝图、由蓝图到产品”的科学发展之路。

第二节　汉语国际教育与活动教学

一、汉语国际教育学科的分类

由于历史沿革的原因，目前在汉语国际教育领域存在着许多不同的称谓。为便于研究，首先有必要在充分尊重历史的前提下，对近年来在不同国家和地区所进行的各级各类“对外汉语教学”进行分析，在分析的过程中，我们以教学对象、教学环境为参照，以“汉语国际教育”为统领，对业已存在的称谓进行规定性定位。

（一）对外汉语教学

对外汉语教学是指在国内（母语国）对外国人进行的汉语教学。此类具有汉语国际教育特征的汉语教学，其实质是汉语作为第二语言的教学。自1950年清华大学筹办“东欧交换生中国语文专修班”始，至今已有60多年，目前已基本形成“语言学学科下的一个分支，其核心部分为汉语作为第二语言的教学，或对外汉语教学”

（刘珣，2000）。在汉语国际化进程中，对外汉语教学不仅承担着自身学科发展的重担，还担当了汉语言文化传播理论研究、人才培养、教材建设、教学资源保障等“大后方基地”的历史责任。

（二）海外汉语教学

海外汉语教学是指在海外非目的语环境下，对母语非汉语的外国人所进行的汉语教学。这里的“外国人”不仅是“国籍”意义，更多的是强调其生活在非汉语环境且第一语言非汉语的外籍人员。从性质上说，这是汉语作为外语的教学，其显性的特点是在非汉语环境下跨文化进行汉语教学。根据历史、地缘、母语、文化等因素，还可以把海外汉语教学进一步细分为：汉字文化圈与非汉字文化圈汉语教学、不同语种下的汉语教学、国别化的汉语教学，等等。

（三）海外华文教学

海外华文教学是指在国外对本族人（华人）进行的汉语教学。这是汉语国际教育中非常特殊的一类，却是不可忽略的重要部分。从实际教学看，根据学习者的不同情况，这类汉语教学并不存在独立的教学性质，可以用“第二语言教学”、“外语教学”来涵盖。但同时，其又与国内的语文教学、海外汉语教学有着细微的区别。另外，由于历史的缘故，目前我国台湾地区在海外开展的此类汉语教学，称之为“国语教学”，也应该纳入汉语国际教育体系。上述分类如下图：

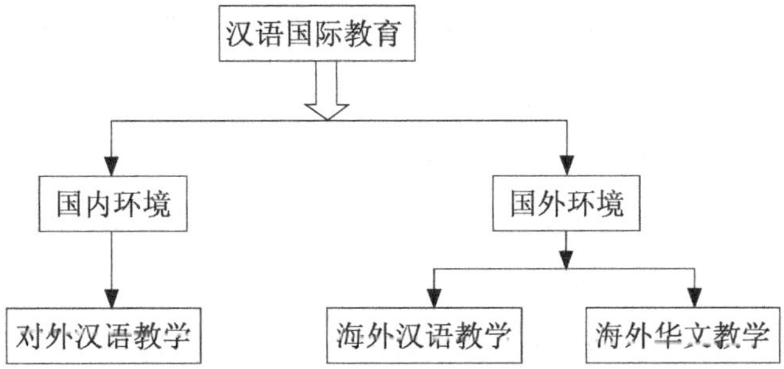

二、汉语国际教育的新特点

汉语国际教育研究的核心内容是“教什么”、“怎么教”和“教给谁”的问题，三者的不同特征及任何一个变量的变化都将制约教学的特点，其中“教什么”和“怎么教”主要由教师操纵和控制，“教给谁”是教学对象，传统上也由教师控制。新的教学理念强调注重学生的自我建构和创造，但是三者的相互关系构成了教学的一些基本要素，核心是“怎么教”才更有效的问题，作为教学方法的“怎么教”必须要以教学目标为前提，同时也要建立在现实环境特点的基础上。

（一）国内对外汉语教学

从历史上看，始于汉代的“对外汉语教学”迄今已有几千年的历史。历经唐、宋、元、明、清、民国及新中国成立，到现在的21世纪，对外汉语教学随着中华民族的兴衰而起落。进入21世纪，中华民族迎来了现代化条件下的复兴，对外汉语教学亦有了迥异于历代的发展，呈现出以下新特点：

1. 向世界外语教学发展，有与世界语言文化教学相融合的趋势

随着全球化进程及中国融入世界步伐的加快，汉语日益成为世界性语言，并成为中国文化与世界其他文化沟通、交流、融合的重要交际工具，因而对外汉语教学必然和世界第二语言教学产生互动。由于作为第二语言的汉语教学研究起步较晚，国外尤其是西方语言教学的理念、模式及方法必然会影响对外汉语教学，借鉴是必要的。但由于汉语与西方语言的差异，却不能照搬。同时，汉语国际传播的区域广泛，涉及各种语言、文化及形形色色的学习心理、背景和习俗、习惯，对外汉语教学必须适应世界不同语言文化的学习者的特点，这对于只有60多年发展历史的对外汉语教学，无疑是巨大的挑战。

2. 由精英教育向大众化教育转变

对外汉语教学学科体系的建设最初是建立在对外国成年人汉语专业、汉学研究的基础上的，而目前对外汉语教学面临的情况

是学习者学习动机的多样化、学习者人数的急剧增加以及教学资源短缺等问题，对外汉语教学由“精英教育”向“大众教育”转变，这些也客观造成了“教师、教材、教法”的三教瓶颈。破解瓶颈是未来汉语国际教育研究的重要课题之一。

3. 教学由大学向多元办学转变

为适应汉语国际教育发展形势的需要，对外汉语教学已经由原来单一的大学等教育机构办学向多元化办学转变。无论是办学主体、教学目标、教学类型还是教学环境、规模都呈现出了差异化的特点。多元化办学产生的客观要求是提供差异化的教学资源，教材、教师、教法及工具，这些将是对外汉语教学学科建设面临的又一新的课题。

（二）海外汉语教学

随着对外汉语教学由“请进来”向“走出去”和“请进来”相结合这一方向的发展，海外汉语教学已经成为汉语国际教育领域的重要部分。海外汉语教学的特点：

1. 学习者的学习动机有明显差异

凡是到中国（目的语环境）来学习汉语的外国人，其决策是经过慎重考虑的，其学习动机强烈而持久。但是在本国学习汉语的外国人，决策过程简单，其动机强度、持久度与前者有很大的差异，有的可能出于兴趣，有的可能是必选一门选修课，有的可能是朋友的建议，等等，而学习动机的强度和持久性对外语学习效果的影响很大，甚至是决定性的。

2. 学习者的学习时间有明显差异

外国学习者在中国学汉语，几乎是“专职”，每周有 20 节左右的汉语课，而且是天天有。在本国，汉语是外语，有些学校汉语不是选修课就是业余培训课，每周 4 节课左右，极个别的最多不会超过 8 节（汉语专业的例外）。

以日本为例，我们选取日本5所正规大学[①]，平均一学年30周，每周汉语综合课约为4个学时，所以一学年的学时总数为120学时。中国国内（以北京语言大学为例）与日本的初级综合课学时量对照见下表：

	周学时数	学年周数	年学时数
中国	10学时 / 周	38周	380学时 / 年
日本	4学时 / 周	30周	120学时 / 年

可见，日本的年学时量为中国大陆年学时量的三分之一左右，差距较大。日本正规大学的汉语课程尚且如此，其他国家和地区汉语教学的差异将更大。

3. 非目的语环境

对任何外语学习而言，有无目的语环境对学习者的学习效率、效果有着至关重要的影响，这种影响不仅仅是把课堂教学延伸、补充就能解决的，也不是仅仅停留在增加练习机会的层面上，目的语环境对学习者目的语语感形成所起的潜移默化的"习得"效应、尤其是完成由"课堂言语交际能力"向"综合运用能力"转化上的作用是难以估量的（Karen. E. Johnson，1995）。而海外汉语教学不但没有环境优势，也缺乏除课堂教学以外的其他汉语媒体手段资源，汉语教师可能是唯一的目的语权威使用者，教材、教师是学生学习和习得外语的唯一语言输入来源。

4. 具有明显的跨文化特征

海外汉语教学在学习者本土环境下进行，不能不受当地文化的影响，而且语言本身就是文化，在教学中必然会遇到两种不同文化的碰撞。这种跨文化的汉语教学必然要求教学内容、教学策略、教学方法与当地文化相适应。因此，跨文化外语教学，也成为海外汉语教学的重要特点。

---

① 五所大学包括：关西外国语大学、中央大学、同志社大学、名古屋大学、神户大学（王巍，2013）。

（三）现代世界外语教学新理念与汉语国际教育

目前，培养学生的“多元语言能力”已成为新时代外语教学的理念。现代世界以经济全球化为动力，带动各领域都在发生巨大的变化。在人类逐步进入“地球村”的进程中，作为交流互动的最基本工具——语言文化将扮演特殊、重要的角色，外语教学随之面临着深刻变化。其目的不再是“以培养理想中的讲本国语的人为终极目标，而是要培养具备各种语言交际能力的综合语言素质”(“欧盟语言框架”，2008)。“语言多元化”外语教学新理念的深刻内涵在于：为满足不同国家、民族、种群之间互动、融合的需要，在充分尊重不同语言文化多元化的前提下，外语教学要担当起为更多的人提供“语言、文化交际能力建构”的历史使命。

（四）教学目标向语言综合运用能力转化

根据对外汉语教学面临的环境特点，顺应目前汉语国际化呈现出从专业化日益走向大众化、普及型、应用型的发展趋势，并在充分借鉴近现代语言学、教育学、心理学、外语教学理论等研究成果的基础上，目前，对外汉语教学的目标已发生了转变。早在1993年，吕必松就指出“一切正规的第二语言教学的目的都应当是培养学生的目的语能力和运用目的语在一定范围内进行交际的能力，包括口头交际能力和书面交际能力”。2008年国家汉办公布了《国际汉语教学通用课程大纲》(简称“大纲”)，指出“国际汉语教学课程的总目标是，使学习者在学习汉语语言知识与技能的同时，进一步强化学习目的，培养自主学习与合作学习的能力，形成有效的学习策略，最终具备语言综合运用能力”。教学目标的变化从根本上规定了汉语国际教育的性质——以语言综合运用能力为导向的教学，这就为对外汉语教学“教什么、怎么教”指出了明确的方向。

三、汉语国际教育教学法变革及课堂活动教学法

根据汉语国际教育形势和特点的客观要求，加快汉语国际教学各要素、环节的研究开发步伐，是目前面临的重大理论和实践课题。其中，课堂教学法的研究是重要内容。

（一）目前对外汉语教学法存在的主要问题

教学方法是为完成一定的教学任务而在教学活动中采用的方法，它在教学过程中的作用极其重要，不仅直接影响到教学目的的实现，还影响到教学目的实现的程度和效果。陆俭明（2004，2005）曾多次强调，对外汉语教学研究总的指导思想应该是"怎么让一个从未学过汉语的外国留学生在最短的时间内能最快、最好地学习好、掌握好汉语"。吕必松（2003）对教学法提出了"走路"的隐喻，指出"按照正确的路子学习和教授语言就等于走近路，按照错误的路子学习和教授语言就等于走远路"。

从世界第二语言教学法的发展来看，经历了语法翻译法、直接法、听说法、认知法、功能法、交际法、任务型教学法等不同流派的发展沿革。我国近代对外汉语教学法的研究和实践最早可以追溯到 20 世纪 20 年代，发展至今已有 90 多年近一个世纪的历史，一直受世界第二语言教学法的影响。目前在对外汉语教学界，对汉语作为第二语言、外语的教学法的发展历史、种类等都有着比较统一的认识，并形成了一些比较有效的方法和模式，比如"听说领先，读写跟上"、"综合教学法"等。目前存在的主要问题有：

1."教师、教材、教法"三教瓶颈问题突出。自 2005 年始，对外汉语教学开始由"请进来"变成"请进来"和"走出去"并存、以"走出去"为主的发展趋势以来，我们遇到的核心问题集中表现为"三教瓶颈"，即教师、教材、教法。"汉语难学"的质疑也像阴霾一样挥之不散。在"三教瓶颈"中，教师、教材属于

“硬件”，更多地表现为数量和质量问题，而教法则是“软件”，更多地表现为效率、效果问题，我们认为也是最为关键的因素。教材和教法是教师的最主要装备，教材并不一定是教师直接作用的结果，而教法则是任课教师综合素养的集中体现。

2. 目前的对外汉语教学法不能完全满足“语言综合交际能力”的目标导向。世界第二语言教学法的发展，从传统法到现代语言教学法，再到后方法时代的语言教学法，反映了人们对语言本质的认识以及对心理学、教育学的深入理解，其中最关键的是对第二语言、外语教学理念、路径的不同认识。虽然到目前为止，人们对这个问题还不能说完全明了和把握，但“语言教学的终极目标不是掌握‘语言本身’而是‘获取语言综合运用能力’”这一认识则是主流。当然，能力的形成离不开语言形式（包括知识、技能）的教学，但必须理清什么是目标、什么是手段，应紧紧围绕能力目标导向，正确处理结构、功能、文化等关系，形成以语言综合运用能力为中心的、多维度、模块化的教学思路。

3. 对外汉语教学的教学法种类繁多，但缺乏基于汉语特点、反映时代要求、相对统一稳定的对外汉语教学法主流模式。我们知道，经对外汉语教学界的不懈努力，教学法探索成绩斐然，形成了汉语国际教学的方法基础，也体现了“教无定法，贵在得法”的教学法原则。但存在的问题是：各种教学法比较单一，经验型方法多而有系统理论支撑的少，现代气息不浓厚，尤其是针对海外的汉语教学法研究还很薄弱。

（二）汉语国际教育研究与发展趋势

纵观对外汉语教学法的发展历史，汉语国际教育除了满足一般教学法原则的要求外，应更强调以下特点和趋势：

1. 汉语作为第二语言或外语的独特性是汉语国际教育研究的基础

对外汉语教学法是建立在“汉语是一种独特的语言形式”这一基本认识之上的。汉语本身的特点和汉字的独特性使汉语作为第二语言教学有着与其他外语教学不同的特点。汉语语音系统、词汇系统及语法结构系统制约着汉语教学内容的确定和所采用的方法。汉民族的思维习惯、民族心理 、文化习俗等是汉语作为第二语言教学最基础的教学依据。

2. 汉语作为第二语言或外语的教学法是汉语国际教育探索创新的基石

首先，汉语作为第二语言、外语的教学法发展，与英语等西方语言作为第二语言等外语教学法呈现出融合、互动的发展脉络。这个特点使汉语作为第二语言教学在教学理论、教学方法等方面要紧随世界语言教学的发展脉络，并不断发展和创新。其次，对外汉语教学法在自身历史发展过程中一脉相承。创新要建立在对原有教学法充分把握、扬长避短的基础上，不能只标新立异。

3. 充分认识并把握第二语言或外语教学法向综合性发展的趋势

由于语言教学的复杂性，经过多年的探索和实践，人们还没有发现一个放之四海而通用、唯一的第二语言或外语的教学法。虽然教学实践对各种教学法做了大量的尝试，各种教学法也层出不穷，但最终仍然坚信“教学有法，教无定法，贵在得法”。同时，虽然在世界第二语言或外语教育界涌现出了林林总总的理论和假说，但并没有一个能涵盖一切的体系和模式。

一个优秀的对外汉语教师往往会根据不同的对象、目标、条件采用几种不同的教法，显示出鲜明的“综合运用、灵活运用”的特性。可以说，综合法是目前我国对外汉语教学法的基本模式和发展趋势。其主要特征是：在遵循外语教学原则的前提下，演绎法、归纳法同用；机械性练习、有意义练习、交际性练习并举；翻译法、直接法、听说法、认知法共存；交际法、任务型教学法共用，等等。综合教学法反映了对外汉语教学的历史沿革，并在汉语国际教育实践中被证明是有效的方法。这个方向是正确的。

就目前状态而言，综合教学法离规范、实用的教学模式还有很大差距。表现为：缺乏更有逻辑、更能反映当代外语教学新研究成果的理论支持；缺乏更具体的教学应用操作规范。从教学法研究上考察，综合教学法需要一个更为具体的教学模式作为载体。

（三）汉语国际教育新方法的探索——活动教学法

根据汉语国际教育的发展趋势和海外汉语教学的实际需要，我们认为将活动教学引入汉语国际教育是适时的，也是必要的，这是因为：

1. 活动教学基本理念契合汉语国际教育语言综合运用能力导向的教学目标。

2. 活动教学过程所采取的核心方法——课堂活动，适合汉语国际教育的环境及特点。

3. 课堂活动这种学习者集体参与的形式有利于调动学生学习汉语的积极性和主动性，保持良好的学习动机和学习兴趣；有利于培养他们运用汉语进行交际的能力。

4. 以“任务”和“活动”为教学载体，构建活动教学法体系，能进一步完善和发展综合教学法。

5. 所提供的课堂活动设计和示例具有具体的可操作性和广泛的推广性，有益于汉语在海内外的影响和传播。

第三节　汉语国际教育中的课堂活动构建

一、课堂活动的基本概念

“活动”《现代汉语词典（第6版）》解释为“为达到某种目的而采取的行动”（商务印书馆，2012）。《心理学原理》解释为“人对于外部世界的一种特殊对待方式。是人的本质力量、个体存在、社会生活以及人类历史发展的基础”（车文博主编，1986）。一般来说，活动是有目的的、主动的、双向的、注重过程的。

教学活动是指人的一种特殊活动，它实质上是教师组织、引导学生主动作用于教学内容的过程及其方式。它具有一般活动的内涵。它存在于教师、学生、教学内容之间复杂的相互作用和关系（黄甫全、王本陆，2003）。我们可以说，教学活动是指课堂上所有教学行为的总称。

课堂活动有广义和狭义之分。广义的课堂活动是指教学活动，具体来说是指在课堂环境中，教师、学生为实现特定的教学目标而开展的所有活动的总称，包括复习旧课、导入新课、讲解、问答、练习、总结、作业等教学环节，它是较宽泛的概念范畴。随着现代教育心理学、语言学、应用语言学的发展，互动教学理论、交际教学理论的出现，赋予了“课堂活动”特殊意义。狭义的课堂活动是指，为达到教学目标，由教师设计并在课堂上实施、师生共同参与、有特定内容和形式的实践活动。如，让学生制作汉语海报、制作汉语贺卡、共同录制汉语 DVD、用汉语采访等。我们这里所说的“活动教学”中所提及的课堂活动概念是狭义的概念。

二、课堂活动与“语言综合运用能力”目标导向的关系

（一）课堂活动是承载教学目标的有效载体

对外汉语教学以“培养学习者汉语综合运用能力”为终极目标。一种语言综合运用能力的形成，除了学习者应具备必要的目的语知识、语言技能外，还要掌握交际场合、环境下交际活动的动态规律及交际规则。语言综合运用能力的形成必须有一个由课堂向现实交际过渡的过程。课堂教学应该充分提供这种“过渡”训练，这对于在非目的语环境下的海外汉语学习者来说尤为重要。

课堂活动教学的核心内容就是使学习者在完成真实交际任务的过程中运用目的语和掌握目的语。学生在完成活动的过程中，汉语已不仅仅是学习的对象，而是变成了交流思想情感、沟通信息的交际工具；同时，在课堂中进行的活动，已超越了“学习语言”而变成了“使用语言”。这样，通过活动把汉语的学习与汉语

的使用融为一体，最大限度地拉近了学与用的距离，在不知不觉中训练学习者把学过的语言知识与语境、语用、交际功能结合起来，对学习者建立正确的语感并形成汉语得体表达能力起到促进、转化的作用，使看不见、摸不着的“语言交际能力”在不断使用中得以积累，并借此最终形成内在化、个性化的“语言综合运用能力”。

（二）课堂活动是教学内容向教学目标转化的有效媒介

对外汉语课堂教学的本质是在课堂时空背景下，使学习者完成三个“转化”：由外在的汉语知识向语言技能的转化；由语言技能向言语交际能力的转化；由言语交际能力向语言综合运用能力的转化。大量的理论研究与教学实践都说明，完成这种转化必须经过学习者本人的反复实践，课堂活动正是基于这样的理念，在以学习者为主体的活动中，给学习者提供大量、充足的实践机会。课堂活动已不仅仅是一种“练习”方式，而是语言综合运用能力形成的有效手段。学习者通过在活动中使用目的语，促进了语言知识、语言技能向交际能力的迅速转化。可以说，课堂活动在教学内容与语言综合运用能力之间搭起了直通的“桥梁”。

（三）课堂活动为提高教学效率提供了新手段

现代教育心理学、教育学研究表明：教育是一个十分复杂的过程。以“课堂”为时空限域，教学目标与教学方法、教师与学生、教师教与学生学、教学内容与教学手段之间无论是静态结构还是动态联系，都不是传统课堂教学所遵循的单向的、简单平面的线性关系。现代教学主张教学的立体化，所谓立体化教学“主要体现在教学内容、教学过程参与者、教学环境等三个方面。随着语篇内容的引入，（对外汉语）教学必须立足于上下文、交际背景、文化三维之上，体现教学内容的立体化；学习者、教授者、语篇形象三向学习活动参与者的立体化，以及个体、小组、集体学习形式的立体化；在现代声光媒体和多媒体技术帮助下，教学（手段）实现超越课堂时空背景的立体化活动环境”（赵金铭主编，

2004）。以“立体化”为指导而进行的对课堂教学方法的探索必将引发课堂教学的改变。课堂活动，正是借助“学生实践活动”这个形式，以能力为中心、以学生为能动主体、以实践为手段，在诸教学要素、教学环节、教学手段、教学技巧之间构建动态的立体联系，成为实现“立体化”课堂教学的现实手段，使课堂教学的面貌和效率、效果焕然一新。

三、课堂活动教学的独特性

课堂活动教学，是指用“课堂活动”来进行对外汉语课堂教学，属课堂教学法范畴。“教学有法，教无定法，贵在得法”，这其中第一个“法”是指一般的教学规律，第二个“法”是指运用教学规律来实施教学，第三个“法”则是指教学中运用的具体方法，也就是教学技巧（赵金铭，2004）。任何课程的课堂教学方法，都要呈现出一个有层次结构关系的宏观、中观、微观方法体系。

从研究和实践两个角度定位，“课堂活动教学”是从课堂教学方法体系中的“中观”和“微观”两个方面来展开的。它既兼顾教学理念、原则和课程的教学程式，以“活动”建构具有明显特色的课堂教学模式，又是具体实施特定教学内容、实施教学行为的具体方法或技巧。

与传统教学法比较，课堂活动教学呈现出以下特点：

（一）课堂活动具有任务性

课堂活动的表现形式是师生共同参与的任务式实践活动。具体而言，是在课堂环境下“做某种有实际意义的事”，是在完成任务的过程中帮助学生掌握语言。语言与活动的关系可以理解为：

活动 —产生→ 语言 —应用→ 活动

语言既产生于活动中，又应用于活动中。在各种行为活动中，将语言的使用与人的活动融合为一体，是符合语言的本质特征的（王巍，2012）。

（二）课堂活动主体是学生

课堂活动教学是一种双主体共同参与的过程，即以教师为主导、以学生为中心。在活动教学课上，学生是活动的主角，教师把课堂时间的绝大部分给了学生。教师也不再是课堂的主宰，而是活动的发动者、参与者、协调者、活动中学生困难的分担者和服务者。教师以调动学生自主参与教学活动为宗旨，教学主体之间的关系是师生、生生互动关系。教师在课堂上尽可能地激发学习者的学习动机，并为学习者创造使用目的语的机会。教师在设计课堂活动时要考虑到学生的年龄、学生的人数、学生的汉语水平、学生的文化习俗等因素，并针对学生的特点有针对性地设计活动。

（三）课堂活动延续到课外

语言学习的课堂不仅在教室里，也在广大的社会空间里。比如，让学生去寻找某一条街道、用汉语制作旅行手册或日记、去社区做采访和调查等都是语言实践的好方法。课堂活动是教学内容、教学目标的载体，课堂活动开展的过程既是教学内容的展开过程，也是教学目标实现的过程。学习语言就是要学习生活中“活”的语言。

（四）课堂活动追求教学的高效率

课堂教学的效率是由学习者达到教学目标的程度、速度两个指标来衡量的。效率是检验教学法优劣的唯一标准。

课堂活动从以下四个方面为对外汉语课堂教学提供效率保证：

1. 调动学习者自始至终的积极情感和高度的注意力。
2. 调动学习者脑、眼、耳、手、口等多个感知器官参与语言学习。
3. 在有趣的活动中大量的重复语言并增加使用语言的成就感。
4. 活动所提供的交际情景、功能及实物、图片，降低了学习者理解、转换的难度，提高了速度。

四、课堂活动与其他教学法的关系

作为解决特定教学任务的一种方法，课堂活动与其他教学法处于平行地位。对外汉语教学已经积累了丰富的教学法，特别是在对汉语语音、词汇、语法、汉字等语言形式、知识及技能教学上，有着许多行之有效的教法。例如语音教学就有夸张法、图示法、中外对比法等。课堂活动亦是进行汉语语音教学的一种方法，只是在形式上赋予了“学生活动”的特性。同时，课堂活动与其他教学法的区别在于，课堂活动可以用于对外汉语教学的各个方面，如语音、词汇、语法、文化、汉字等，具有更广泛的适用范围。

作为一种以语言综合运用能力为导向的教学法，课堂活动与其他教学法具有综合、引领、融合的“统合”关系。课堂活动不排斥其他教学法，反而要综合其他教学法为课堂活动的实施服务。比如语音教学课堂活动就可以综合使用“夸张法”、“发音部位图示法”、“翻译法”、“全身反应法”等，这些方法对活动的实施起到辅助、加速作用，形成了以“活动”为中心的、综合的方法体系。

参考文献：

1. 车文博主编（1986）《心理学原理》，哈尔滨：黑龙江人民出版社。
2. “国家汉办”(2008a)《国际汉语教学通用课程大纲》，北京：外语教学与研究出版社。
3. “国家汉办”(2008b)《欧洲语言共同参考框架：学习、教学、评估》，北京：外语教学与研究出版社。
4. 黄甫全、王本陆（2003）《现代教学论学程（修订版）》，北京：教育科学出版社。
5. 刘珣（2000）《对外汉语教育学引论》，北京：北京语言大学出版社。
6. 陆俭明（2004）增强学科意识，发展对外汉语教学，《世界汉语教学》第1期。
7. 陆俭明（2005）汉语走向世界的一些思考，《上海财经大学学报》，第1期。

8. 吕必松（1993）《对外汉语教学研究》，北京：北京语言学院出版社。
9. 吕必松（2003）汉语教学路子研究刍议，《暨南大学华文学院学报》第 1 期。
10. 田慧生（1998）关于活动教学几个理论问题的认识，《教育研究》第 4 期。
11. 王巍（2012）对外汉语教学中的课堂活动设计，《教育理论与实践》第 24 期。
12. 王巍（2013）《五种日本本土化汉语教材的考察与分析》，北京语言大学硕士学位论文。
13. 杨莉娟（1999）活动教学的内涵、立论基础及其价值，《东北师范大学学报》第 3 期。
14. 赵金铭主编（2004）《对外汉语教学概论》，北京：商务印书馆。
15. 中国社会科学院语言研究所词典编辑室（2012）《现代汉语词典（第 6 版）》，北京：商务印书馆。
16. Johnson, K. E.（1995）Understanding Communication in Second Language Classrooms. Cambridge: Cambridge University Press.

课堂活动教学的理论基础

2

第一节　建构主义教学理论与课堂活动教学

建构主义教学理论强调“以学生为中心”，认为学习不是由教师向学生进行简单的知识传递，而是学习者个体进行自我知识建构的过程。前苏联心理学家维果茨基（Vygotsky）的“文化历史发展理论”、“最近发展区理论”和“内化说理论”认为，教学的实质不仅仅是强调结果和各种外部变量，而是注重教学的过程和教学的有效性（陈琦、刘儒德，2007）。在维果茨基思想的启发下，教育研究者们对教学和学习进行了大量的理论建设和实践探索，比如，强调学生在教师指导下的“发现”学习，教师给学生提供处于其“最近发展区”的难度适当的学习材料，教学是交互作用的动力系统，强调合作学习以及在社会互动中获得知识和技能等。在维果茨基理论的基础上，社会建构主义的代表人物列昂节夫（Leontiev，Aleksei Nikolaevich）进一步强调“活动”在内化过程中的关键作用，认为学习是一个文化参与过程，学习者通过借助一定的文化支持参与某个学习共同体的实践活动来内化有关的知识，知识不仅是在个体与物理环境的相互作用中建构的，社会文化互动更重要，知识的建构过程常常需要通过学习共同体的合作互动来完成（陈琦、刘儒德，2007）。强调人的学习与发展发生在与其他人的交往和互动之中。

基于建构主义教学理论研究，我们认为建构主义的教学观主要体现在：

一、以学生为中心

教学中是“以学生为中心”还是“以教师为中心”将得出两种全然不同的设计结果。尊重并发挥学生在教学过程中的“主动性”和“建构性”是建构主义理论的精髓。

课堂活动教学从三个方面体现“以学生为中心”：

（一）活动的开展是以学生的积极主动参与为前提，在参与课堂语言实践活动中，学生不再是被动的接受者，而是主动的创造者。“学习者”身份已经淡化，学生是在做自己想做的事。

（二）活动开展的形式是要学生在不同的情境下应用他们所学的语言知识、技能解决实际交际问题（或任务）。这个时候，他们不再是机械模仿，而是在情景、协作等条件下“外化”应用。

（三）活动开展的过程使学习者不再认为自己是“被加工对象”，而是课堂的主人。他们将会以积极的状态构建知识和技能，形成源于自己体验的、解决实际交际问题的方案。

（四）活动开展的各个环节直至结果，能使学生持续不断地、及时地进行自我反馈，这种反馈不仅能检测知识、技能的程度，更重要的是能调整语言策略，并通过情境体验和自我矫正而使输出的语言更具有创造性。

二、教师与学习者的角色定位

基于人文主义、建构主义的师生关系是教师主导、学生主体、“以学为中心”的关系，课堂活动中师生角色定位体现如下特性：

（一）课堂活动把学习者视为“社会人”，而不是单纯意义的“学习者”。以此为出发点，活动的内容、形式以及过程都要建立在学习者的需求、已有经验和能力、态度的基础上。具体来说，学习者通过语言实践活动这个“桥梁”，完成其自身的社会角色体验，进行“意义建构”。有人说，外语不是老师教会的，而是自己学会的。课堂活动通过课堂情境提供给学习者“自己学”的一切条件和手段。

（二）学习者既是参与者，也是建构者。课堂活动的开展要求学生面对模拟真实情境、并在接近真实的情境中完成以语言活动为主的交际任务，这样，学生就需要采取自己的学习风格、认识加工策略来建构自己的知识体系、言语技能和输出模式。这就是说，课堂活动实现了“教学过程”与“建构过程”在时间、空间上的同步和统一，因此，学习者既是课堂活动的主动参与者，也是课堂实践活动的积极构建者。

（三）教师是课堂活动的设计者、组织者和参与者

教师要以创新精神，通过设计、组织、实施活动，担当起学生知识与能力建构的忠实支持者、积极帮助者和引导者。同时，教师也是活动的积极参加者，要改变传统的“知识传递者”和“权威者”的形象和心态，成为学生参与活动、完成活动的辅导者、助手甚至伙伴、合作者。

（四）课堂活动教学赋予学习者、教师双方更多的个人责任

与传统教学相比，课堂活动教学要求学生承担更多的管理自己学习行为的责任和能力，其自我控制的能力将是活动教学的基础。这就要求教师在设计课堂活动时必须充分注意到学习者的实际状况，在内容、形式上讲究艺术性和操作性。

课堂活动教学对教师提出了更高的要求，教师在教学中的主导作用比传统课堂教学更加突出。教学中，教师不再是“照本宣科”的教书匠，而是具有高度创新性的设计师、管理者、指挥员、解决特定问题的专家。比如，如何设计课堂活动使学习内容处于维果茨基提出的“最近发展区”；活动形式如何激发学生的学习兴趣，引导和保持学生的持久参与；如何创设符合教学内容的情境和提供新旧知识之间联系的线索，帮助学生构建新的知识和技能；如何在多学习者课堂条件下组织活动并保证人人都可以有秩序地参与；如何使用媒体技术等。

三、课堂活动中的情境与互动

建构主义理论认为，学习者“意义建构”机制中有两个重要的影响因素：

情境与互动（或协作）。学习是与一定的社会文化背景即“情境”相联系的，通过“同化”与“顺应”的转换生成机制才能达到对新知识的意义建构。学习者与周围环境发生协作性的交互作用，对于“意义建构”起着关键性的作用。同时，建构主义强调“整个学习群体共同完成对所学知识的意义建构，而不是其中的某一位或某几位学生完成意义建构”。

情境与互动，是建构主义教学理论最具价值的两个核心概念。基于建构主义理论的各种教学模式、教学法的设计，其实质内容就是：如何根据课程特点、条件来创设各种“情境”，并以互动方式推进教学过程。从这个意义上说，课堂活动几乎具备了“情境与互动”的全部教学特性。

（一）课堂是学生语言实践活动的主要场所，而由于语言学习本身一定要与特定的情境相联系才有意义，这就使得语言活动必须要有具体的情境作为语言交际的基础和前提。因此，“情境化”是语言活动最基本的特征和客观要求。

（二）从“意义建构”的功能上看，课堂活动的情境要从时间、地点以及角色、事件进程与结果等几个方面进行“搭建”，这些情境因素的相互作用，会起到引发交际需求、建立所学语言知识和技能的“着陆点”、从而构建有意义语言交际的作用。

（三）语言活动的开展本身就是互动。在进行语言活动时，语言使用者不仅要随时与情境发生互动，还要与其他人进行互动。在活动中，学习者对语言与情境、语言与交际的内部进行体验，从而不断发展自己的语言交际能力。

四、课堂活动中的学习环境与条件

建构主义教学理论的发展除了其人本主义、认知研究的内核之外，一个重要的外部因素是现代信息技术的出现及其在教学领域的应用，这是有其必然性的，因为建构主义所倡导的“学生主动建构、情境、互动”等教学理念、方法对教学环境、资源有着更高的要求。

课堂活动的设计要高度重视媒体与现代教育技术在“意义建构”中的作用。现代信息技术、教育手段是课堂活动设计与实施的重要物质条件。

（一）在课堂活动中，教学媒体不再是传统课堂教学中帮助教师传授知识的手段、方法，而是用来创设情境、进行协作学习和会话交流、作为学生主动学习、互动学习的认知工具。

（二）课堂活动要以现代信息技术、教育技术为基础，应有足够数量的音像设备及空间，供师生特别是学习者使用。

（三）课堂活动强调利用各种信息资源来支持学生的“学”。为了支持学习者的主动性和完成意义建构，要为学习者提供各种信息资源，包括各种类型的教学媒体和教学资料，如文字材料、书籍、音像资料、计算机辅助教学与多媒体课件以及互联网上的信息等。

第二节　任务型语言教学理论与课堂活动教学

一、任务型语言教学概述

任务型语言教学产生于20世纪80年代末，于90年代在理论上逐步成熟，并引起了语言教学界的关注。其核心思想就是要模拟人们在社会、学校生活中运用语言所从事的各类活动，把语言教学与学习者在今后日常生活中的语言应用结合起来。

任务型语言教学理论产生以后，对我国的外语教学产生了很大的影响。2001年教育部公布的《全日制义务教育普通高级中学英语课程标准（实验稿）》明确提出“倡导任务型的教学模式，让学生在教师的指导下通过感知、体验、实践、参与和合作等方式，实现任务的目标，感受成功。在学习过程中进行情感和策略调整，以形成积极的学习态度，促进语言实际运用能力的提高”。

在对外汉语教学领域，马箭飞（2002）基于任务式大纲从交际范畴、话题和任务特性三个层次对汉语交际任务项目进行了分类，并提出建立以汉语交际任务为载体的新教学模式的设想。

二、任务型语言教学的特点

（一）用目的语做事

任务型语言教学的倡导者认为，掌握语言的最佳途径是让学生用目的语做事情，即用目的语完成各种任务。语言习得的研究表明，学习者的参与程度与语言的熟练程度关系极大。因此，当学习者积极地参与用目的语进行的尝试时，语言就容易被掌握。

在任务型语言教学中，学生是完成任务的主体，教师是任务的设计者、组织者、指导者和促进者，教师要从学生“学”的角度设计教学活动，并指导学生最终完成任务。

为了完成某个任务而使用语言，学生们有更多的机会选择自己感兴趣的话题，表达自己的思想，描述自己熟悉的事情，选择与自己生活相联系的材料，构建自己的知识领域，因此，学生不再是被动地跟随教师的指挥棒做各种活动，而是积极主动地完成各种任务，在完成任务的过程中，体验成功，认识自己的不足，最终成为真正的自主学习者。

（二）语言活动尽量真实

任务型语言教学理论认为，教学的设计要为学习者提供明确、真实的语言信息，语言情景和语言形式要符合实际的功能和规律，使学习者在一种自然、真实或模拟真实的情景中体会语言、掌握语言，从而感知完整的、有意义的语言。因此，任务型语言教学强调设计要多角度地提供或创设能够反映复杂现实世界的学习情境，避免脱离情景的或者孤立于外界环境的抽象的语言训练。

教学中语言信息的真实可以体现在：

1. 图片、实物的真实。比如，真实的出租车、飞机场图片等。

2. 人物的真实。比如，联系真人实名，像姚明、章子怡、成龙等。

3. 行为的真实。比如，一些身体语言，像擦、写、看、捡等。

4. 创设接近真实的情境。比如，模拟银行、超市等等。

（三）强调“做中学“和“体验中学”

语言学习是积极体验的过程，交际法是通过学语言进行交际（学以致用），任务型语言教学是通过做事学习语言，它要求学习者去探索和建构语言的意义，强调学生的注意力应集中在语言所表达的意义上，努力用自己所掌握的语言结构和词汇来表达自己的思想，交换信息。因此，教学应该设计成一种非机械操练式的、开放式的活动，促使学习者在原有知识结构的基础上，自始至终通过完成具体的、包含任务的活动来学习语言，通过程序性知识的获得来积累相应的学习经验，品尝成功的喜悦，从而提高学习兴趣和学习积极性。

（四）任务具有阶梯性

任务型语言教学并非指一堂课中穿插了一两个活动，也并不是一系列活动在课堂上毫无关联的堆积。任务型语言教学是指通过一组或一系列任务的完成来达到教学目标。在任务型语言教学中，一堂课的若干任务或一个任务的若干子任务应相互联系、有统一的教学目的或目标指向，同时在内容上互相衔接，即课堂上的任务应呈“任务链”或“任务系列”，每一个任务都以前面的任务为基础或出发点，后面的任务依属于前面的任务，这样，每一课或每一教学单元的任务系列构成一系列教学阶梯，使学习者一步一步地达到预期的教学目的。

（五）任务要有明确的结果性

完成任务必须要有一个明确的结果。所谓明确的结果，往往是一些看得见、摸得着的东西，比如，图画、表格、圈选的内容、列出的清单、做出的决定、陈述发生的过程、写下的文字、制作的物品等等。比如，为联合国制作标牌（汉字课活动）、设计去中国旅游的路线图（词语活动）、MADE IN CHINA 调研报告会（文化课活动）等等。

三、“任务—活动式”教学

以任务型语言教学理念为指导的教学，在课堂上应突出“任务”、“活动”，具体在课堂教学中应体现如下特点：

（一）创设接近真实的情境，开展多样性的活动，保证言语输出的丰富性

语言教学的直接目的是让学生能把课上学的内容迁移到新的情境中去，在新的情境中创造性地运用所学语言。克拉申（引自戴庆宁、吕晔，2004）认为，最能成功获得二外的条件是学习二外的语言环境要类似于母语习得环境。但是课堂上由于时空限制，学生不可能体验到交际中的真实情景，这样，教师创设情境就成了教学中不可或缺的一部分。为了使教学真正有效，教师要为学生创设真实的、有意义的、多样性的情境，让学生在接近真实的交际过程中接触目的语，使用目的语，并帮助学生解决学习使用目的语过程中所遇到的困难，为语言知识和技能的活用迁移做好准备。因此，教师创设的情境：（1）应该是真实的、具体的，与学生的现实世界经验紧密联系的；（2）问题答案不是简单、唯一的，应该为学生提供多个可供选择的解决方案；（3）对学生来说是有意义的，适合学生的语言水平；（4）能自然地激发起学生的学习兴趣；（5）具有可操作性，能在规定的时间内完成。比如：

情境1：“中国公用电话号码早知道”（语音活动），教师通过创设该情境，让学生熟知中国常用的公共电话号码110、119、120、114等，掌握数字“1”作为号码常读作 yāo 的交际场合。在熟练应用数字的过程中，拉近语言学习与实际生活的距离。

情境2：“给中国朋友发电子邮件”（汉字活动），教师通过创设该情境，使学生熟悉汉字拼音输入法，提高识认、挑选汉字的速度，同时，为学生建立与中国朋友的网上联系。让学生申请QQ号，为学生创设使用中文、汉字进行交际的真实条件。

情境3：“会汉语的‘多米诺骨牌’”（语法活动），教师通过创设该情境，让学生深刻体会动词谓语句的结构语序，增强对汉语

“由字到词、由词到句”组合规则的感性认识，熟练掌握该结构中地点状语的正确位置，克服母语语法负迁移产生的“干扰”，并能够正确运用状语结构，流利表达家庭成员工作和学习的地方。

情境4:“‘洋’媳妇巧进中国家”(主题活动)，教师通过创设该情境，让学生在实际情景中，熟练应用汉语中几个常用家庭成员的称谓，体验中国家庭成员的关系及辈分之间的基本礼仪规则。

情境5:“剪个吉祥带回家”(文化活动)，教师通过创设该情境，让学生体验中国的“吉祥”文化，了解中华民族憧憬美好未来、向往美好生活的文化特质，认识主要的吉祥图案和中国剪纸艺术，特别是由汉字变形、谐音而形成的吉祥图案。

总之，教师在课堂上要为学生创设一个多元化的学习情境，促进学生从不同层次、不同角度理解和体验学习内容，让学生在情境中体会到语言的恰当、得体，进行意义建构，保证语言输出的丰富性。

（二）课上和课下相结合，保证语言输出的创造性

课堂教学无论创设怎样的情境都只是模拟情境，并不是真实交际的体现，只有在社会真实情境下进行的交际才是真正创造性地使用语言。为了培养学生的语言创造性，教师应该把课上内容延伸到课堂之外，“学习外语需要课堂内外的努力，仅靠课堂教学无法保证学生学习外语所需要的质和量”(束定芳，2006)。

人们在交际的过程中并不是简单地使用正确的语言形式，而是把学过的词汇、语法结构、固定用法重新组合，来表达以前没有表达过的意思。课下去完成教师布置的任务，能调动学生的综合智慧和多种知识、技能，学生在完成任务的过程中，语言综合能力得到了发展。比如，《成功之路·进步篇1》第1课（牟世荣，2008)，当学生已经掌握了词语、语法、课文内容后，教师为学生创设模拟情境，主题是“比较中餐厅和西餐厅有什么不同”，学生在课上讨论了中西餐厅的不同以后，教师布置了一个课下任务。

课下任务：去中、西餐厅观察和体验一下，并调查中、西餐厅到底有哪些不同。做成图文并茂的PPT，向全班同学展示。

分　　组：每组3～4个人，每个人的任务不同。

准　　备：准备材料，可上网查找；准备问题等。

具体任务：学生A，实地观察，做记录。

学生B，采访餐厅服务员。

学生C，采访顾客。

学生D，做一个问卷调查。

任务汇报：第二天向全班同学汇报。

总之，教师把课堂教学延伸到课下，并不是放任自流，而是根据所学的内容有目的、有计划地进行，是一个逐步完善的过程。它布置于课堂、实践于课外、展示于课堂，完成任务的目的是保证语言表达的多样性、综合性和创造性。

（三）师生之间是一种以学生为主的协作关系

以人为本的教学观认为，学生是教学的主体，教学要以学生为中心，要以学生的主动参与为主。以情境体验为主的教学主要以“活动为中心”，教师只是情境的创设者、活动的设计者、被咨询者，学生是活动的组织者、咨询者和参与者。比如教学中教师将学生分成若干3～4人小组或学生自由组合，要求学生围绕课文主题进行小组交流。完成组内交流后，小组派一名代表进行全班交流，小组其他成员可做补充，最后，在教师的组织、引导下，师生对各组表现进行评价、归纳、提升。这一阶段小组成员在教师创设的情境中沟通、交流与合作，是一种以学生为主的“生生协作”关系。

第三节　对外汉语教学理论与课堂活动教学

课堂活动属于教学法范畴，其有效性必然地受课程的性质、特点的制约，有效的教学必须符合学科特有的规律。对外汉语教学或者汉语作为第二语言 / 外语教学的课堂活动设计必须要以对外汉语教学学科理论、最新研究成果为依据，课堂活动的开展要符合汉语规律，利用汉语规律，创造性地使用汉语规律。

一、课堂活动的趣味性和交际性

趣味性、交际性是活动赋予汉语课堂教学的两个最显著特征，也是实现“意义建构”的基本方式。但如何在活动中具体实施，目前还处于经验阶段。我们认为，课堂活动的设计应建立在对“对外汉语”本体研究的成果之上，要使其内容、形式与汉语特点相一致，反映汉语语言内在规律，这是课堂活动超越“游戏”、“角色扮演”等简单活动形式而成为常态课堂教学方法的关键。

（一）拼音、汉字是汉语本身所固有的语言表现形式，也是外国人学习汉语的两个工具（包括电脑的汉字输入法），因而在活动设计时，区分“对工具的教学”和“汉语交际能力的教学”是必要的。

1. 趣味性

对拼音、汉字的“工具”教学，应侧重趣味性，因为汉字和拼音对外国学习者来说既是难点，又会让他们觉得枯燥，因此，用妙趣横生的课堂活动来学习这些知识，可以帮助学生快速入门，树立信心，增加重复训练的机会，达到技能自动化。

课堂活动教学还能克服传统教学依赖机械重复的弊端，在轻松愉快的课堂氛围中，充分发挥学习者各种感知器官的相互作用，完成汉语语感（特别是声调）、方块字字形感知及这些知识的“内化”、“建构”任务。例如，声母送气音与不送气音的辨别、韵母四呼的教学、声调的教学，汉字识字、辨字和写字的教学等方面，趣味性活动将发挥显著作用。

2. 交际性

交际性就是运用语言从事特定交际活动、达到特定交际意图的一种语言活动，其实质是把语言形式的学习隐含在交际活动之中，语言形式的学习是完成交际任务必备的资源和条件，而不是活动的目的，活动设计必须要体现这一根本要求。交际活动所用的语言资源必须符合汉语交际的实际需要，不能为了照顾某个“语言点”而削足适履“编”出交际活动内容来。

活动设计还要处理好交际性与趣味性的关系，不能为了趣味性而削弱交际性。因为第二语言教学的根本目的是培养学生用目的语进行交际的能力。

（二）口语和书面语是汉语两种不同的表达方式，教学中在如何处理两者关系上存在不同的认识和方法，比如，是“先语后文”还是“语文同步”。但是无论哪种模式都没有系统地解决学生口语交际能力和书面语交际能力发展问题以及两者之间的关系问题，尤其是海外汉语教学，这个问题更加突出。

汉语课堂活动设计应面对这个现实，充分利用课堂活动可以“综合”的优势，在交际活动设计时努力探索两种交际能力相互促进、快速同步发展的活动形式。

二、课堂活动的创造性

如前所述，活动教学是以建构主义教学理论为基础，学习者的积极主动性是实现其意义建构的前提。但是学习者的主动性并不仅仅表现在他的积极参与，而是表现在其基于新知识、新技能完成特定任务过程中的创造意识和行为。我们应该意识到，汉语的特点恰好为汉语学习者在学习过程中发挥“创造”提供了明显的潜在条件，课堂活动设计应充分把握和利用这些条件。

在世界范围内有一个关于汉语的“伪命题”——汉语难学。这个“难”反映在两个方面：一是汉字难；二是语法难。特别是在语法上，不是语法本身难学，而是有些人认为汉语似乎就没有语法。比如，一个“了”从语法上去讲，就有多种用法，等你都讲清楚了，学生可能更糊涂了。用季羡林先生的话说，这就是“汉语的模糊性”。但如果我们抛开西方语言学所尊崇的语法术语，从“语言是交际工具”这一根本性规定出发，从中华民族思维特点出发来考察汉语，我们就会发现汉语（包括汉字）所具有的“可创造性组合”。

吕必松认为（2006、2007）创造性组合特性反映在汉语的各个方面：汉字是笔画组合、词汇是汉字组合、句子是词汇组合。组合也是扩展的基本方式，而且这些组合是有规则的，更是有创造性的。外国人抱怨规则太多，我们在教学时又以规则为“把手”而丢弃了其中的“创造性”，这就等于我们自己没有充分把握自己语言的本质特性，没有充分体现出“创造性思维”在语言学习、使用中的作用，从而导致汉语本应有的效率优势倒变成学习的效率劣势。

创造性不是教出来的，而是在体验中、在活动中建构的。对外汉语教学通过课堂活动这种方式能创设外国学习者对“组合”思维和规则的体验情境，体会汉语创造性组合的乐趣。我们的教学实践证明，这会极大地提高外国学习者学习和运用汉语的能力和效率。例如，“自己造汉字”、“自己造词”、“为自己设计名片”、“为领导准备邀请函”等活动的创设。

三、课堂活动的综合性

在第一章中我们已经提到，目前在对外汉语教学界关于教学法的研究中，“综合教学法”的提法基本形成共识。我们应从汉语和汉字的特点出发，基于语言教学的普遍规律，守住并创新这种具有汉语特点的第二语言教学法，以立足于世界第二语言教学法之林（赵金铭，2000）。

课堂活动设计应从以下方面体现综合性，以发挥课堂环境中诸要素的“整体合力”，提高学生的语言综合运用能力。

（一）在活动内容设置上实现汉语形式、汉语交际能力各方面的综合、均衡

我们知道，在课堂教学环境下，形成语言交际能力的各个因素不可避免地被时间、空间分割成不同的部分。有语音、词汇、语法、汉字等语言本体知识方面的；有听、说、读、写、译等言语技能方面的；有结构、功能、文化诸要素之间关系等教学理念方面的，等等。这些内容不可能在一节课里全部涉及并讲解，一节课只能解决其中很小的、局部的问题，这不利于整体语言交际能力的形成。

课堂活动具有容量大、灵活、动态、立体等优势，在活动内容的设计时，教师要尽量做到既突出本课的重点、难点，又尽量融入其他方面的因素，使影响语言交际能力建构的诸要素能得到连续不断、均衡的训练。比如：听与说，听说与汉字识认，语音与词汇，语音、词汇与汉字，交际功能与语法结构，交际与文化，等等。

（二）在活动教学法的设计上形成“以活动为轴心、其他教学法相配合”的综合教学法体系

课堂活动，是解决在课堂环境下学习者语言交际能力建构的手段，但是课堂活动的开展要以各种语言知识、技能的输入为保证，而各种不同流派语言教学理论和教学法是学生语言知识和技能建构有效的保证。因此，课堂活动设计要博采众长，不拘形式，以活动为轴心对各种教学法进行系统的“优化组合”，形成一个各教学法协调共存、各司其职、层次关系明确的方法体系。

其内部结构如下图所示：

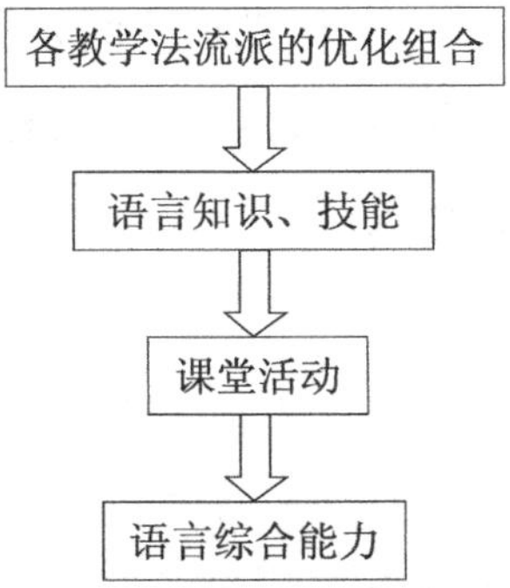

在具体的实施中，每个层次的教学都离不开活动设计和活动教学，既有每个层级的活动，又有专门的综合活动，因此，核心还是以活动贯穿始终，活动教学法体现在整个课堂中，可以说在活动设计中开始，在完成任务的活动中结束。

四、课堂活动的跨文化性

语言是文化的载体。汉语作为第二语言或外语，无论是学习还是应用都会遇到与学习者母语文化相对比、联系甚至碰撞、冲突等问题。语言学习也正是全球化进程中多元文化相互理解、融合的重要途径。课堂活动设计应充分认识学习者跨文化意识在语言学习、应用中的重要作用，注意潜移默化地培养学习者基于全球视野的跨文化意识和素质。

（一）课堂活动设计要努力使学习者在语言交际活动中，接触并使用真实的汉语。通过真实的汉语语料，使教、学双方能及时发现文化差异，并对这种反差进行解释和讨论。但是，当学习者在对目的语文化中的社会方面发生错误认识时，教师应及时指出并进行分析、讲解，一定要给出正确答案。

（二）教学中可以设计专门的文化体验、对比的课堂活动，把语言学习与社会文化教学有机结合。比如，在海外开展有关中国文化的讲座和活动，吸引外国人参与、体验，并结合自己文化进行对比，达到分享、包容和融合。

（三）活动形式既要符合汉语文化特点，又要避免与学习者母语文化冲突，在语言选择、用品、情景等方面一定要符合学习者文化特点。

参考文献：

1. 陈琦、刘儒德（2007）《当代教育心理学（第2版）》，北京：北京师范大学出版社。
2. 戴庆宁、吕晔（2004）CBI教学理念及其教学模式，《国外外语教学》第4期。
3. 教育部（2001）《全日制义务教育普通高级中学英语课程标准（实验稿）》，北京：北京师范大学出版社。
4. 吕必松（2006）二合的生成机制和组合汉语，《数字化汉语教学的研究和应用》，北京：语文出版社。
5. 吕必松、赵淑华、林英贝（2007）《组合汉语知识纲要》，北京：北京语言大学出版社。
6. 马箭飞（2002）任务式大纲与汉语交际任务，《语言教学与研究》第4期。
7. 牟世荣（2008）《成功之路•进步篇1》，北京：北京语言大学出版社。
8. 束定芳（2006）外语课堂教学新模式刍议，《外语界》第4期。
9. 赵金铭（2000）"九五"期间对外汉语教学研究，《世界汉语教学》第3期。

3

课堂活动教学的设计原则和方法

第一节　课堂活动教学设计的种类与原则

活动，是课堂教学的核心。课堂活动教学就是通过教师设计活动、师生共同在课堂环境中开展的任务实践活动而达到特定教学目标的过程。其中，活动设计是课堂活动教学的关键环节，设计出一个与教学目标、内容相契合的课堂活动是实施活动教学的前提和基础。

活动设计，应由经验、艺术转变为可操作的、简便的、广泛应用的“教学技术或方法”。活动设计介于理论和实践之间的中间层面，我们不仅要以对外汉语课堂教学实践为基础，更重要的是要从语言规律、语言教学规律和语言学习规律等外语教学的一般规律及汉语本体特点等理论层面揭示活动设计内在的结构、联系和特性，建立活动设计的理论基础。

一、活动设计的种类

为方便教学，我们按不同分类标准把课堂活动分为以下几种类型：

（一）按课堂活动的教学内容，分为：专项课堂活动与综合课堂活动

专项课堂活动，是指课堂活动所指向的教学内容为某个具体的汉语语言知识或某项语言技能。例如，语音教学课堂活动、词汇教学课堂活动、语法教学课堂活动、听力训练课堂活动等。综合课堂活动，是指课堂活动的内容为多种语言知识和语言技能的

综合。例如，主题教学课堂活动、听说综合训练课堂活动、中国文化体验课堂活动等。

专项、综合课堂活动的分类，为课堂活动设计与应用提供了较为明晰的范围。但要注意的是，无论是专项还是综合，是从其承载教学内容多少的程度上来考虑的，在具体设计与应用时，不能削弱课堂活动对“交际能力”培养训练的整体功能。

（二）按课堂活动所承担的具体教学功能，分为：输入型课堂活动与输出型课堂活动

输入型课堂活动的特点，在于该活动的教学功能重点是帮助学生高效率完成本课语言知识或者言语技能的内化。语音、汉字、词汇和语法等语言知识以及听力、阅读等语言技能更多地具有输入型的特征。输出型课堂活动的特点，则在于引导学生的实践和体验，整个活动设计以学生言语技能的“输出”应用为主。

这种分类可以更加明确课堂活动的功能、性质，为课堂活动的设计提供思路和导向。但在课堂活动中，输入、输出的分类并不意味着两者在课堂实施中截然分开，两者往往呈现出“目的与手段”的相互关系。输入型的课堂活动需要“输出”来穿针引线；输出型的课堂活动也要有“输入”做保障。因而，在课堂活动设计与应用时，既要明确两者的不同性质，又要处理好两者之间的协调关系。

（三）按教师、学生在课堂活动中的关系，分为：师生互动型课堂活动与学生自主型课堂活动

师生互动型的课堂活动中，有明显的活动双方，教师、学生各为一方，课堂活动的基本形式是教师导、学生动。

例如：在词汇教学课堂活动中的“猜字”，教师出字谜：“人有它是大，天没它是大。”学生猜，在猜的过程中教师还可以引导、暗示，最后由学生得出结论：这是“一”字。

学生自主型的课堂活动中，教师只起讲明规则、提供帮助、充当观众，有时担当评判人的作用，整个课堂活动完全由学生依规则自主进行。

例如：同样采用“猜字”方式，同样的字谜，可以设计成“救朋友”的自主型课堂活动：每个学生背上贴一张写有字谜的纸条，站在划定的一个圈儿内。选定一个“自由人”开始猜字，猜对一个就“解救”一位朋友，被解救的学生加入“解救”猜字……直到全部学生从圈儿里出来为止。

课堂活动究竟采用师生互动型还是学生自主型，并没有严格的标准，教师应根据具体情况具体对待。一般而言，师生互动型课堂活动，具有封闭性的特点，可控性高，用时少，但教学内容承载量小，学生活动的局限性大，有时会不可避免地出现不能顾及全体学生的现象；学生自主型课堂活动，具有开放性的特点，教学内容承载量大，学生活动既有广度又有深度，且容易产生活动的趣味性和挑战性，但用时多，结果不可控，对过程组织要求高。

（四）按教学目标的要求，分为：演练性课堂活动和交际性课堂活动

学生语言能力的训练目标有操练性目标和交际性目标，因此，也可把课堂活动分成演练性活动和交际性活动。

演练性活动，其特点是语言练习有确定的“目标”指向，内容与形式有明显的人为加工痕迹，甚至一些活动不是为了交际，而是单纯的“学习”。比如，角色扮演对话、汉字识记的游戏等。其主要特点是交际范式固定、语言使用比较格式化。交际性活动，其特点是活动在教师预先设定的交际情境中进行，活动内容可以是真实的，也可能是模拟的，其作用是给学习者提供“在使用中体验”的机会，活动没有最终的、唯一的“标准答案”。

演练性活动和交际性活动在课堂中差不多要每天使用，但是它们的侧重点不同，演练性活动是限定性的，交际性活动是半开放性的（在课堂上也受时空限制），一些必要的知识和技能需要演练性活动，但是它不是语言教学的最终目的，因此，我们可以设

定为演练性活动是交际性活动的前提和基础，最终要开展交际性活动或综合性活动。

二、活动设计的原则

（一）与学习者文化相融合的原则

教师在设计课堂活动时，首先要处理好汉语文化与学习者所处文化之间的关系，找到两者的最佳契合点，尤其要防止只从汉语文化背景出发、追求纯中国化的活动形式设计倾向。

比如，在中国传统文化中，恋爱双方相处比较含蓄、内敛，而拉美学生很喜欢在公开场合介绍自己的对象。因此，在活动设计中，如果针对拉美国家的学生，当学生做了个人信息介绍、谈了基本家庭成员和宠物后，教师可以提醒他：你男朋友或女朋友呢？学生会非常兴奋，会用汉语说出很多句子。

在海外汉语教学中，教师要实现与学习者所处当地文化的融合，首先要做学习者文化的“有心人”。教师要通过各种方式了解学生在思维、日常生活各方面与中国人的差异，特别是一些禁忌性的语言、动作、话题、用品及特殊场合的礼仪等，同时要在寻找当地文化与中国文化一致性上多下功夫。课堂活动形式能否从文化层面让学生喜闻乐见、自然接受，是决定课堂活动成败的关键。

（二）活动目标明确的原则

课堂活动设计要正确处理教学目标与教学手段之间的关系，课堂活动是实现教学目标的有效手段和方式，但是在设计时要防止形式主义和喧宾夺主，更不能本末倒置。是否能实现教学目标，是检验课堂活动教学是否必要、是否有效的实践标准和试金石。

每一个课堂活动的设计，都应以明确的教学目标为前提和出发点。教师要吃透教材，明晰本课在语音、词汇、语法等语言知识以及听、说、读、写语言技能上的具体要求，而后根据本课所指向的交际任务、功能来设置课堂活动，在课堂活动这个教学平台上，形成综合课所要求的各要素、各技能以及交际能力训练的整体合力。

（三）与教学内容相匹配的原则

1. 与本课教学内容相匹配

课堂活动设计要认真分析教学内容与课堂活动之间的匹配关系，从教学内容的特点出发，来设置活动的形式、环节和具体内容。不能牵强附会、生拉硬套，也不能只看表面热闹、离题万里，防止内容与活动方式的脱节。

2. 与其他教学手段相协调

根据教学目标的要求，课堂活动所使用的教学手段应是“组合式”的，而不是只用一种教学方法的“单一式”的。因此，课堂活动的开展也必须要有其他教学手段的铺垫和支持，使之承前启后，似行云流水，防止活动突兀或孤立。

（四）活动形式新颖有趣的原则

活动形式设计要以学习者为第一参考要素，要把课堂吸引力、学生参与度作为设计的基本指导思想。生动活泼、妙趣横生、欢歌笑语、充满挑战的汉语课堂活动，是吸引学生向往课堂、走向课堂、留在课堂的有力法宝。

教师要根据学生认知、学习心理和能力，充分利用声音、色彩、动作、表情等非语言因素，创设和谐的课堂氛围和活动形式，引导学生以愉悦的情感积极参与到语言交际实践活动中来。

下面是2009年11月12日发生在多米尼加共和国圣多明各课堂教学中的真实情况。刚刚学完“看病”一课，课间休息，喜欢表演的拉美学生就“病”倒了一大片，这个头疼，那个牙疼，有的发烧，有的拉肚子，还有甚者，全身都不舒服，不仅如此，还突然冒出大批“残疾人”，大汗淋漓，一瘸一拐的，把当老师的“医生”弄得应付不过来。更有意思的是，这些“病人”和“残疾人”还来到旁边入门汉语班的课上，告诉他们“我快不行了”、“叫救护车”吧，把那些小师弟们弄得不知所措……

（五）全员参与的原则

课堂活动不是表演，而是一种教学方法，是让全班学生都能通过有计划、有组织的活动，高效、愉快地完成本课的教学任务，达到教学目标。因此，课堂活动的设计要处理好个别学生与全体学生的关系，既要发挥个别学生带头、骨干的作用，更要以全体学生为活动的参与者这一理念统领课堂活动设计与应用的全过程。

教师应根据学生人数、学习程度、教室空间等因素，进行课堂活动形式的计划及物品准备。在实施时，应合理分配不同的角色和任务，防止少数学生动、多数学生当观众的现象发生。否则，课堂活动教学就失去了意义。

（六）科学性与创新性相统一的原则

科学与创新统一，是指在课堂活动设计时，首先应有一个科学合理的设计步骤，使每一个课堂活动的创新都建立在可靠的依据和理性的思考之上，防止闭门造车、随心所欲式的“创新”。第二，应有实事求是的科学态度。要根据实际拥有的教学资源、学生的兴趣爱好及学生的实际语言水平来进行设计，避免超越现实条件、难于操作、流于形式的活动。第三，注重活动细节的连贯与统一。要统筹各种教学资源和手段，处理好各个环节的衔接，合理分配课堂教学的时间。

第二节　课堂活动教学设计的要素与结构

活动设计，在具体操作层面上就是把活动形式、内容描述出来，明确活动的一般组成要素及其之间的结构关系，这对于活动设计的“技术化”至关重要。

一、活动设计的要素

活动设计要考虑多方面的要素，根据实践，我们归为以下几种：

（一）学科领域

领域，对某一科目分类划分后，对应的各部分就叫作某某领域，比如，教育领域、运动领域、医药卫生领域等；也指语言行为产生于真实社会生活的某一具体方面，比如，职业活动、个人生活活动、公共社会活动、教育活动、科技活动等。很显然，领域是个大范围，还可以在领域下细分更为具体的项目。明确活动所处领域的作用在于，能很快把握语言活动的切入点、兴趣点或者方向，并据此准备资料、设计活动形式，对活动的开展具有导向作用。

（二）主题

主题，可以是学科领域的下位概念，也可以独立成为活动的核心内容。这里所说的“主题”主要是指语言交际活动所处的社会生活的具体方面。语言交际总是围绕“主题”而进行的，主题对交际意念、内容、进程有直接的影响。例如，在“个人生活”领域，可能就有描述个人特征、描述家庭与环境、休闲、娱乐、运动等主题活动。

次主题，即在某一主题范围内，再根据不同的活动类别进行细分。例如，在“休闲”主题项下，又可划分出个人兴趣、音乐会、电影、电视、演出等次主题。

（三）情境

情境，即语言活动开展所处的客观、外部环境。情境对交际内容、互动模式、进程等有直接影响，同时也能对语言交际起到暗示、提示、限制等作用。

情境设计一般要考虑以下因素：

1. 地点与时间，即明确活动在何时、何地发生。

2. 活动主体，即参与活动的人及其在活动中的角色。

3. 活动客体，即活动环境中的背景，包括活动涉及的社会环境、人文环境、社区文化、学校环境、家庭环境等。

4. 活动文本，即完成此活动所进行的语言交际内容。

（四）形式

1. 从课堂教学的活动方式上，主要有以下四种形式：

（1）模拟表演，即语言交际活动以“贴近真实生活”的形式出现。常用形式有模拟课文情境表演、角色扮演、配音等。比如，在“数字”教学时，设计的活动是扮演乒乓球比赛的“裁判员”，根据比赛录像，进行计分、报分。

（2）完成任务，即语言交际活动有明确的“目标任务”，参与者要依靠语言交际来完成“任务”。常用形式有填写表格、问路、点菜等。比如，在“颜色”教学时，设计的活动是根据提示画鹦鹉。给学生画有鹦鹉基本轮廓的纸，然后，教师要求学生用不同的颜色在相应部位填色。

（3）交际互动，即语言交际活动建立在参与者“面对面及时交际”的基础上。常用形式有打电话、抢答比赛、猜谜语、网上文字交流等。

（4）游戏，即用语言做游戏，或用语言进行创造性的、趣味性的活动。常用形式有口头游戏（如：接龙、猜谜）、笔头游戏（如：填字找宝、字牌游戏）等。

2. 从语言的学习过程来看，分为理解、表达、互动、媒介活动等形式，分项列举如下：

（1）语言理解活动，即语言输入，包括听力、阅读及视听理解三个方面。

听力理解	听各种通知、公告；听广播、录音、电影电视配音；做各种场合的听众；无意听别人谈话等。
阅读理解	阅读使用说明；阅读各种通知；阅读网上信息；阅读报纸等媒体；阅读文献、文学、诗歌等。
视听理解	看电视、电影字幕，视频；多媒体；校对文字材料（一边听别人读，一边跟着阅读）。

（2）语言表达活动，即语言输出，包括口头（说）、笔头（写）两项表达方式。

口头表达	传达公告；捎口信；发言；演讲；介绍；解释；评论；解说；演出；即席发言；朗诵等。
笔头表达	记笔记；写留言条；填写表格；记录行程或指示内容；写稿件；写信件；写电子邮件等。

（3）互动活动，包括口头互动和笔头互动。

口头互动	日常生活交流；一般对话；讨论；辩论；访谈；谈判；商议；合作（要求与提高服务）等。
笔头互动	信件、传真、电子邮件、协议、合同、论坛等。

（4）媒介活动，包括口头媒介和笔头媒介活动。

口头媒介	接待来访（正式或非正式）；在国外帮助本族人；谈判或社交翻译；会议同声翻译等。
笔头媒介	精确翻译文献、法律、合同等；翻译文学作品；转述性翻译等。

（五）学生因素

活动设计要考虑班级学生人数、学生的年龄和汉语水平、班级风气和氛围以及学生所处的文化特点和习俗等。

（六）教师因素

教师的年龄和性格以及教学风格。同样的教学内容由不同的教师来讲授将会有不同的效果，教师在设计和组织课堂活动中要注重将其与自身的年龄、性格及教学风格相融合。

二、活动设计的结构

从结构上讲，活动设计一般包括情境创设、主题融入、实践探究、成果展示、活动总结几个部分。

（一）情境创设

情境是由一定的物质因素和精神因素构成的活动所必需的情境和氛围。活动开展的前提是教师把学生带入事先设定好的情境中，有学者指出，活动情境对学生具有积极的暗示作用，潜移默化地影响学生，使学生逐步达到活动的最佳状态（李臣之，2002）。由于课堂教学的时空限制，情境的创设主要有模拟情境和真实情境，但是以模拟情境为主。

（二）主题融入

主题由教学的重点和难点来确定。活动设计首先要解决教学中的重点和难点。所谓重点是教学大纲和教学计划规定的重点教学内容，所谓难点是学生已有知识基础与新授知识之间衔接不上的那些地方，也就是诸多学习任务中那些学生难以理解和接受的方面和步骤，是指学生在认知过程中受阻和感到困难的地方（柳夕浪，1998）。活动教学就是为了帮助学生解决这些问题。

（三）实践探究

围绕着活动主题，通过多种活动方式解决问题。可以是角色扮演、小组讨论、游戏、小品、辩论等方式，也可以是组织文化体验、手工、太极拳等方式，但是不管是哪种实践活动，都要以培养学生的探究能力为目标。比如，引导学生收集资料，包括文字、音像、实物、图片等，可以通过网络、图书馆，也可以通过访谈、调查等方式，收集信息、分析问题、解决问题。

（四）成果展示

每一堂活动课最终都要以成果的形式来完成，成果可以是作文、图画、表格、实物、方案、图表、多媒体，等等。无论哪种形式的成果，教师都需要给学生形成成果的形式、方法，促进学生成果的交流，教师应充分利用信息技术手段，创设成果展示平台，使全班学生、甚至更多的人获得交流和分享的机会。

（五）活动总结

成果展示后，教师引导学生对所完成的成果做出评价，反思整个活动过程，发现优点和不足，为下一阶段的活动主题积累经验。

第三节　课堂活动教学设计的步骤与方法

课堂活动设计以教师的创新为基础，但是要遵循一定的程序，采取行之有效的方法，这样将会提高教学的效率。

一、活动设计的步骤

通过理论研究和教学实践，我们认为活动设计分三个阶段进行，其流程与内容表示如下：

阶段	流程序号	具体内容
准备阶段	1	研究教材，明确本课教学内容和教学目标
	2	检查环境与条件，明确时间、场地、设备、资源
	3	了解学习者需求、年龄、经验、已有知识、能力及班级人数、分组情况
活动设计阶段	4	确定语言交际领域和主题
	5	确定语言交际内容和文本
	6	确定语言交际形式和进程
	7	确定活动组织形式和步骤
	8	调整活动难度，撰写活动教案
实施阶段	9	引导学生参与
评价阶段	10	反馈、提升

（一）准备阶段

课堂活动的顺利实施要以充分的物质准备为条件，教师应根据教学内容和教学目标的要求及早动手、细致准备。如果置身国外，看似小事，还可能颇费周折。因而，物品采购、卡片制作、多媒体制作等要有计划，在时间上留出余地。还要考虑费用问题，能让学生自己准备的物品，要提前布置清楚。教室的电源、插座、投影仪、桌椅等情况，墙面是否能粘贴等细节都应考虑周全。如果需要个别学生配合，应提前予以说明和辅导。

（二）设计阶段

这个阶段是课堂活动教学的核心环节，好的设计是有效实施的前提。教师应根据学科的领域和主题设计课堂活动的具体内容，比如是语音、汉字、词汇、语法方面，还是文化方面，从而进一步确定下位内容，比如语音方面的四声、辨音等。主题确定后开始考虑活动形式，形式的确定要考虑当地的条件和师生的因素，最后确定活动的具体步骤、奖励机制等等。

（三）实施阶段

课堂活动的实施直接决定着最终的教学效果，但是课堂是一个多因素集合的教学现场，在活动中会出现很多不可控制的因素，这就增加了教师组织、引导、掌控教学过程的难度。教师作为课堂活动的设计者、导演，应采取各种方法，使整个课堂活动达到预期效果。

1. 教师要以饱满的热情、愉悦的心情感染学生，营造课堂活动应有的快乐氛围。

2. 控制好课堂教学的整体节奏，使课堂活动的开展成为水到渠成的自然过程。突兀孤立的课堂活动，会使学生产生受控感，进而影响其自觉参与的积极性，甚至会不合作。

3. 及时发现并灵活处理活动中出现的异常问题。学生在活动中的表现受其学习能力、程度、性格、积极性、情绪诸多因素的影响，在师生互动、生生互动、学生自主活动的关系中，往往会出现意想不到的情况。教师要高度警觉，对每一个学生的情况明察秋毫，当发现苗头时，马上以不动声色的方式处理，保证活动既生动活泼又井然有序。

（四）评价阶段

活动结束后，教师应对本次活动的组织情况、达到的效果进行描述性评价。特别应该对本次活动过程中出现的问题、效果不尽人意之处、学生存在的语言知识、技能缺陷等方面实事求是地记录，并对照设计方案进行分析，进行反思，积累经验，不断提高课堂活动设计与应用的水平。

二、活动设计的主要方法

（一）设定课堂活动目标的方法

教学目标是课堂活动设计的最基本依据。以“语言综合运用能力”为中心，以领域、主题、次主题等为主要教学内容，通过活动对这些内容进行“分解、组合”，提炼出明晰的语言知识点、语言技能项目以及在此基础上的语言交际功能任务，是课堂活动设计不可或缺的第一步。

1. 钻研教材，通盘把握本课的内容、结构，特别是要从整体上明确本课所包含的功能、任务，明确这些内容属于何种领域，其交际主题、次主题是什么，借此建立起本课应完成的语言交际任务。

以《体验汉语基础教程》第四课课文教学为例，教学目标可概括为：

在超市、商店、摊位的情境下，在购买水果的活动中，用汉语完成购买物品、数量表达及问价、讨价还价、付款的语言交际任务。

2. 分解该语言交际能力所需的语言知识、语言技能项目。

例如（课文同上例）：

语音：儿化音

语法：汉语价格表示法

词汇：买　贵　便宜　“两”和“二”　一共　点儿　人民币单位（元、块）

听说：上述内容的熟练表达

教师只有明确了本课的这些内容，在设计上才能有效整合，以实现交际目标。

（二）设定活动形式的方法

课堂活动设计的创新性，主要表现在活动形式的设计上，可以说，凡是能创设与交际活动相匹配的情景、能促使学生用汉语完成交际任务且充满乐趣的活动，都是很好的课堂活动形式。可借鉴的方法有：

1. 角色扮演法。直接按交际情景、活动进行模仿设计。

2. 套用法。以当地、中国或其他国家的一些游戏、日常生活中的实际活动为形式，把教学内容巧妙地契入其中。如：魔术、猜谜、击鼓传花、打扑克、CASINO（赌术）、拼字游戏盘等。

3. 实物、多媒体组合法。充分利用各种实物及图片、音像在承载信息方面的优势，以工具、媒体为手段，结合本课教学内容设计课堂活动形式。如：开汽车辨方向（学方位词）、电脑游戏识汉字等。

4. 文化艺术组合法。充分利用学生好动、对中国文化感兴趣的优势，以中国传统文化与汉语课堂教学内容融合为手段设计课堂活动。如：中国歌曲、国画、书法、茶艺、武术、太极拳、中医等。

需注意的是，无论选定何种课堂活动形式，设计时都应重点考虑产生妙趣横生效果的"新奇点"或者"出彩点"，这是课堂活动设计的灵魂。这些出彩点既可以从活动形式本身产生，也可以由服装、道具、行为等方面产生。设计者应特别予以重视。以卖水果为例：

课堂活动形式：

角色扮演。教师扮"卖水果的人"，学生扮顾客。

出彩点设计：

教师一改正装，直接头戴圆尖帽、身着花围裙进课堂；活动前让学生动手布置"水果摊儿"；制作价格牌；

活动规则：

抢购，谁先正确购买，可以吃到水果做奖励。

（三）保证活动均衡与控制难度的方法

无论是完成模拟交际任务还是完成真实交际任务，活动设计要保证既能激发学习者的学习动力、使其参与其中展现他们的理解和表达，又要切实可行，因此，活动设计者应对整个活动方案进行检视并做必要的调整，使之最终成为内容、形式、作用都力近完美的课堂活动。

1. 处理好以理解语言知识为主的活动与以语言交际为主的活动之间的配合，两者要相辅相成地形成一个目标明确的协调体系，两者应互相促进，均衡发展。

2. 掌握好语言准确性与流畅性之间的分寸。准确性和流畅性都是语言使用的标准，但在学习过程中两者不可避免地发生矛盾。语言活动的设计要正视这个矛盾，尽可能地在活动内容、形式、目标等方面建立合理的结构，使两者均衡地发展。

3. 为保证活动的实施，要评估活动预案的难度并加以控制和调整。学习者完成活动遇到的困难以及完成活动所采取的各种策略，是其本人很多因素综合影响的结果，因此是因人而异的。一般来说，影响学习者完成语言交际活动的因素有：个人的知识和能力，如已有的语言知识、交际能力等；个人的情感方面因素，如自信、动机、性格等；完成活动所需的条件与限制，如时间、外部环境、参与者情况等。

据此，可以根据两个主要方面对活动进行适当调整：

第一，学习者的能力水平与个人特征。比如：活动领域、主题与学习者的经历、学习需求越接近，活动难度就越低；反之则越高。

第二，学习者完成活动的条件水平。环境提供的物质条件、外部帮助越多，活动难度就越小；反之则越大。通过调整活动目标可以降低或提高活动难度。例如：调整理解活动的答案形式，可以是口头的，也可以是书面的，还可以是非言语的，比如一个手势、画一个简单的符号等。

参考文献：

1. 姜丽萍（2008）《体验汉语基础教程（上、下）》，北京：高等教育出版社。
2. 李臣之（2002）《综合实践活动课程实施指引》，深圳：海天出版社。
3. 柳夕浪（1998）《课堂教学临床指导》，北京：人民教育出版社。

4 语音教学课堂活动设计与应用示例

本章导读

对外汉语语音教学的难点突出表现在两个方面：一是学习者母语中没有的音，他们在练习时没有参照对比，不易把握；二是汉语的声调。如何帮助外国学生尽快克服母语与汉语语音差异所带来的学习困难，让学生能够正确发出汉语的语音，是对外汉语初级阶段教学的重点。

关于对外汉语语音教学，业已形成了许多行之有效的教学方法，比如，利用发音部位图、身体语言、夸张方法、听辨、对比、吹纸等等，这些方法已经并将继续在对外汉语语音教学中发挥作用。然而，在教学实践中我们发现，这些方法在告知学生如何正确发音方面（即“教”的方面、“知”的方面）有明显优势，但在训练学生真正形成正确发音的“肌肉动作”方面（即“学”的方面、“练”的方面、“能力”形成方面）就略显不足。在对外汉语语音教学实践中，存在着两种不可回避的现象：如果教师一直在那些难音上训练——重复、纠错，就会使学生产生挫折感，进而降低学生的学习兴趣和信心；反之，如果正音、纠音的“功夫”不到位，学生就可能会出现“洋腔怪调”，而且也可能导致某些音的“石化”现象。因此，在传统的对外汉语语音教学方法的基础上，根据汉语作为外语的教学实际，创新对外汉语语音教学策略、方法，应是对外汉语初级阶段综合课教师不断探索的重要课题。

将课堂活动教学法运用于对外汉语语音教学过程中，一则可以用丰富多彩的“活动”代替单调、机械的模仿、重复练习，提高学习的趣味性、生动性；二是通过“活动”载体，把单项的语音教学与语言交际实践有机结合，贯彻“以培养交际能力为中心”的对外汉语教学原则，同时在内容选取上讲究艺术，做到练难点带一般，练语流带单音等等，这样可以在很大程度上提高教学效率，促使学生尽快形成正确的汉语发音。

本章选取对外汉语语音教学中的重点、难点，提供了20个课堂活动示例，建议这些示例在语音教学初期进行。

第一节　声母、韵母教学课堂活动示例

示例 1　乒乓球比赛“嘻唰唰”啦啦队

活动目标： 让学生在担任乒乓球比赛“啦啦队”队员的活动中，经过反复多次地应用练习，熟练掌握 b、p、q、x、sh 的正确发音。同时，了解中国的国球——乒乓球，完成“这是什么？”的交际任务。建议此活动在语音教学初期进行。

活动用时： 50 分钟。

活动准备：

1. 下载歌曲《嘻唰唰》的视频。
2. 下载中国乒乓球队男女混合双打视频，有啦啦队喊加油的场面。
3. 两个乒乓球。
4. 汉语拼音挂图。

活动方式与步骤：

一、热身

1. 播放《嘻唰唰》视频，让学生直接模仿“嘻，唰唰；嘻唰唰。嘻，唰唰；嘻唰唰。”
2. 告诉学生“嘻唰唰”本指一种年轻人比较喜欢的猜拳形式。教师配上夸张的扭动动作和手势，进行表演。
3. 学生模仿视频中的肢体动作，配合说和唱，每个学生表演一遍。然后全部学生一起表演，体验整齐、欢乐的气氛。

二、活动内容

1. 教师在黑板上写 x 和 sh，结合挂图和教师的身体语言，让学生依次快速模仿和认读这两个声母。如果有学生读不准，可纠正一下，如果仍读不准，不要再纠正，让下一位接着读，待全班读完后，再统一纠正，最后让读不准的学生重复读一遍。
2. 教师在黑板上写拼音xǐ shuāshuā，xǐ suāsuā，让学生读拼音，同时辨别 sh 与 s 的区别；教师说，学生指；集体练后，学生两人一组，一个说，另一个指，然后交换角色。接着擦掉 xǐ suā suā，放歌曲“嘻唰唰”部分，学生听后再配上动作，集体说练“嘻唰唰、嘻唰唰”。

3. 教师拿出乒乓球，问学生："这是什么？"学生用母语回答。教师在黑板上写 q—iu—qiu（配上声调）。学生试拼读，教师给出球的词义。继续问："这是不是球？""这是球吗？""这是什么球？"让学生体会 x 与 q 的差别，然后教师根据挂图讲解两者的异同。学生依次快速读 x/q、q/x。
4. 教师在桌上拍几下乒乓球，发出声音，让学生直接猜是什么声音。然后在黑板上写：ping ping ping;pang pang pang—pīngpāngqiú，领读这些音。注意 b、p 要用不同颜色，以加强对比。用"吹气法"区别 b、p，并重读 bing、ping；bang、pang。学生依次快速朗读 pīngpāngqiú。
5. 教师播放乒乓球比赛视频，学生先看，然后开始做游戏。把学生平均分成两组，每组选出一人当啦啦队长，当自己一方得分时，队长喊"乒乓球"，然后同组的同学一起做动作并齐喊"嘻唰唰、嘻唰唰""嘻唰唰、嘻唰唰"，领喊人依次轮流担任。接下来再次播放视频。赢一个球时停下，赢的啦啦队喊。然后换另一队，教师掌握节奏，调节气氛。

三、活动扩展

1. 引导学生练习、辨别：四、十、十四、四十；乒乓球、气球、绣球。
2. 放《嘻唰唰》歌曲。

（注：此活动后，"嘻唰唰"可以作为学生的固定表达，在课上、课下使用。）

示例 2　听音配物谁第一

活动目标：本活动旨在借助有意义的单音节词、双音节词、短语及日常生活中常见的物品，采取对比的方法，集中训练学生对难音 zh、ch、sh、z、c、s 的掌握，在有趣的活动中，帮助学生形成准确的发音。

活动用时：30 分钟。

活动准备：

1. 汉语拼音发音部位教学挂图。

2. 按学生人数的一半准备下列物品：

一张白色纸、一张紫色纸；一把叉子、一个擦菜用的擦子；数字4、10、14、40（最好用剪刀把数字裁下）。

活动方式与步骤：

一、热身

1. 教师讲解“纸、紫（色）、叉子、擦子、4、10、14、40”的含义，让学生建立起音义联系。
2. 运用实物引导学生理解“一张纸、紫色的纸、一张紫色的纸，一把叉子、一个擦子以及具体数字”的含义，强化音义联系。

二、活动内容

1. 教师板书拼音：zhǐ, zǐ, zǐsè, zǐsède zhǐ;chāzi, cāzi; sì, shí, shísì, sìshí，并结合教学挂图讲解每组翘舌音和平舌音的区别，让学生逐个操练。
2. 发放物品，两个学生一组，一人拿物品，另一人说出相应的汉语，然后交换。练习五分钟后上台表演。
3. 抢答：第一轮，教师说汉语，学生快速找物品，找的既对又快的为优胜组；第二轮，教师手持物品，快速更换，让学生说出汉语发音，说的既正确又快的人为第一。教师可适当给予奖励。

三、活动扩展

教师可以用44、54、64……94等数字引导学生巩固4和10的发音。

示例3　为《多瑙河之波》伴奏识d、t

活动目标：让学生在世界名曲《多瑙河之波》优美旋律的引导下，用汉语的音“di dada”“ti tata”“peng chacha”“beng caca”进行“伴奏”，进而集中训练学生对d、t, b、p, ch、c三对易混音的辨别能力及正确、快速提高这些音的发音熟练程度。

活动用时：30分钟。

活动准备：

1. 下载《多瑙河之波》做背景音乐的舞蹈视频。

2. 下载节奏鲜明的《多瑙河之波》伴奏音乐。

3. 找出班级里喜欢跳舞或跳舞好的学生。

活动方式与步骤：

一、热身

1. 教师播放舞蹈视频，两分钟左右。
2. 教师问学生这是什么舞蹈，是什么音乐。学生用母语自由回答。如果“舞蹈”“音乐”还没有学，就借此机会教给学生。
3. 教师告诉学生接下来要为音乐伴奏。

二、活动内容

1. 教师播放《多瑙河之波》音乐，让学生听两分钟。然后组织学生用手指在桌上敲击“快三”的节奏：di dada，教师演示第一个伴奏：di dada、di dada，学生直接模仿。
2. 教师要求学生用拼音写出这三个音节，快速检查后把正确拼音写在黑板上。教师强调 d 的发音部位。用同样的方法进行 ti tata 的伴奏活动。教师用其他颜色的笔把它写在 di dada 的正下方，以示区别，并说明 d、t 发音的不同，可以让学生用“吹纸法”来体验送气音和不送气音的区别。放音乐，用两个方式进行伴奏：教师指哪个，学生就用哪个节奏进行伴奏。
3. 教师另起一行写：beng caca；peng chacha。让学生直接呼读，每个学生试读一遍。期间，教师不纠错。然后教师对比 beng 和 peng、ca 和 cha，讲解发音部位，同样可以用“吹纸法”让学生体会 b、p 的区别，然后纠正个别发音不准的学生。教师引导学生一起，由慢到快练习。接下来播放音乐，学生分别用 beng caca 和 peng chacha 两个方式进行伴奏。
4. 教师选出一名会跳舞的学生，教师放音乐，学生表演“快三步”舞蹈，其他学生用教师所指示的方式进行伴奏，时间控制在3～5分钟，直到所有学生都能正确发出这四组伴奏为止。

三、活动扩展

教师停止播放音乐，其他学生用发音的方式为跳舞的学生伴奏，复习 d、t、b、p、ch、c 的发音。

示例 4　扑克接龙识 u、ü

活动目标： 让学生进一步熟悉 j、q、x、y 与 ü 及以 ü 开头的韵母拼合时，ü 上两点省略的拼读规则，并能够准确、熟练朗读相关音节、词语，在语流中正确、快速识读。本活动可促进由拼读规则的认知向正确拼读能力的过渡。

活动用时： 30 分钟。

活动准备：

1. 教师编写用于接龙的句子。（用拼音，尽量用已学的词汇）
   （1）Yì tóu zhū, xiàzhe yǔ, pǎo chuqu.
   （2）Xiǎoyǔ qù dàxué xué Hànyǔ.
   （3）Zhè běn shū de jùzi hěn yǒuqù.
2. 教师把这些句子中的每个字的音节按一般扑克牌大小，做成卡片，字母尽量醒目，每个学生一套。按学生数准备卡片。
3. 准备胶水、剪刀、计时表一块。
4. 准备奖品若干。
5. 课间教师把扑克和卡片发给学生，让学生把卡片贴在扑克背面。

活动方式与步骤：

一、热身

复习 j、q、x、y 与 ü 及以 ü 开头的韵母拼合时，ü 上两点省略的拼读规则。

二、活动内容

1. 单张牌快速识别。教师让学生自己洗牌。教师有意识打乱句子的顺序，单字朗读，让学生快速抽出相应纸牌，拼音朝上放在桌子上。教师快速检查，把读错的反过来放置。玩儿两次：第一次读两遍，稍慢；第二次只读一遍，较快。
2. 双音节词的快速识别。玩法同上，只是把句子中的双音节词作为一个整体来读。类似打扑克的“出对儿”。
3. 句子的快速识读，团体赛。
   （1）展示句子，写在黑板上或者用 PPT 演示，并扼要解释意义。
   （2）教师领读三遍。
   （3）教师把学生分为三组，要求各组成员尽快排好正确的语序。

（4）学生抽签决定各组的出场顺序。

（5）教师发出“开始”指令，并开始计时。第一个学生抽出自己的一张牌，必须是三个句子中任何一句的首字，当众展示同时要大声读出。第二个学生按句子顺序抽取自己手中的牌，依次摆放，以此类推，直到这个句子完整排成。排成后，本组成员齐声读出这个句子。同样方式，直到三个句子全部连成、读出为止。停止计时。教师把活动用时写在黑板上，激励落后的组。三组比赛结束，用时少者为胜组，给予奖励。

三、活动扩展

教师引导学生把读 ü 的音节牌抽出，快速拼读，并告诉学生今后只要看到 j、q、x、y 后的 u，就要发 ü 的音。

示例 5　嘴边儿上的儿化音

活动目标： 让学生了解儿化音在口语中的应用，正确、熟练地发出单音“er”以及其他词与“er”相拼的儿化音，逐步形成汉语拼音的综合识读能力。同时，引导学生掌握汉语口语交际常用的儿化词，增加汉语学习的通俗性和趣味性。此活动可在课文教学中出现儿化音后，作为一个专题进行。

活动用时： 40 分钟。

活动准备：

1. 教师精选汉语口语常用的、带儿化音且能表达一定意义的口头语，比如：

（1）哪儿，这儿，那儿；

（2）帅哥儿，美人儿，宝贝儿；

（3）啥事儿，没事儿；

（4）有门儿，没门儿；

（5）花儿，画儿，勺儿，盖儿。

2. 教师把选定的口头语，用学生母语准确翻译并打印出来，讲明使用的语境，了解在当地文化中是否有禁忌。

活动方式与步骤：

一、热身

1. 教师引导学生以课文中的儿化词为例，快速复习一下“er”及儿化音的发音要领。
2. 教师告诉学生儿化音在汉语口语中经常使用，具有区别词义、区别词性和表示感情色彩的作用，要注意积累。

二、活动内容

1. 教师在黑板上写“huà（画）、gài（盖）”的拼音，问学生其含义是什么。在画、盖拼音后加儿化音，学生依次试读。
2. 教师领读三遍，然后讲解其意义。在学生明白这两个词儿化之后表示名词的意义后，教师可领读“我喜欢画画儿”“把瓶盖儿盖上”，学生跟读，教师注意纠音。然后，教师可以让学生之间互相询问“你喜欢画画儿吗？”“你喜欢谁的画儿？”等问题以达到练习与巩固的目的。
3. 教师在黑板上写“美人儿，帅哥儿，宝贝儿”的拼音。每个学生依次试读。教师领读三遍，讲明其意义和应用语境后，学生依次用上述称呼对周围同学进行称呼练习。
4. 教师开玩笑自嘲：“老师是不是帅哥儿（美人儿）？”学生说“是”，老师可以说“不是”，调节一下活动气氛。接着在黑板上写“哪儿，这儿，那儿”的拼音。学生一一试读。
5. 句型练习。教师用打电话练习“你在哪儿？”和学生进行问和答，并注意引导学生用已学过的词替换。如：咖啡馆儿、饭馆儿等。发放中外文对照“常用汉语口头词儿对照表”，并给出使用的语境例句。例如，“你今天有啥事儿？”“我没事儿。”“这是谁画的画儿？”“他画的花儿真漂亮！”，学生自己试读。期间，教师巡回指导和解答学生的问题。

三、活动扩展

1. 教师让每个学生选四个自己最感兴趣的儿化词，并说出来。教师要纠正学生的不正确发音，并注意统计，以备今后教学练习使用。
2. 教师说：“我下班儿了，一会儿去饭馆儿，再见！”

第二节　声调教学课堂活动示例

示例 6　拿根筷子就是卡拉扬

活动目标：让学生以音乐指挥棒为载体，在模仿世界指挥大师——卡拉扬的情境活动中，反复操练“同音不同调”的汉语词汇，从“肌肉动作”层面体会汉语声调的发音部位及特点。同时，从交际层面明确词语的含义，能根据指令做出相应的反应，为学习双音节及多音节词打下准确的声调基础。

活动用时：40 分钟。

活动准备：

1. 教师按学生数准备筷子、饮用水、一次性水杯和有声教学挂图。
2. 教师从网上下载卡拉扬指挥乐团演奏的视频。
3. 教师选择不同音节、不同声调的词，包括：单音节、双音节、三音节、四音节词。尽量选择常用的词汇，并注意声调的全面组合，有意识避开变调。比如：

   （1）烟，盐；汤，烫；手，瘦；谁，水；门，闷；

   （2）吻，问；喝，河；推，腿；拉，辣；坐，左；

   （3）眼睛，眼镜；杯子，被子；哪儿，那儿；
   喝水，河水；睡觉，水饺；请问，亲吻；

   （4）汉堡包、比萨饼、肯德基、麦当劳、可口可乐。
4. 教师把以上各组词标上声调后，按照“汉—外”对照形式写出词义，便于学生理解运用。按学生数印制。
5. 教师准备下边的故事（可以用学生的母语讲）：

   一个 6 岁的小男孩不爱学习，他爸妈非常头痛。突然有一天，孩子拿着一张学校的通知单回家，大声喊道：“爸爸妈妈，我要学音乐！”爸妈很高兴。但爸爸拿来一看就愣住了，原来上面写着：乐器自备。钢琴、提琴等都价格不菲，买不起。爸爸灵机一动，说：“好孩子，咱这就去。”孩子高兴地问：“咱买什么乐器呢？”爸爸回答：“咱学音乐指挥，去把这根筷子洗洗，咱马上就到学校去！”

活动方式与步骤：

一、热身

1. 教师给学生讲上面准备好的故事。教师要讲得风趣，引起学生对“用筷子指挥”的想象。
2. 教师给学生发“指挥棒”，边发边开玩笑说，今天我们就用筷子当一回卡拉扬。

二、活动内容

1. 教师放卡拉扬指挥演奏的视频。用汉语问：“他是谁？”随后介绍：“他是卡拉扬，世界著名的音乐指挥家，奥地利人。”扼要讲解：“指挥棒是用来提示演奏的节奏、音的高低变化的。”我们今天用指挥棒来“指挥”自己的声调发音。
2. 教师展示汉语教学声调有声挂图，用“ɑ”来进行不同声调的练习，并示范四个声调所对应的指挥棒动作，与学生一起演习三遍。边做动作边读声调。
3. 教师“指挥”学生发不同的调。熟练后，发放词语对照的材料，指导学生依次进行朗读练习。强调学生指挥棒的动作要与音调相协调，动作尽量优美。接着播放卡拉扬视频，同时发放水、杯子，强调“水，杯子，喝水”的发音。
4. 教师领读各音节词组合的读音，用筷子“指挥”学生练习不同音节的词。然后让学生“指挥”同桌，练习所有词汇。再交换角色，“指挥”朗读。

三、活动扩展

1. 小组活动：三人一组，其中一人担任卡拉扬，其他两人听指挥行动。如：指挥家看着卡片，一边指挥一边说“水”（手、腿、门、杯子、眼睛、眼镜等），其他两人就指相应的实物。指挥家说到“喝水”（推、拉、请坐等），两人就做相应动作。
2. 教师用指挥棒指“水”（门、腿、手、杯子、眼睛、眼镜等），让学生迅速说出名称。然后教师说“请坐”（喝水、推门、拉门等），学生做相应动作。

（注：在对外汉语语音教学中进行单纯的声调教学环节并用画“五线谱”、指挥棒、打手势的方法，可以明显地增强学生的声调意识，对外国学生“固化”声调有明显作用。此类活动应作为汉语初级阶段教学的常规项目进行。）

示例 7　拿准调了再开口

活动目标： 让学生在有意义的“同音不同调”词语的对比学习中，感受汉语声调的重要性，进一步强化声调意识，提高生词的直接呼读能力，同时完成活动所需的交际任务。

活动用时： 50 分钟。

活动准备：

1. 一张鸭梨的图片。
2. 教师按下列词语准备图片（选词语的原则是：前一个是已学过的），并按对应关系放在一张 PPT 上。

水饺 --------- 睡觉
包子 --------- 豹子
西服 --------- 媳妇
桌子 --------- 镯子
火车 --------- 货车
书 ----- 树 ----- 鼠

3. 教师课前安排一个女学生扮演活动角色——雅丽。装扮要奇特一点儿，穿衣上紧下扩，戴个帽子，上边插根棍儿，像个鸭梨，以引起学生注意。上课后在教室门口等候。

活动方式与步骤：

一、热身

1. 教师展示鸭梨图片，问学生“这是什么”。学生用母语回答。教师说：“这是鸭梨。”慢说两遍“鸭梨”。学生试着写出拼音，然后依次朗读。接着教师在黑板上写出正确的拼音，学生试读。教师领读几遍，强调声调。
2. 教师示意门外的扮演者进教室。扮演者用汉语自我介绍：“我叫雅丽。”教师有意打断，问：“你叫什么名字？”答：“我叫雅丽。”问：“鸭梨？”答：“不是鸭梨，是雅丽。”该问答过程要夸张，语调要清晰。
3. 教师问学生：“她叫什么名字？”学生一一回答。期间教师应注意纠错。
4. 扮演者最后问教师：“我是谁？”教师拿着鸭梨图片大声说：“你是鸭梨！”扮演者做生气状离开教室。

二、活动内容

1. 教师在黑板上分别用彩色笔标出“雅丽——鸭梨”的声调，让学生试读，引导学生快速、连续进行两个词的发音，加强对比。教师在黑板上写“shui jiao”。先标“三三”调，提示学生三声变调，让学生快速试读并问学生：“是什么意思？”学生说：“水饺。”（已学过）
2. 教师用另一种颜色再标“四四”调。让学生一一试读。领读两遍，给出“睡觉”的意义（学生母语）。展示睡觉、水饺的PPT，指图片问学生：“这是什么？”让学生再次熟悉其含义。然后在“水饺”、“睡觉”下方分别写句子：我要水饺、我要睡觉。学生试读，猜句子的含义，如果不正确，教师再做解释。
3. 教师展示书、树、鼠的图片。依次介绍：这是书，这是树，那是鼠。然后教师指着图片发音，学生试写三个字的拼音。教师给出正确的答案后，通过PPT强化练习。用同样的方法练习其他词语（包子，豹子；桌子，镯子等），最后可以通过“汉—外”互译方式检测学生掌握的情况。

三、活动扩展

1. 教师让学生用此活动中的词语，加上已学过的词，造一个句子。如：我家有很多桌子；我妈妈没有镯子……
2. 教师把黑板上的对比词全部读一遍，强调汉语声调的重要性。告知学生需要记忆生词。

示例8　分清轻重找主人

活动目标：进一步强化学生的汉语声调意识，在初步掌握四声及声韵拼合的基础上，以综合练习的方式训练轻声的发音。在实际交际情景中，学会表达物品所属。

活动用时：30分钟。

活动准备：

1. 教师提前安排学生每人带一样餐具：刀子、叉子、勺子、筷子、杯子、盒子等，尽量避免重复。
2. 除课文出现的轻声词语以外，教师选择下列不同类型的轻声词：

(1) 孩子，儿子，孙子，桌子，椅子，刀子，叉子，筷子，勺子……

(2) 我们，你们，他们，朋友们，学生们，老师们，孩子们……

(3) 谁的，我的，你的，她的，我们的，你们的，他们的，老师的……

(4) 爸爸，妈妈，爷爷，奶奶，姥姥，姥爷，哥哥，弟弟，姐姐，妹妹，太太，叔叔，舅舅，姑姑……

3. 编制“汉语常用轻声词汇卡片集锦”，用拼音标注，用学生母语释义。

活动方式与步骤：

一、热身

教师用课文中出现的带轻声的词为例，讲解轻声的正确读法，同时指出，轻声同样具有区别词义的作用。比如：买卖（mǎimài）和买卖（mǎimai），东西（dōngxī）和东西（dōngxi）等。

二、活动内容

1. 教师发放“汉语常用轻声词汇卡片集锦”，先进行“家庭成员”词汇识读。学生自己试读三分钟，然后教师领读几遍，强化“姥姥、姥爷、叔叔、舅舅、太太”等新词的含义。学生每人可用其中一个词造一个句子：“我姥姥叫……，她是美国人”等。教师强调一下轻声“短而轻”的特点，并纠正学生音、调不准的地方。
2. 教师说学生母语，学生说汉语对应词汇。学生依次进行，注意速度要接近汉语正常语速。用同样的方式进行其他卡片中轻声词语的练习活动。
3. 教师让学生从卡片中选取词语进行有意义的词组搭配。如：我的桌子，你的椅子，她的勺子，玛利亚的筷子，爸爸的儿子，奶奶的孙子等。每人两个，尽量避免重复。

三、活动扩展

1. 学生介绍所带物品，如“刀子是我的”，老师说：“刀子是艾琳娜的（用学生名字）。”
2. 抢答：老师问：“叉子是谁的？”学生抢答：“叉子是我的。”或者“叉子是安娜的。”依次问完学生所带物品和教室里的桌椅。

示例 9 听音辨调唱歌谣

活动目标：让学生以世界流行的歌谣 Old MacDonald Had a Farm 中文版《王老先生有块儿地》为活动载体，在听音时有意识地注意语调，在辨别声调的活动中，提高在语流中对汉语声调的捕捉与感知能力，“内化”汉语的声调，培养正确说出汉语词句的能力。

活动用时：30 分钟。

活动准备：

1. 教师下载《王老先生有块儿地》的中文歌曲（带朗诵的儿歌），只需第一、二、三段即可。
2. 教师给歌词标上拼音，但不要标调，把部分学过的词用“（　）”空出来。
3. 印制歌词拼音卡片，按学生数准备。

活动方式与步骤：

一、热身

1. 教师播放《王老先生有块儿地》歌曲第一段，让学生准备好纸和笔。放第二遍时，让学生用拼音写下听到的词。
2. 教师快速看一下学生的记录，及时总结，必要时给学生以鼓励或表扬。

二、活动内容

1. 教师发放歌词卡片，然后播放歌曲第一段，学生填空。学生听不清楚时，教师可慢速朗读一遍，学生标调。教师读时应以词为单位，有意识突出声调。学生标完调后，教师再以正常语速朗读一遍，供学生核查。
2. 教师播放歌曲第二段，学生填空。接下来以句子为单位，教师读，学生对比修改自己的标音。教师给出正确答案，学生改正。然后，教师检查学生的情况，大概计算出正确率，总结错调类型。学生自己练习读三分钟，以此方式练习完歌曲第三段的填空标调。
3. 教师领读几遍，学生再依次朗读，尽量接近正常语速。
4. 教师播放歌曲，学生跟唱、学唱。教师要观察，确保每个学生学会。最后组织学生集体朗诵、合唱一遍。

三、活动扩展

1. 教师播放歌曲的第二、三段，包括朗诵部分。告诉学生看歌词卡片，边听边指，找出与第一段歌词不同的词，并在对应位置试写其声调。
2. 教师快速逐一查看学生在卡片上的标注情况，让标注对的学生说他们的标注音。最后教师给出正确声调。组织学生集体读、唱几遍。

示例 10　听古诗、辨音调

活动目标：让学生有意识地注意语调，在辨别声调的活动中，进一步提高在语流中对汉语声调的捕捉与感知能力，强化各个声调的正确发音。同时，初步感知汉语古诗的特点，复习基本数字。

活动用时：30 分钟。

活动准备：

1. 教师准备古诗《咏鹅》和《蒙学诗》的录音。
2. 教师准备上述两首诗的文字材料。用拼音标注，用外文解释诗歌的含义，按学生数印制。
3. 教师引导学生从网上下载“鹅”的不同姿态的图片，做出 PPT。并制作十张“鹅”的卡片作为奖品，包括鹅的图片、拼音和汉字。规格大小可与普通扑克牌相同。

活动方式与步骤：

一、热身

1. 教师播放 PPT，学生学习生词“鹅”的发音及词义。
2. 师生简单问答：“这是什么？你喜欢鹅吗？”

二、活动内容

1. 教师介绍活动内容：听一首中国古诗，第一遍要求学生只在练习本上标出调号。
2. 教师播放古诗《咏鹅》，第一遍时，每句之间停顿五秒；第二遍时，每句之间停顿三秒；第三遍时，连续播放无停顿。
3. 教师检查学生的标调正误情况，找出共性的问题。再次播放《咏鹅》，要求学生写出拼音和声调，三遍的停顿同上。

4. 教师检查学生拼音书写和标调情况，给出正确答案，纠正错误。领读整首诗，帮助学生领会其含义。

三、活动扩展

1. 教师引导学生快速复习 1 ～ 10 这十个基本数字，告诉学生这次是有奖听写和朗读活动，找两个较好的学生到黑板上标调，写拼音。
2. 教师按照与第一首诗相同的停顿播放《蒙学诗》的录音。引导学生听第一遍后先标调，第二遍播放时要求学生写出拼音，并标上调号。
3. 教师发放印制好的文字材料，引导学生根据发放的材料，更改自己的错误，教师记录共性和个性的问题，及时处理。
4. 教师领读几遍后，让学生到前边朗诵。对注音、标调正确率高的前十名学生予以奖励。

第三节　语流变调教学课堂活动示例

示例 11　礼貌用语“请”先行

活动目标：让学生在学习汉语的礼貌用语、礼貌动作，应用“请”的活动情景中，体会三声在语流中变调的规则。在反复运用中，掌握“请”在不同语境的正确位置和读音。熟练使用常用的汉语礼貌用语。此活动应在课文出现三声变调后进行。

活动用时：30 分钟。

活动准备：

1. 教师准备有“请”字的常用礼貌用语和相关短语。

（1）请进、请坐、请问、请喝茶（咖啡）、请让一下、请等一下、请读一下、请稍等、请安静、请举手；

（2）您请、您先请；

（3）我请你，你请我，老师请你们，你们请老师（三声变调）。

2. 教师把上述各类短句的拼音打印出来，印成中外文对照“‘请’的使用场景”卡片。数量按学生数准备。

活动方式与步骤：

一、热身

1. 教师在黑板上醒目地写出“请”的拼音，引起学生注意。扼要讲明其含义及三声变调的规则后，让学生依次拼读，教师纠正个别错误的发音。
2. 讲明“请”在句中的正确位置，特别要指出“请”在汉语交际中的重要性：“请”是日常交际的常用礼貌用语，是体现一个人教养的重要标志。
3. 教师提醒学生在口语交际时，“请”和其他三声在一起，会发生变调。

二、活动内容

1. 教师发放“‘请’的使用场景”中外文对照卡片。让学生根据三声变调的规则，自己在卡片上寻找哪些“请”需要变调，并在对应拼音的上方，用彩色笔标注变调。
2. 教师依卡片上的顺序，和学生进行互动性练习。教师简要讲明“请”应用的语境以及配合的动作手势。如：请喝茶，要双手递茶杯；请安静，把手指放嘴边等。
3. 学生自己读，然后两人一组练习。一个说句子，另一人做动作，然后互换角色练习。教师巡视各个小组的情况，及时纠正学生的错误。
4. 教师做动作，学生说汉语。然后教师说学生母语，学生说相应汉语并做动作。

三、活动扩展

1. 教师可组织学生模拟“接待客户”这一情境进行表演，练习“请进”“请坐”“请喝茶（咖啡）”等礼貌用语；也可利用其他词语组合让学生互相练习“星期天我请你吃饭”“下周我请你喝咖啡”“明天我请你看电影”等句子，以加深记忆。
2. 教师强调三声词在语流中基本都要变调，应予以注意。同时，多说礼貌语，培养良好的交际习惯。

示例 12 委婉否定顾情面

活动目标： 让学生以表达"拒绝"或"否定"为语境切入点，在使用"不"的情境中，熟悉"不"在语流中的变调规则，固化其在不同声调组合中的发音。同时，体会汉语表达拒绝、否定时的"分寸"及汉语所蕴含的"尊敬他人"的文化特征，为正确、得体的交际打下基础。

活动用时： 30 分钟。

活动准备：

1. 教师准备"'不'的结构分类卡片"，用拼音标注，包括：

（1）表示否定的"不+形容词"，如：不对、不好、不漂亮、不多、不高兴、不高、不帅等，对应委婉否定表达方式是：在'不'后面加"太"字，如：不太对等。

（2）表示否定或拒绝的"不＋动词"，如：不会、不去、不想、不可以、不要、不能等，委婉说法要先说"对不起"，如果拒绝别人的帮助，要说"谢谢"。

（3）表示鼓励、安慰，如：不用担心、不用着急、不用害怕、不哭等。

2. 以上卡片均按学生数准备。没学过的词需注上拼音及母语意义。

活动方式与步骤：

一、热身

1. 教师提问学生，当遭到拒绝或否定时，心里有什么感受。
2. 教师讲解，在中国文化和日常交际中，尊重他人是很重要的原则。体现在语言交际上，第一说话要礼貌，第二语气要委婉，其中很重要的一点就是得体地使用"不"。

二、活动内容

1. 教师在黑板上写"不"的拼音，讲明变调规则后，示范朗读并发放卡片（1），让学生在"不"上用彩笔标注变调，试读三分钟左右，然后教师领读，纠正错音，每次遇到需变调的"不"，就强调一次，然后学生逐个朗读。
2. 教师讲解委婉否定表达及用法，师生互动问答，如：某某（明星）漂亮（帅）吗？答：不（太）漂亮（帅）。

3. 教师发放卡片（2）、（3），活动方式同（1）。在保证学生发音准确、理解正确的基础上，互动问答：

A：你会开车吗？	B：对不起，我不会。
A：我能用你的手机吗？	B：对不起，不能。
A：你去超市吗？	B：对不起，我不去。
A：我能走吗？	B：对不起，不能。
A：你喝茶吗？	B：不喝，谢谢。
A：你需要我做什么？	B：不需要，谢谢。
A：我头疼，发烧。	B：不用担心，你只是感冒。
A：马丁还没来？10 点了呀？	B：不用着急，他会来的。

三、活动扩展

1. 在汉语中，表示委婉否定的说法还有很多，如“我妈妈不太高，但很漂亮”。让学生仿照说句子。
2. 教师总结“不”的变调，强调要委婉说“不”，做一个有涵养的人。

示例 13　中国公用电话号码早知道

活动目标：让学生熟知中国常用的公共电话号码，掌握数字“1”作为号码常读作“yāo”的交际场合。在熟练应用数字的过程中，拉近语言学习与实际生活的距离。

活动用时：30 分钟。

活动准备：

1. 教师准备常用公用电话号码。包括：匪警 110；火警 119；急救 120；查询号码 114；交警 122；天气 121；北京时间 117；水上救援 12395。
2. 教师准备当地相应的公用电话号码以及数字“1”读“yāo”的其他场合的练习。包括：房间号 101、211、218、1306 等；手机号码 13015416719 等。
3. 教师准备八个小礼物，做抢答的奖品。

活动方式与步骤：

一、热身

教师讲解“1”在号码中要读“yāo”，比如，手机号码、房间号码、车牌号码等等。教师在课上出示当地的公用电话号码，让学生用汉语读。

二、活动内容

1. 教师出示中国常用公用电话号码，讲明这在日常生活中是非常重要的，如果去中国一定要知道，然后在黑板上写“匪警号码”的拼音，学生试读，依次快速读。教师纠正音调。
2. 教师用拼音写句子：Zhōngguó de bàojǐng diànhuà shì 110。依此方式进行其他电话号码的活动。
3. 电话号码抢答赛。教师说：中国火警（也可以用展示图标的方式），学生回答：119。哪个学生第一个回答且正确，就给一个小礼物。共八个。

三、活动扩展

1. 教师出示自己的固定电话和手机号码，让学生快速识读。
2. 教师出示准备好的房间号，同样的方式，快速问答练习。直到所有学生都熟练为止。
3. 教师让学生说出自己国家相应的电话号码，以强化练习。比如，很多国家火警是911等。

示例14 看图配成语，谁总是“第一”

活动目标：让学生在将成语和图画词语配对活动中掌握语流中“一”的变调规则，能够正确读出“一”的不同变调，并初步了解汉语成语这种特殊的词语形式。

活动用时：30分钟。

活动准备：

1. 教师挑选带“一”字的成语，用拼音标出来，并加上外语解释，如：一心一意、一马当先、一方水土、一表人才、一手遮天、一头雾水、一脚踢开、一走了之、一片苦心、一气呵成、一意孤行、万众一心、心口不一、万无一失等，并按学生数印制所选的成语。
2. 从网上下载相关成语配图。如：一马当先、一手遮天、一头雾水、一脚踢开、一表人才、一气呵成、一走了之等。

活动方式与步骤：

一、热身

教师发放印好的成语，让学生试读并了解其基本含义。

二、活动内容

1. 教师扼要讲解“一”在语流中的变调，并示范朗读成语。
2. 告诉学生成语是汉语一种特殊的词语形式，很有用，读成语时应流利连贯，一气呵成，中间不能停顿。然后让学生在各个成语上标出“一”的变调。
3. 教师领读几遍后，学生朗读。两人一组，一人朗读，另一个关注“一”的变调是否读得正确。教师注意学生朗读中不正确的地方，及时纠正。
4. 学生抢答：教师出示准备好的图片，让学生“看图说成语”，看谁说得又快又准。

三、活动扩展

1. 师生一起重复“一”的变调规则，然后集体快速说出图片对应的成语。
2. 教师提醒学生，成语应尽量用于生活情景中，并让学生体会其含义。例如：你们都是一表人才；学习汉语时要一心一意；工作上要一马当先；做事儿要一气呵成；做人要诚实，不能心口不一。

示例 15　绕口令上练嘴皮

活动目标： 让学生重点练习汉语儿化音的发音特点，了解儿化音的含义、用法及书写方式，进一步强化汉语的声调意识，同时，通过说绕口令的方式，提高学习兴趣。

活动用时： 30 分钟。

活动准备：

1. 教师按师生数印制带儿化音的绕口令拼音材料。比如，“小哥俩儿”：

小哥俩儿，进了门儿，喝口水儿，运运气儿。
小哥俩儿，一个班儿，学画画儿，不贪玩儿。
画小鸡儿，吃小米儿，画小狗儿，看家门儿；
画出快乐动物园儿，真是一对儿好宝贝儿。

其中，重点词语应给出对应的外文翻译，如：进、喝、画画儿等。

2. 教师选取2009年“汉语桥”比赛中选手演示绕口令的录像片段，以引发学生的参与意识和学习热情。

活动方式与步骤：

一、热身

1. 教师播放“汉语桥”选手说绕口令的录像。
2. 教师讲解绕口令的演说技巧，鼓励学生：“你们也能和他们说得一样好，今天就开始练习。”

二、活动内容

1. 教师简要介绍儿化音的书写格式、正确读法及在修辞上表示“小、可爱”的含义。说明儿化音多用于口语中。
2. 教师引导学生练习下面词语的正确发音，保证每个学生发音正确。

水--------- 水儿
口--------- 口儿
点--------- 点儿
这--------- 这儿
那--------- 那儿
哪--------- 哪儿

一会儿、一下儿、猫儿、狗儿等等。

3. 教师发放印制好的绕口令拼音材料，先领读几遍，速度逐步加快，然后学生自己练习朗读，直到能够背诵。期间教师巡回指导，帮助有困难的学生。
4. 学生到前边背诵，大家评出最优秀者，给予掌声鼓励。

三、活动扩展

教师把“吃葡萄不吐葡萄皮儿，不吃葡萄倒吐葡萄皮儿”这两句作为课外作业留给学生，告诉他们下次课比赛，优秀者有奖。

第四节　拼音呼读与语感综合训练课堂活动示例

示例 16　小游戏里找乐趣

活动目标： 让学生在做简单游戏、反复应用的情境中，体会汉语的正常发音语速，在不知不觉中形成正确的汉语音调。同时，引导学生掌握用汉语和肢体动作进行分组、决定先后的活动方式，活跃课堂气氛。建议此活动一次学会，经常使用。

活动用时： 30 分钟。

活动准备：

1. 游戏一：剪刀、石头、布
2. 游戏二：手心手背找同伴
3. 游戏三：数字炸弹
4. 游戏四：猜猜看

活动方式与步骤：

游戏一

1. 教师组织学生学习“石头、剪刀、布”这三个词，并做出相应的手势动作。
2. 教师讲清输赢规则，如三局两胜。
3. 该游戏在语音教学初期每堂课都可以使用，如决定出场顺序、擂台赛、某个活动谁先开始等。

游戏二

1. 在学到sh声母时引入。用拼音学习“手心”“手背”两个双音节词。
2. 教师讲解，出手时一边说一边配合动作。
3. 此游戏可用于分组，相同者为一组。如朗诵、表演时分组等。

游戏三

1. 在学过数字后引入。
2. 具体要求是“越过七”——全班起立，让学生从 1 开始按顺序报出数字，但逢说到 7 或者 7 的倍数时，以击掌说“停”代替。每次游戏时，数字也可以变换。可以两人进行比赛，也可以多人进行比赛。说错了就坐下，最后站着的人为获胜者。

游戏四

1. 在学过数字后引入。教给学生“左手”“右手”两个生词。
2. 猜硬币在哪只手。一个学生手里拿一枚硬币（或其他物品），边来回倒边说：“一二三，三二一，一二三四五六七，猜猜硬币在哪里？”说完，另一个学生猜硬币在哪只手，猜对了，刮对方一下鼻子；猜错了，让对方刮自己的鼻子。（也可以猜硬币是多大面值，如 5、10、25 等等。）
3. 保证学生要说熟练，音准调正。

注意事项：

1. 此类活动的目的是训练学生对汉语的“脱口而出”，对培养学生的汉语语感很有帮助。应多次开展，逐渐形成习惯动作。
2. 不断变换形式（如剪小人、Bingo 等），保持学生兴趣。

示例 17　每月一歌

活动目标：以中国歌曲为语言载体，在听歌、填词、学唱的系列活动中，综合训练学生对汉语音调的分辨能力和模仿能力，并借助歌曲学习汉语，提高学生的学习兴趣，同时也拓展课外学习汉语的空间。此活动建议每月最后一节课进行。

活动用时：30 分钟。

活动准备：

1. 教师准备一首节奏较慢、歌词清晰的现代歌曲。如《月亮代表我的心》、《我和你》、《茉莉花》等，包括卡拉 OK 伴奏音乐。
2. 为锻炼学生的听力，歌词中的关键词和常用词部分空出来，让学生填空。
3. 教师把歌词翻译成学生母语或英语，打印出来，每人一份。

活动方式与步骤：

一、热身

1. 教师把已经学过的歌曲放一遍，学生跟唱。
2. 学生准备好纸、笔。

二、活动内容

1. 填词练习时，教师先播放歌曲，一句一停，共放三遍，以保证学生能记录下来。学生全部填完后，教师在黑板上写出正确的拼音，学生自己修改。
2. 教师领读全部歌词，保证每人发音正确。发放歌词的翻译卡片，学生自己看，明确歌词大意后，朗读歌词，教师指导朗读，纠正错音。
3. 教师播放歌曲，学生跟唱练习。然后放伴奏音乐，学生试唱，直到大部分学生学会为止。教师把歌曲以邮件形式发给学生，方便其课外练习。
4. 教师布置学生下节课选举“优秀歌星”到前边演唱。

三、活动扩展

1. 教师让学生课下从网上下载中文歌曲，选择自己喜欢的试听并记录歌词。上课时可以问老师。
2. 本活动每月或每两个月进行一次。除教师准备歌曲外，也可以让学生表演自己课下学的歌曲。给予表扬鼓励。
3. 上课前，教师可以让学生轮流唱歌，由“今日歌星”领唱，以巩固所学。此外，留意有唱歌天赋的学生，适当时候组成文工团或演唱小组，为搞汉语宣传推广活动储备人才。

示例 18 “国别”、“语言”擂台赛

活动目标：让学生能够借助拼音阅读教师提供的不同音节的词语，语音语调正确连贯。通过同台比赛的形式，熟练掌握 24 个国家的名字和 12 种语言的中文表述。

活动用时：30 分钟（以学生课外自学为主，教师在课堂上统一辅导，注重单独指导）。

活动准备：

1. 教师按师生数印制中外文对照的国家名称和所说语言名称的卡片。格式如下（表格中的汉字应标汉语拼音，此处省略）：

表一　国家名

1. 中国（China）	9. 加拿大（Canada）	17. 多米尼加（Dominica）
2. 美国（U.S.）	10. 西班牙（Spain）	18. 澳大利亚（Australia）
3. 英国（England）	11. 墨西哥（Mexico）	19. 委内瑞拉（Venezuela）
4. 法国（France）	12. 新加坡（Singapore）	20. 波多黎各（Puerto Rico）
5. 德国（Germany）	13. 俄罗斯（Russia）	21. 洪都拉斯（Honduras）
6. 韩国（Korea）	14. 葡萄牙（Portugal）	22. 哥伦比亚（Columbia）
7. 智利（Chile）	15. 意大利（Italy）	23. 印度尼西亚（Indonesia）
8. 日本（Janpan）	16. 阿拉伯（Arab）	24. 哥斯达黎加（Costa Rica）

表二　语言名

1. 汉语（Chinese）	5. 西班牙语（Spanish）	9. 意大利语（Italian）
2. 英语（English）	6. 俄语（Russian）	10. 阿拉伯语（Arabic）
3. 法语（French）	7. 日语（Japanese）	11. 葡萄牙语（Portuguese）
4. 德语（German）	8. 韩语（Korean）	12. 印度尼西亚语（Bahasa Indonesia）

2. 教师准备十个国家的国旗（从网上下载，并打印出来，用剪刀裁去多余部分，用筷子做旗杆，将两者粘在一起），奖励优秀的学生。

活动方式与步骤：

一、热身

教师用学生母语问他们去过哪些国家，喜欢哪些国家，会说哪国语言。介绍今天要学很多国家和语言的中文表述，看谁记得又对又快。

二、活动内容

1. 教师发放卡片，引导学生自己试读。教师单独指导纠正，然后领读。教师组织学生齐读，做互译练习。
2. 用“手心手背”的方式，把学生分为人数相等的 A、B 两组（若多出一个学生，可安排其做记录员），开始擂台赛。
3. 教师做裁判，先进行“国别”比赛。规则是不能朗读，不能重复。比如：

   A 组第一个学生说“中国”，B 组第一个学生说出另一国家“法国”，语音语调正确，方得一分；两组队员依次进行，哪组得分高，哪组为优胜；用同样的方法进行“语言”比赛，决出高分组。

4. 配对比赛。A 组说出国家名，B 组必须说出该国所讲的语言，比如：A 组说德国，B 组必须说德语，正确得一分，否则，失一分，进行五个后，交换角色，B 组说国名，A 组说语言，如此进行完国别和语言的配对练习，决出高分组。
5. 抢答比赛。教师给出示范例句：“中国人说什么语言？”答：“汉语。”然后教师提问，两组开始抢答。语音语调正确且优先者，得一分，两组决出该项总分，最后把四项总分相加，高分组成员全部获奖。每人可挑选自己喜欢的国旗。

三、活动扩展

1. 教师鼓励没获奖的小组成员，告诉他们做得也不错，下次一定能获奖。
2. 教师引导学生用汉语练习说句子：“我喜欢中国，我学习汉语，我说英语和西班牙语，我会说一点儿汉语……”

示例 19　用电脑 练打字

活动目标：让学生在学习使用全拼汉字输入法的活动中，理解拼音与汉字之间的关系，进一步认识学习拼音的重要性，综合训练拼音的准确度。同时，增加学生对汉语中同音字、词的感性认识，强化声调意识。初步具备用拼音输入法进行汉字输入的技能，为汉字学习打基础。

活动用时：50 分钟。

活动准备：

1. 活动开始前一周教师为学生的电脑安装汉字输入法，统计有笔记本电脑的学生数。
2. 教师提前告知学生上课时带电脑，把没有笔记本电脑的学生与有的学生分在一组。
3. 教师选择已学过的字、词，给出汉字和拼音，以便学生练习汉字、词的输入。同时准备多音节词输入表。如：国家名、语言名称、食品和水果等词。

活动方式与步骤：

一、热身

1. 学生以组为单位分开，插电源，开机。
2. 教师依次检查学生电脑汉字系统是否正常，如果有问题及时处理。

二、活动内容

1. 教师讲解拼音输入法的基本操作方法。先用全拼输入，即完整的声、韵母。提醒学生注意 V 键，说明翻页、选字、输入的方法。
2. 具体操作实例。教师在黑板上写“人”的汉字、拼音，学生试操作。教师巡查指导。每个学生都操作一遍。
3. 教师再写“中国”、“汉语”、“英语”等汉字并标拼音，学生操作。给各组发放输入字、词表，学生自己操作。轮流进行输入，一人五个字或词。
4. 各组组织打字比赛。每人一分钟，看输入多少字。熟练后，教师介绍多音节词的简化输入法。发放多音节词表，学生操作，方法同上。

三、活动扩展

1. 教师介绍汉语拼音以及汉字的重要性。汉语中，同音不同调的现象很普遍，平时学习要特别注意声调。
2. 教师布置课下练习，把带汉字的课文用电脑打出来。

示例 20　歌词朗诵比功夫

活动目标： 教师指导学生正确朗诵熟悉的汉语歌词，培养其独立朗读整句（长、短句）的能力。同时，培养学生的朗读技巧，包括断词、断句、节奏、停顿、语速、轻重音和各种语调的把握等等，提高学生在语流中的连贯朗读能力及表达的准确度，最大限度地避免洋腔洋调的出现。

活动用时： 30 分钟。

活动准备：

1. 教师提前两周发给学生一首节奏明快、生词较少的中文歌歌词，如 S.H.E 的《Superstar》，用拼音标注印好，同时附上译文，便于学生理解，要求学生课外练习朗读，告知两周后开始朗读比赛，还有奖品。

2. 每次下课前抽出五分钟指导学生发音技巧，强调分清轻重音、读准语调等。特别指出易错的音，如“感受”的“受”，“皱眉”的“皱”，“你是电、你是光”中的“是”，“旨意”的“旨”等，这些音反复领读几遍。
3. 制作学生比赛时用的号码卡和评委用的评分卡。
4. 打印证书作为前五名获奖学生的奖品。

活动方式与步骤：

一、热身

1. 以“石头、剪刀、布”方式逐级确定朗诵比赛的顺序。发号码卡。
2. 给每人三分钟准备时间。

二、活动内容

1. 教师介绍评委，宣布评分规则：语音语调错一个扣一分，断词、断句错误各扣一分等。
2. 教师宣布比赛开始，学生按顺序号码依次朗诵。评委当场亮分，并在评分卡上标出扣分细节。
3. 按得分高低，评出获奖名单并颁发奖品。

三、活动扩展

1. 教师鼓励其他学生，这样的朗诵比赛会经常搞，所以大家下次还有获奖机会。
2. 教师教学生唱这首歌。

5 汉字教学课堂活动设计与应用示例

■ 本章导读

汉字是汉语的书写符号，是汉语书面语的基础，也是五千年中华传统文化的重要载体。因此，汉字在海内外汉语教学中占有特别重要的位置。多年来基础汉语教学主要采用“听说领先、读写跟上”的教学方法，落实在汉字教学中，就是综合课的生词，要达到“认写同步”，即学生要随文认、读、写生词表里的汉字，并记住它们的意思。这对于欧美学生和其他非汉字文化圈的学生来说，在学习汉语的初期（前几天）就记住汉字并准确写出确实很难。

而在海外汉字教学中，面临的一个不利因素是学生的学习条件与国内截然不同。国内的对外汉语教学不仅学时相对较多，而且有随处可见的汉字环境。而海外汉语教学既要处理汉语口语交际与汉字教学之间的关系，又要在缺乏目的语的环境中面对学习者母语与汉字在书写、用法上的不同而进行有效的教学。因此，教师首先要帮助学习者克服对汉字的畏难心理，在教学组织和方法上为学生提供一个方便易学、有趣高效的汉字学习途径和方法。

本章采用“先识后写、先慢后快、学用一体”的汉字教学模式，提供了20个汉字教学课堂活动示例，适用于零起点学习者初期的汉字教学。

第一节　识字教学课堂活动示例

示例 1　三三两两识汉字

活动目标：让学生在识认简单独体字的基础上，理解并认识这些字重复组合后的含义。在汉字反复出现的活动中，达到口头交际与汉字认读在课堂教学中相互融合、相互促进的教学效果。本活动并不强调学生对汉字的强行记忆，而是通过“有意反复、有趣”的方式巩固汉字“音—形—义”之间的联系。其教学理念是“多次以不同方式重现”，以最轻松的方式完成外国学习者对汉字的初步认识。

活动用时：30 分钟。

活动准备：

1. 教师准备两套演示用的汉字卡片。一套为单个独体字，另一套为这些独体字组合后的合体字，若第一次出现该合体字，则在背面标注汉语拼音及外语释义。规格以一张 A4 纸做 4 个卡片为宜。
2. 教师按学生数准备同样内容的卡片。学生卡片尺寸为教师演示卡片的一半，学生两套卡片用不同颜色制作，便于使用。
3. 教师制作教学 PPT。先出现汉字，然后出现对应的拼音及释义。

活动方式与步骤：

一、热身

教师放 PPT，引导学生快速识认单个独体字并熟悉其含义：人、木、口、日、月、火、水、石等，使学生感受汉字的“音节相对较短，可以表意”的特征，同时指出汉字学习采取“先认后写、分析识记”的策略。

二、活动内容

1. 教师发放学生卡片，和学生一起分析、朗读那些带拼音及释义的合体字，如：一个“人”字是“人”，两个“人”字是“从”，三个“人”字是“众”，“众”表示人多；一个“木”

字是“木”，两个“木”字是“林”，三个“木”字是“森”，“森”表示树木多；一个“口”字是“口”，两个“口”字是“吕”，三个“口”字是“品”，“品”表示用嘴去辨别；一个“日”字是“日”，两个“日”字是“昌”，三个“日”字是“晶”，“晶”表示光亮；一个“火”字是“火”，两个“火”字是“炎”，三个“火”字是“焱”，“焱”表示火花、火焰。此外，三个“水”字是“淼”，表示水大；三个“石”字是“磊”，表示石头多；两个“月”字是“朋”，表示关系密切。

2. 教师展示自己的那套汉字卡片，朗读合体字，让学生从自己的卡片中抽出相应的汉字并举起，谁最先找对，谁朗读正确，教师就予以表扬。重复三次。以此方法练习完本活动所有的合体字。
3. 教师说句子，学生从卡片中找出相应的关键词，放在桌子上后，试着重复老师刚才说的句子。例如：教师说，“你好朋友是哪国人？”“从他（她）家到你家远不远？”“请你品品这个茶。”“那个水晶的东西叫什么？”“今天天气炎热。”，学生们分别找出“朋、从、品、晶、炎”等汉字，同时说出上述句子，并用它们进行交际。

三、活动拓展

教师将独体字及由独体字组合成的合体字写在黑板上，让学生们快速认读，进行抢答比赛，并说明含义，优胜者给予表扬和奖励。

示例 2　组合配对大比拼

活动目标：把独体字组合成合体字，进一步强化“汉字表意”的概念，以比赛的方式进行，有利于学生开动脑筋，积极思考，勤于动笔，在相互协助的团队活动中掌握汉字的应用。

活动用时：30 分钟。

活动准备：

教师把需要组合的汉字做成 PPT 课件，内容如下：

A栏	B栏
人（亻）	子
口	也
女	门
木	力
田	月
日	马
一	白

活动方式与步骤：

一、热身

1. 教师引导学生快速复习上述独体字。
2. 教师告诉学生比赛规则，将A、B两栏的汉字组合成另外的汉字，哪个组写出的汉字多、用时短，哪个组就为优胜组。

二、活动内容：

1. 两个学生一组进行“组字”比赛。随着教师发出“开始”指令后，各组把组成的汉字写在一张白纸上。
2. 教师发出“停”的指令后，各组呈报自己写出的汉字个数。教师巡回核查。
3. 各组派代表拿着自己写出的汉字向大家讲解其发音及意义。比如：“女”和“子”组合成“好”字，“好”的意思是good；“日”和“月”组合成“明”字，意思是bright……以此类推，各组讲完后，评出优胜组，予以表扬。

三、活动扩展

让学生挑选熟悉的汉字，组成句子，表达思想。例如：她好吗？他们明白吗？

示例3　火眼金睛摘桃子

活动目标： 让学生在扮演猴子摘“汉字桃”的比赛游戏中，仔细区分“形似意异”的汉字，巩固已学过的汉字。与前边的活动相比，此活动要强调识认汉字的速度，进一步促进识认汉字的“快速和自动化”。

活动用时：30分钟。

活动准备：

1. 教师引导学生制作桃形汉字卡片，把外形相似的汉字用不同颜色标记。例如：

   牛，午；石，右；工，土；木，不；人，入；田，甲；刀，力；几，儿；已，己；千，干；问，间；日，目；白，自；大，太。

2. 教师制作两个猴脸面具（可从网上下载图片然后自己制作）。上课时带胶带纸，以备贴面具用。
3. 准备小奖品。

活动方式与步骤：

一、热身

1. 教师把桃形汉字卡片分别贴在黑板的两侧。
2. 教师把学生分成人数相同的两组，分立在过道两侧。
3. 两组第一名队员戴上猴脸面具。两个人用“石头、剪子、布”的方式决出出场顺序。

二、活动内容

1. 教师喊“开始”并用手机进行计时。教师读字，第一个学生到黑板上摘下相应汉字卡片，放在讲台上。然后回队，把面具交给第二名队员。该队员迅速戴上面具并快速到黑板前，教师读字，学生摘字卡。如果该学生不会或者摘错，教师让其回到座位，下一个继续。
2. 依次类推，直到该组把黑板上的字摘完为止。这时计时停止，教师记录所用时间。
3. 用同样的方式进行另一组的摘字计时。用时少的一组为优胜队。

三、活动扩展

1. 两组排好队分列站在黑板两侧，每队的第二个队员随意读字，第一个队员摘字，如果摘字正确，教师奖励一个奖品，摘错或者不会，则要站在队尾等待下次机会。摘下的字放在讲台上，不再重复。
2. 如此轮流进行，直到所有人都摘字正确、得到桃子为止。

示例 4　各找自家门

活动目标： 让学生明白部分独体字用作偏旁时，在书写方面会发生细微的变化，这些偏旁也具有一定的含义。将偏旁作为一个信息识记，有助于为学生快速归类识记汉字打下坚实的基础。

活动用时： 30 分钟。

活动准备：

1. 教师把常用的基础汉字偏旁写出来，并与其对应的汉字加以对比，强调两者含义相同但写法不同。例如：

   人——亻　子——孑　水——氵　火——灬　手——扌

   竹——⺮　草——艹　心——忄　言——讠　金——钅

   刀——刂　足——⻊　走——辶　食——饣　病——疒

2. 教师根据小组的数量准备，把基础汉字做成小房子形状的卡片，中间挖出一个门洞，以便使相应的偏旁能够与之匹配。
3. 教师把写有偏旁部首的卡片做成基础汉字门洞大小的尺寸。

活动方式与步骤：

一、热身

1. 教师简单讲解一下汉字的结构，提醒学生独体字做偏旁时，书写会发生细微的变化。
2. 教师告诉学生偏旁也具有表意的功能。

二、活动内容

1. 教师讲明活动规则：两人一组，给偏旁找“家”，即：把写有偏旁的卡片放进写有独体字的小房子形卡片的门洞内。
2. 学生自由结合成小组，教师发出“开始”指令，同时用手机计时，学生以小组为单位，把偏旁和相应的汉字归到一起。
3. 用时少、正确率高的那组为优胜组。教师予以表扬和奖励。

三、活动扩展

学生们把本周学过的汉字通过分析偏旁加以复习，并用常见的词语造句。

示例 5　汉字套圈比赛

活动目标： 让学生在趣味性活动中，反复强化对汉字的识认和记忆。同时，创设学生用汉语进行交际、完成特定任务的情景，把汉字教学与口语教学有机结合起来。

活动用时： 30 分钟。

活动准备：

1. 教师选择本次活动计划使用的汉字，可以是本课新学的，也可以是已学过的，把这些字做成 PPT，同时也做成卡片，数量按学生数准备。
2. 教师用细铁丝做圆圈，直径在十五厘米左右，共做五个。
3. 教师按字数准备小奖品——从网上下载打印的精美书法图片。

活动方式与步骤：

一、热身

1. 教师把字卡粘贴在活动场地的地面上。
2. 师生共同布置套圈活动场地。注意每个字之间应适当拉开距离，小奖品放在字卡的一角，不能遮盖汉字。学生熟悉的字放远些，新学的放近些。
3. 教师在离最近的字一米处画一条横线。每人按顺序使用 5 个套圈。

二、活动内容

1. 教师引导学生把 PPT 上的字读一遍。然后教师指、学生认读。熟练后，三人一组进行套圈，每人试套两次。期间，教师引导学生用“我要套______字，你要套什么字？”来问答。试套成功者，可以得到相应奖品。
2. 师生整理现场，重新补充字卡和奖品。教师指定一个学生站在场地里，负责捡拾套圈。学生按座位顺序排队，拿好自己的套圈。
3. 第一个学生准备，教师问：“你要套什么字？”答：“我要套______。”问：“在哪儿？”学生根据实际情况回答，如：“在第三排第二个”，回答正确后，教师说：“开始。”每个学生有五次机会。套住了，拿走奖品，未套住的学生回座位。

4. 依次类推进行，直到所有学生进行完为止。期间注意场地的及时恢复，把套圈及时给学生。按上述方法，进行第二轮。此轮由教师指定两个汉字，学生每人套一次。两轮过后，没有套中汉字的学生由教师指定一个字，学生直接去拿，拿对即可。

三、活动扩展

教师要求学生归纳今天用到的汉字，可以用下列句式："今天我套住了×个汉字，第一个是'妈'字，第二个是'生'字……。今天的活动真有意思。"

示例 6　汉字麻将连"长城"

活动目标： 让学生借助传统娱乐工具——麻将，在巩固汉字识认的同时，加深对词、词组的理解以及对连词成句顺序的理解。此外，学生在边说边捡字的过程中，体验学习汉语的乐趣。本示例也为学生提供了一个能经常使用的娱乐性汉字识记活动。

活动用时： 30 分钟。

活动准备：

1. 教师购买一套中国传统麻将牌，牌尽量大一些，便于使用。
2. 课前计划好本课要学习、复习的汉字。最好是单音节、双音节、多音节词都涵盖。如：

   她、妈妈、马丁、叫、你、什么

   名字、中国、朋友、学习、汉语

   医院、医生、老师、教、西班牙语
3. 教师把选定的字做成与麻将牌一样大小的纸片，粘贴在麻将牌有图案的一面。每个麻将上出现两个汉字。
4. 十六个字（词）为一套，学生按四人一组进行分组，套数按学生组数准备。用硬纸板制作虚拟货币（小圆片）若干个，具体数量按学生人数准备，每人三个。

活动方式与步骤：

一、热身

第一次活动时，教师讲明比赛规则，并把句子的基本语序（SVO）写在黑板上。

二、活动内容

1. 教师或一个学生掷骰子，按数字大小确定坐庄顺序。每人发同样数量（三个）的虚拟货币。
2. 庄家洗牌并发牌，每人六张。庄家开始轮流摸牌。期间，庄家可换牌，换出的牌字面冲上（字面冲上是为了让学生判断，调整自己的牌）按顺序放在牌堆中。留牌的原则是便于组成词组和句子。
3. 谁先在摸完第一轮牌（第六张）时形成一个句子（或三个词组），为本轮胜者，此时，庄家给胜者三个“货币”；如果庄家胜，其他三位每人给庄家一个“货币”。
4. 下个庄家洗牌，重新开始下一轮。都当过庄家后，计算每人的“货币”，谁最多即为本次活动的总冠军。

三、活动拓展

一周下来可在前四名中进行“周冠军争夺赛”活动，并对“冠军”进行适当奖励。

示例 7　汉字“变脸”

活动目标：让学生在玩儿“变脸”的过程中，快速辨认已学过的“形似意异”的汉字，复习巩固近期出现的汉字，以达到熟练掌握的目的。

活动用时：30 分钟。

活动准备：

1. 教师从网上下载一段“变脸”的视频，三分钟左右。
2. 师生把硬纸盒剪成圆形，一面贴上笑脸的图片，另一面贴上汉字。
3. 教师把本次练习的汉字做成卡片，共计二十个：

   口、日、目、白、百、田、电

   人、八、入、从、众、大、天

   不、木、小、少、水、冰
4. 教师准备两张书签作为奖品。

活动方式与步骤：

一、热身

1. 教师把“笑脸”卡片在学生面前晃动，引起大家的好奇心。

2. 教师让一名学生播放已经准备好的“变脸”视频，活跃一下气氛。
3. 教师告诉学生我们今天也玩儿“变脸”游戏。四人一组辨认汉字，一字一分。

二、活动内容

1. 教师说“开始”后，用手机计时。教师手持卡片，迅速变换汉字卡片，如果学生认读正确，就给笑脸，否则继续展示下一个汉字。哪个小组在五分钟内认识的汉字最多、最正确，得分最高，就为优胜组。
2. 活动过程中，教师记录学生感到较难辨认的汉字，活动结束后进一步讲解其特征。
3. 单字练完后，教师引导学生组词。哪个组组成的词语多，哪个组为优胜组。教师把书签发给优胜组作为奖励。

三、活动扩展

教师让学生运用其中的某些汉字或词语来说句子，练习口头交际，把汉字和交际有机结合起来。例如：白天人少，水不冰……

示例 8　“跳跳”“拣拣”识汉字

活动目标：让学生复习、巩固已学过的汉字，强化汉字音、形、义的联系，同时训练学生听、说、朗读和翻译的综合能力。本活动既可以在阶段性复习时采用，也可以在随课识字时使用。该项活动最好在学生学过数字、方位词后进行。

活动用时：15 分钟 / 每局。

活动准备：

1. 教师准备一副跳棋。
2. 教师准备本次活动用到的汉字，把它们做成两套相同的版本。一套发给学生，另一套贴在跳棋底部，粘贴时注意别遮住汉字。
3. 教师准备一些小奖品。

活动方式与步骤：

一、热身

1. 教师讲明活动规则并给每名学生发放一套“备用字”，学生可先认读几遍，不会的字可问教师。开棋后不能再问老师。

2. 学生两到四人一组，自愿组合，然后每次选出两组对坐到棋盘前。

二、活动内容

1. 教师宣布“开始”后，念出第一个汉字，让学生拣出并放在起始位置。接着教师给出指令“跳三步”，在“三步”位置上，学生暂停；教师给出下一个指令，比如“用‘走’字跳四步，然后向右转两步”，学生做完此指令后又暂停；接下来再用其他汉字分别给出“向前、向后、向左、直走几步”等诸如此类的指令，让学生迅速识认、挑拣汉字并根据指令放在相应位置。为了训练学生快速认读汉字的能力，教师可要求学生一次选、放汉字的时间不能超过六十秒，只能放一次，中途不能更换，超时即停。
2. 以此方法轮流进行，直到学生从起始处顺利进入对方的营地。
3. 棋面不动，教师检查双方选手所选汉字及摆放位置是否正确。
4. 教师引导学生朗读他们从起始处到终点处走过的所有棋子上的汉字，看是否能连成一个完整的句子，并询问学生汉语意思。如果学生对汉字的认读全部正确，又能连成一句，翻译也正确，则宣布为胜者，得十分；如果其中有不对的字，或者摆错了位置，则该局不得分。
5. 其他小组继续这种玩儿法，得分高的为优胜组，优胜组成员每人得到一个小奖品。

三、活动扩展

1. 为增加娱乐性，教师可以让学生每人每局开始之前在对方的营地放一枚硬币（当地最小面值硬币），谁胜归谁。如果这局没有全胜者，则转移到下局。一般按组员数量确定局数。
2. 教师引导学生以小组互助的形式，用汉字棋子快速摆出三角形或正方形，但必须是一个完整的句子。

（限于篇幅，关于用电脑视频方式进行汉字识认教学的课堂活动这里没有提供，如果课堂有网络环境或者学生有电脑设备，可以使用诸如打气球、射击、拣字、汉字雨、词语接龙、悟空打妖精等电子游戏的方式练习汉字。）

第二节　汉字书写教学课堂活动示例

示例 9　先拆后拼识笔画

活动目标： 让学生在拆分、组合已识汉字的动手活动中，增强对汉字字形的感性认识。借助拆分拼合活动，使学生学习汉字的基本笔画、笔顺，逐步建立汉字的形体概念，为汉字规范书写打下基础。

活动用时： 30 分钟。

活动准备：

1. 教师准备简单的、学生已识记的汉字，可从《800 汉字》的 Flash 中选出下列汉字：

   一、二、三、四、五、六、七、八、九、十、

   木、人、大、天、口、日、田、白、水、冰

2. 教师将所选汉字打印成 15*15 厘米的字卡，然后在每一笔上标出笔顺号。十个字为一套，套数按学生数准备。
3. 教师通知学生上课时带剪刀、胶水。

活动方式与步骤：

一、热身

1. 教师播放汉字书写动画视频（《800 汉字》的 Flash），然后讲明汉字的三要素：笔画、笔顺、结构位置。
2. 教师发放汉字卡，指示学生按标号剪下相应“笔画”。教师播放一个字的动画视频，学生随之选出笔画并按顺序、结构粘贴成字。

二、活动内容

1. 教师指导学生拿出练习本和笔，开始学习基本笔画及书写的顺序等。
2. 学生用所学的笔画、笔顺练习写字。教师注意强调书写顺序。找学生到黑板上逐个练习，直到每个学生都书写正确为止。

三、活动拓展

根据所剩的时间，教师随便写出 5~10 个学生从未见过的汉字，

让学生们逐个分析结构、笔画及书写顺序。对于分析正确的学生及时表扬。

示例 10 用毛笔写“福”字

活动目标：让学生认识中国的“文房四宝”，体验汉字书法的魅力，了解“福”字的文化含义，体会汉字结构及书写规则，学习用毛笔写汉字的基本姿势和方法。此活动应在学生学过汉字基本笔画、能正确书写若干汉字后进行。

活动用时：50 分钟。

活动准备：

1. 教师准备中国春节对联、“福”字的图片或视频。
2. 教师准备宣纸、墨、砚台、毛笔一套，或“文房四宝”的图片供展示用。
3. 教师准备学生用的毛笔、简易墨盒、用于写大字的米字格纸、墨汁。按学生数准备。此外多准备一些废旧报纸。
4. 教师准备用于写“福”字的红纸。裁成大小不同的方块形。大、中、小为一套，套数按学生数准备。

活动方式与步骤：

一、热身

1. 教师向学生展示笔、墨、纸、砚（或图片），简单介绍毛笔是古代汉字书写的工具。组织学生学习这四个词。用“这是什么？”“古代中国人写字用什么笔？”等问句进行交际练习。
2. 教师播放“福”字的书写规则视频（可从《800 汉字》软件中挑选），告知学生仔细观察用毛笔书写的手法。

二、活动内容

1. 教师向学生发放毛笔、墨盒等，演示握笔的姿势和手法，让学生不蘸墨在废报纸上练习基本笔画，体会用软笔书写的技巧。
2. 教师引导学生往墨盒中倒少许墨汁，演示蘸墨的方法，告诉学生注意事项，特别是放笔的方式。然后让学生在废报纸上练习书写基本笔画。期间，教师要巡回指导。强调横平竖直，指导“勾”、“点”的写法。

3. 教师发放米字格纸，进行简单的汉字书写练习。此过程中，强调汉字的书写顺序、布局、结构等。
4. 再次播放“福”字的图片或视频。讲解“福”字的发音、含义，播放“福”字的书写笔顺。让学生先在废报纸上练习写几个“福”字，然后在米字格纸上练习，最后发放红纸正式书写。先写小的，写好后贴在黑板上，让学生评价。依次再写中的“福”字，最后写大的“福”字。大的“福”字倒着贴并解释“福倒（福到）”的含义。

三、活动扩展

教师指导学生用毛笔书写更多汉字，例如春联的横批等，让学生进一步感受用毛笔练习书法的乐趣。该活动可以拓展为经常性活动，如：书法展览、书法比赛等形式，提高学生练习的积极性。

第三节　用汉字制作系列物品教学课堂活动示例

说明：“用汉字制作系列物品”活动作为一个相对独立的教学项目，是笔者在海外汉语教学中针对汉字教学入门阶段的特点而探索的阶段性教学方法。“用汉字制作系列物品”是让学生借助电脑、汉字卡片等工具，积极动手动脑，运用汉字来完成实际任务。这既可作为汉字识认活动的延伸，增强学生的学习成就感，同时也能避免传统的“汉字难学”的弊端。

示例 11　为联合国会议制作标牌

活动目标：让学生借助汉字剪贴的方式，在正确、迅速识认汉字的基础上，完成为联合国会议制作汉字标牌（国家名、姓名）的实际任务，实现在实用中认识汉字、体会汉字结构的目标。

活动用时：30 分钟。

活动准备：

1. 师生收集包装盒的硬纸板，剪成 20*20 厘米的正方形板，按学生数的两倍准备。

2. 师生准备粘贴的国旗、汉字及胶水（或胶带纸）。本示例所用到的材料包括：中国、美国、日本、西班牙、法国、巴西、学生自己国家的国旗，这些国名的汉字以及学生中文名字的汉字。
3. 下载三分钟左右的联合国会议视频。

活动方式与步骤：

一、热身

1. 教师播放视频，提醒学生注意代表座位前的标牌。
2. 教师讲明本次活动的内容——制作汉字标牌。

二、活动内容

1. 教师发给每位学生两块纸板、两个国家名。要求他们把自己领到的表示国名的汉字贴在黑板上，教师把国旗、胶水放在讲台上。
2. 学生从黑板上摘取所用汉字，从讲台上找到对应的国旗或自己的中文名字。然后把它们都粘贴在硬纸牌上。一面是国旗、国家名，另一面是学生自己的中文名字。
3. 学生把制作好的标牌统一摆放在第一排桌子上，姓名朝向大家，让学生根据自己的姓名，拿相应标牌，并向其他同学展示。说："大家好，我叫……，是……人，今天我代表……（国家名）来参加会议。"

三、活动扩展

1. 学生转述同伴的话："大家好，她叫……，是……人，今天她代表……来参加会议。"
2. 教师问大家"谁代表巴西？""谁代表中国参加会议？""李芳代表哪个国家参加会议？""张明呢？"等问题。
3. 教师迅速出示某个国家名，让学生马上说出是哪个国家。

示例 12　我为自己做名片

活动目标： 训练学生通过拼音输入法练习挑选、认读汉字，初步学习用电脑编排汉字的操作方法。在制作自己汉语名片的过程中，进一步巩固汉字的认读，同时复习汉字和拼音。

活动用时： 30 分钟（不包括装软件的时间）。

活动准备：

1. 教师提前准备好汉语输入法软件，协助学生课前将软件装入电脑。
2. 准备一个典型的汉字名片模板，见下图：

圣多明各理工学院
白肖
地址：多米尼加共和国圣多明各市西区林肯东大街 808 号
电话：001809-3459237
手机：829-4249118
电子邮箱：baixiao@hotmail.com

活动方式与步骤：

一、热身

1. 教师为学生演示“全拼输入法”的挑字练习。为巩固汉语拼音，一定让学生输入拼音的全部字母。
2. 对制作名片所需的汉字进行输入练习，确保学生能够准确选择所用汉字。熟练后给学生提供“名片”模板。

二、活动内容

1. 学生根据模板和个人信息进行汉字输入，教师检查每个学生的情况，确保输入的汉字准确无误。
2. 引导学生添加图案背景，设置字体、字号等。学生完成自己的汉语名片后，以邮件形式发给老师。
3. 如果条件允许，教师打印出学生名片，下次课发给学生。

三、活动扩展

学生自主制作其他人（家庭成员或朋友）的名片，并以 PPT 形式在全班做展示，用汉语讲解其中的信息。比如“名片上的王大伟，是我的好朋友，他在×××银行工作，他的电话是……，邮箱是……，家庭地址是……”等。

示例 13　为他人制作生日贺卡

活动目标： 让学生进一步熟悉中文输入法，复习巩固拼音，同时，在制作生日贺卡的活动中，使用汉字、识记并掌握有关汉字，增强学生使用汉字的成就感。

活动用时： 30 分钟 。

活动准备：

1. 教师提前通知学生下次带电脑上课。
2. 教师引导学生练习汉字：祝、你、生、日、快、乐
3. 学生从网上下载五个贺卡模板。

活动方式与步骤：

一、热身

教师展示贺卡模板，然后让学生练习“祝你生日快乐”的汉字输入。确保每个学生选字正确。为促使学生提高打字速度，可组织学生反复练习。

二、活动内容

1. 学生用电脑输入汉语的“生日歌”，然后集体看着歌词合唱，接下来集体朗诵。
2. 学生在电脑上制作贺卡，选择好图片后，教师指导学生进行字体、字号、颜色等格式的选择并在贺卡上添加自己的中文名字。
3. 学生以邮件形式发给教师。
4. 教师展示每个人的贺卡，让大家分享不同风格的生日贺卡。

三、活动拓展

教师把与生日有关的词语，如“蛋糕、蜡烛、吹蜡烛、许愿、唱歌、切蛋糕”等词语告诉学生，让学生在电脑上记录下这类词，以便下次同学过生日时大家能灵活运用。

示例 14　为领导制作邀请函

活动目标：让学生继续熟悉汉字输入法，提高识认、挑选汉字的速度，同时，了解中文邀请函的格式、用词。此外，教师帮助学生建立与中国朋友的网上联系，申请 QQ 号，为学生创设使用汉字进行交际的真实条件。

活动用时：40 分钟。

活动准备：

1. 教师准备一个正式的中文邀请函。格式如下：

> 尊敬的路易斯先生：
>
> 　　您好！
>
> 　　××× 大学将于<u>二零一三年</u><u>十二月二十三日</u>上午十点半在<u>大学礼堂</u>举行<u>圣诞庆祝活动</u>，特邀您参加，谢谢。
>
> 　　　　　　　　　　　　　　××× 大学校长办公室
>
> 　　　　　　　　　　　　　　二零一三年十二月二十日

2. 邀请函中用到的生词，教师提前做成卡片，以备课上使用。

活动方式与步骤：

一、热身

1. 教师带领学生学习邀请函中的生词：邀请函、将、于、礼堂、举行、圣诞、庆祝、活动、特、邀、参加。
2. 请学生用其他词替换画线部分，先口头上完成一份邀请函。

二、活动内容

1. 教师指导学生用学过的生词，根据上面的格式，来为领导制作邀请函。
2. 学生如有不会的生词，可以随时问老师。
3. 邀请函内容输完后，教师协助学生设置字体、字号、间距等，使之更加美观。

三、活动拓展

教师给学生讲解其他内容的邀请函，比如：宴会邀请函、讲座邀请函、国际会议邀请函等等。邀请函内容可以千差万别，但基本格式应保持一样。

示例 15　自制汉字学习卡片

活动目标： 让学生了解网上提供的汉语学习资源，特别是使学生掌握在中文环境下“网络孔子学院”课程的学习方法以及使用网上中文资源的渠道，扩大识字量，提高口语及书面语交际能力。

活动用时： 30 分钟。

活动准备：

1. 教师通知学生带电脑上课。
2. 教师提前与校方联系好，确保教室内网络畅通。
3. 教师提前熟悉“网络孔子学院”所有栏目，选好适合学生水平的资源。

活动方式与步骤：

一、热身

1. 学生打开电脑并上网（确认每个学生的电脑都有中文系统）。
2. 教师指导学生登录“网络孔子学院”网站，并收藏。

二、活动内容

1. 教师介绍“网络孔子学院”网站上适合学生学习汉语的栏目、资源种类，选择好与学生母语相匹配的语种。
2. 教师指导学生选择适合自己的项目进行网络学习，比如，如何制作汉字生词卡片。
3. 教师指导学生选择 A4 纸，一张纸做八个生词，做成“汉字 + 拼音”的格式。如果强化汉字复习，则可以选择“图片 + 汉字”的格式。引导学生多进行网上自主学习。
4. 做好卡片后，让学生们分别展示选择的汉字，并到前边进行讲解。其他人一起分享展示人的收获。

三、活动扩展

教师指导学生制作另一种卡片——主题词卡，方法同上。主题词卡中设计的词语关联性较强，便于学生组词造句及开展口头交际。

第四节　汉字拓展教学课堂活动示例

示例 16　“自造”汉字玩儿一把

活动目标：让学生初步了解汉字的两种造字方法：象形、形声，加深对汉字笔画、笔顺、偏旁的感性认识，为进一步深入学习奠定良好基础。活动重点不是造字法的知识，而是让学生明确汉字基本笔画少（8 个）、结构美、简化字易学易写的特点，保持学生对学习汉字的兴趣。同时，让学生了解繁体字、简化字的区别，强调简化字的学习和应用。此活动建议在基本笔画、笔顺、汉字结构教学后进行。

活动用时：30 分钟。

活动准备：

1. 教师下载“汉字演变”的视频，也可从《汉字书写》光盘里截取制作“日”、“月”、“人”、“云”、“雨”、“山”、“鸟”、“火”等演化过程的动画图片。
2. 教师准备学生容易“造出”的象形字，如：月、山、伞、刀等。
3. 教师准备学过的汉字、繁—简对照表，并从中选五个字。

活动方式与步骤：

一、热身

1. 教师播放“汉字演变”的影像资料。
2. 教师向学生介绍汉字看起来很优美，像画一样，只要掌握了其规律，就很简单，简单到你自己可以“造字”，以此调动学生兴趣。

二、活动内容

1. 教师讲解象形造字法，并分别展示“日”、“月”、“人”、“云”和“雨”字的演变过程图片，讲明汉字是由图画符号演变为笔画成字的。然后让学生想象“山”和“鸟”的形象，试着自己造出这两个字（先画“山”和“鸟”，进而简化）。再播放“山”和“鸟”演变过程的动画，教师在黑板上写出“山”字和“鸟”字，让学生评价谁造的“字”最像。给出拼音，学生读熟。接下来拿出“雨伞、菜刀”，让学生造字，内容过程同上。

2. 教师讲解形声造字法，讲明偏旁的意义，指出汉字的形旁、声旁，举例说明“虾、迷、眯、请、清、晴”等字的含义。

三、活动扩展

1. 教师展示繁体、简体字的对照图片，强调简化字的重要性，告诉学生，只要学会八百个左右汉字，就可以读简单的汉语文章。
2. 教师告诉学生，写汉字不难，只要掌握笔画、笔顺、结构，就很容易。树立学生能够写好汉字的信心。

示例 17　圣诞节汉字艺术造型展

活动目标： 让学生在用各种材料，自己创意、动手制作各种造型的汉字过程中，进一步从结构角度增加对“方块”汉字组合特点的理解和感性认识，增强书写汉字的兴趣。同时，通过节日期间作品的室外展览，扩大汉语教学在校园的影响，宣传汉字文化。

活动用时： 50 分钟。

活动准备：

1. 教师为学生准备好祝贺圣诞节、新年的词语。包括：圣诞快乐、新年快乐、祝你学习进步、好运相伴、心想事成、万事如意。
2. 教师提前通知学生准备硬纸盒、包装箱、彩纸、不干胶等。
3. 教师提醒学生提前准备好固定自己汉字作品的方式和用品，保证稳定，以便在室外摆放。
4. 教师与校方联系，提前找好展览摆放的场地，此外，教师准备现场播放的中国音乐以及中外对照的展览条幅：学生汉字艺术作品展。

活动方式与步骤：

一、热身

1. 教师带领学生学习下列祝贺节日的常用语：

   圣诞快乐、新年快乐、祝你学习进步、好运相伴、心想事成、万事如意

2. 学生们用这些词语口头上对同桌表示节日祝贺。

二、活动内容

1. 教师指导学生把节日祝福语输入电脑，然后指导学生选择艺术字，并对其颜色、字体、字号等进行个性化设置。
2. 学生完成各自的设计后，教师帮他们打印出来，学生们将自己的作品粘贴到准备好的硬纸壳上。这样祝贺节日的艺术字就完成了。
3. 教师带领学生到展览现场，指定每个学生摆放作品的位置。每个学生摆放完毕后，分别给同伴讲解各自作品的含义。
4. 接待参观人员，学生向观众讲解自己的作品，每个学生与自己的作品合影、全班学生在展览区合影留念。

三、活动扩展

教师引导学生为其他场合或活动设计艺术字，如：生日晚会、大型学术会议、工程投标、招标、环境保护活动等。

示例 18　汉字整形医生

活动目标： 让学生在纠正错别字的过程中，进一步从细节处入手，加深对汉字笔画、笔画数的认识，减少由于多一笔或少一笔等导致的错字及由同音不同义产生的别字现象，树立准确书写及使用汉字的观念。

活动用时： 30 分钟。

活动准备：

1. 教师选择学生在书写时经常出现的错别字，作为活动用字。
2. 教师用学过的汉字写二十句有意义的话，其中含有若干学生经常写错的字。打成纸条，数量按两人一条准备。
3. 教师提前安排好“值班医生”，每次课由两名学生担任，按顺序轮流。

活动方式与步骤：

一、热身

1. 教师在黑板上写一个数字，如：1328 → 一干（千）三白（百）二十八，然后请学生辨认这个数字的汉字书写是否正确。
2. 教师请发现错误的学生到黑板上来改正，并及时表扬这个学生。接着引入今天的活动：请“值班医生”诊断句子是否有毛病。

二、活动内容

1. 学生两人一组，教师发放纸条，提示学生自己先“诊断”下列句子：

   ① 大学木在公园左边。（不）

   ②老师请我们在听两次。（再）

   ③ 好久不贝，你好吗？ （见）

   ④今天星期儿？今天星期七。（几，日 / 天）

   ⑤ 你妈妈土作吗？他不。（工，她）

   ⑥ 学生门都出去了。（们）

2. 学生诊断完句子后，把改过的字写在一张白纸上。接着请两位“值班医生”上台，先交流“会诊”一下，然后分别把错误之处在黑板上用彩色笔改正。
3. 教师问其他学生医生是否更改正确。如有问题，请指出问题的学生上台改字，并予以表扬鼓励。然后全体学生正确地写一遍那些字，并集体朗读句子，确保掌握正确的汉字和句子。

三、活动扩展

教师把容易混淆的汉字做成一张表，定期复习、检查、比较、考试。确保学生掌握规范的汉字。

示例 19　一个比划一个猜

活动目标： 让学生在用手比划组成汉字的笔画、口说汉字部首的活动中，进一步提高对汉字结构的分析能力，熟悉部首的含义及写法，理解部首在汉字中的表意作用。

活动用时： 30 分钟。

活动准备：

1. 教师根据教学内容选择那些常用的、笔画较少、结构简明，同时也是学生已基本掌握的汉字（不超过十五个）。
2. 教师把汉字打印在一张纸上，份数按学生数准备。

活动方式与步骤：

一、热身

教师发放打印好的汉字纸张，组织学生按顺序识读一遍，接着让学生用手在空中跟着比划并读笔画名称，说出部首名称及意思，如：沙——点、点、提，竖、撇、点、撇。“三点水”加一个“少”字，意思是“水少”。

二、活动内容

1. 教师指定两名学生上台，一个人背对黑板，一个人在他面前朝向黑板，教师在黑板上写一个字（如：好），面朝黑板的学生负责用“比划”的方式让队友猜出来是什么字，其他学生不得读出音。
2. 前边的学生在空中划笔画，并说出部首名称。背对黑板的学生猜是什么字，该学生可以在讲台桌上用手划字（只有两次机会）。以此方式进行5个汉字的练习。
3. 换两人进行其他汉字的练习活动，直到所选汉字全部做完。对正确率最高的前两名同学，教师给予奖励。

三、活动扩展

该活动可以拓展成两字词、三字词，除了猜字音，还可以猜字义，也可以猜句子。

示例20 偏旁部首查字典

活动目标：让学生进一步掌握汉字笔画、笔画数，同时，使学生掌握用偏旁部首查汉字的方法，学会使用字典、词典这类工具书。

活动用时：50分钟。

活动准备：

1. 教师准备一本《新华字典》、一本《现代汉语词典》。
2. 使用下节课生词为查字练习用字。教师应提前查出，以节约时间。

活动方式与步骤：

一、热身

1. 教师拿出《新华字典》和《现代汉语词典》，让学生试试怎么查生词。

2. 如有学生按音序查找，教师予以表扬。提醒学生汉语字典、词典还有其他的查法。

二、活动内容

1. 教师提问：如果不知道发音怎么查呢？引起学生注意后马上演示如何使用“部首检字法”来查生字或生词。如，查“休”字。

（1）因它的部首是“亻”，所以先找到“亻”（在部首目录的第 16 页）；

（2）在检字表中找到“亻”部统领的字（在检字表第25页）；

（3）再看右边一共有多少笔画（共四画）；

（4）接下来在第 25 页里找“四画”，从上到下可以顺利看到“休”字在 537 页。

（5）最后翻到 537 页，可以看到“休”字的发音、意义及用法。

* 以上检索参见商务印书馆《新华字典（第 10 版）》(双色本)，2004 年。

2. 学生练习查出下节课的三个生词。注意提示学生“折”“钩”都是一笔。

3. 教师演示怎样使用“拼音检字法”来查生字或生词。例如：qiángdiào。

（1）在音节表第 9 页找到 qiáng，其对应的页码是 1041。

（2）翻到 1041 页后，找拼音 qiángdiào，这样就找到了“强调”一词的含义及用法。

4. 指导学生马上练习，查出下次课的两个知道读音但不知其含义的生词。

* 以上检索参见商务印书馆《现代汉语词典（第 6 版）》，2012 年。

三、活动扩展

教师把其他生词写在黑板上，让每个学生轮流查出其中一个。

6 词汇教学课堂活动设计与应用示例

本章导读

在汉语作为外语的教学中，词汇教学是汉语教学的基础，是外国学习者掌握语言技能、形成交际能力的基石。

汉语词汇具有种类繁多、数量巨大、差别悬殊、音形义综合、用法灵活等特点，也是学习者出现偏误较多的方面；另外，从汉语的“无形态变化”这一特点上看，词汇教学又是汉语学习的纽带和突破口，前联语音后启语法，汉语中林林总总的语法项目，其中很大一部分是以词语（虚词）形式出现的，因此词汇教学身兼词汇、语法教学于一身。这种特殊性一方面增加了词汇教学的数量和难度，另一方面也启发我们加强对词汇教学的研究，以期探索更有效的汉语作为外语的词汇教学方法。

我们把活动教学应用于词汇教学中，是创新词汇教学法的探索之一。其特点在于：一是以课堂活动为教学载体和手段，改变词汇教学单一的对照翻译、词义讲解、机械记忆等方式，赋予教学过程趣味性、过程性和互动性；二是把词汇教学与交际能力训练有机结合起来。

本章所列举的四部分词汇活动教学示例的核心理念是：词汇具有超越其本身意义而具有与“交际功能”直接联系的作用，通过提炼出“关键词”并以其为主干构建“交际功能模块”，形成以交际为中心，词汇、结构、功能“三位一体”的综合教学方式。这种教学方式，在一定程度上能克服“交际功能”与“语言能力”之间协调不一的问题，把汉语词汇“一词多义”的难题转化为快速扩展交际范围和能力的法宝。

本章 40 个示例并没有涉及所列词汇种类的全部，只是选择初级汉语常用的重点、难点词汇进行展示。

第一节　常用量词教学课堂活动示例

示例 1　打扑克 张张练

活动目标： 让学生在玩儿扑克牌的活动中，反复应用有关基数词、序数词的词语，特别是量词“张”。体会汉语数词、量词的特别之处（数词 + 量词 + 名词），初步培养学生数量词的语感。同时，用已学句型完成本活动所需的交际任务。

活动用时： 30 分钟。

活动准备：

1. 学生 4 ～ 5 人一组，按组数准备扑克（可用汉字卡片扑克）。
2. 师生共同设计制作“比赛记录表”，参考格式如下：

姓名	第一局	第二局	第三局	第四局	第五局	第六局	第七局	第八局	第九局	第十局	总分

备注：

计分规则为：每局第一名（最大数）计 10 分，以下依次计 8、6、4、2 分。如果有相同分数者，两者再抽牌比，其他人不受影响。

3. 师生准备“纸张、床、桌子、脸、照片、画”等已学过的词，对应量词“张”的实物、图片，2008 年北京奥运会“2008 张笑脸”的视频。

活动方式与步骤：

一、热身

1. 教师播放北京奥运会“2008 张笑脸”的视频。
2. 教师引导学生快速学“扑克牌”、“张”、“一张扑克牌”、“打

（玩儿）扑克”等新词，注意量词“张”的反复使用。如：两张扑克牌、三张扑克牌、五张扑克牌等。

二、活动内容

1. 学生四人一组，男女生搭配好，各组分开围坐，中间要有桌子。每组指定一个组长，每组一副牌，组长负责发牌，每位组员的牌数不等，目的是练习“数词 + 量词（张）”。
2. 教师问：“你有几张扑克牌？”学生依次回答：“我有____张。”教师问“有两张的，请举手”或“有五张的，请举手”等。接着说明 A、J、Q、K 分别代表的数字：1、11、12、13。快速组织学生认读。
3. 分组进行“比大小”的游戏。共两局，第一局一张牌，第二局两张牌。第一局每个学生说出自己领到的扑克牌的数字。轮流报数完毕，发牌者根据情况进行排序，并告知大家比赛结果，比如“第一局，安娜第一，10 分”，边说边计入“比赛记录表”。
4. 第二局比两张牌之和。每个学生抽张牌。让学生说出自己想要的，比如：“你要第几张？”“我要第三张和第五张。”每人领到扑克后计算个人总积分，各组排出顺序。组长向老师报告，“第一，罗伯特，86。第二，……”，教师为各组第一名发小奖品。期间播放“2008 张笑脸”的视频。

备注：

在初级阶段汉语教学中出现的常用量词，如：个、只、件、台、块、条等，均可采用此设计思路来进行，即选用一个有趣、实用的活动形式，嵌入该量词反复应用。先变换数词，目的是降低应用的难度，把重点放在量词“语感”训练上。在此基础上，概括讲解与之搭配的事物特征并模块化给出与该量词搭配的其他常用名词。

三、活动扩展

1. 教师扼要讲解量词“张”经常搭配使用的名词有“纸、桌子、地图、床、脸、照片”等，并展示 PPT。
2. 教师组织学生看图片，快速用“张”说出数量。如：三张纸、五张桌子……2008 张笑脸等，并用“我家有 × 张……”句型说句子，如：我家有三张床，四张桌子。

示例 2　千手观音有千只手

活动目标：让学生以“千手观音”舞蹈为活动背景，在数人、手数量的活动中，熟悉“个、只、条、张”四个量词的用法，进一步培养学生“数词 + 量词 + 名词”的语感。同时，综合应用数词、身体部位名词及“是”字句、“有”字句，完成所需的交际活动。另外，对中国佛教的“菩萨”文化有感性的了解。此活动建议在集中认识人体部位教学时进行。

活动用时：30分钟。

活动准备：

1. 教师准备“千手观音”的舞蹈视频。
2. 教师准备介绍人体部位的教学挂图。
3. 教师准备佛教观音菩萨像的图片以及十二生肖中鸡、狗、猴子、老鼠的图片。

活动方式与步骤：

一、热身

1. 教师把人体部位图挂在黑板上，用“这是什么？”的句型快速提问。
2. 教师讲解“数词+量词+名词”表达式，强调量词的正确使用。

二、活动内容

1. 教师播放“千手观音”舞蹈视频并布置任务：数人数。放几秒钟的视频，停住画面，问学生“有几个人”，学生一一回答。变换句式，用“是六个人吗？”“是不是五个人？”与学生进行快速问答。注意强调量词“个”的应用。
2. 教师进一步布置任务：数有几只手，并强调量词“只”与手的搭配。活动方式同上。然后展示观音像图片，向学生扼要介绍观音菩萨“救难、善良”的意义。
3. 教师引导学生熟悉表示人体部位的词：头、脸、耳朵、鼻子、嘴、眼睛、手、脚、腿、肚子、牙。让学生猜猜这些词所搭配的量词是否一样，然后给出正确量词搭配：

   一个鼻子；一张脸（嘴）；一只耳朵（眼睛、脚）；一条腿；一颗牙。
4. 教师布置任务：用拼音写“我有一个鼻子，有两只耳朵，……”。写好后，教师检查并纠正错误。学生自读，练习不看稿连续流利表达。教师可以让学生互相指着身体部位来练习说。接下来学生依次到讲台上边画画儿边介绍：“你们看，我画一个人，这是他的头，他有一张脸，一个鼻子，两只眼睛，两个耳朵”等。

三、活动扩展

1. 教师展示十二生肖中鸡、狗、猴子、老鼠的图片，问学生它们各有几条腿，学生逐个回答。
2. 教师讲解表示细长的东西时，如：裤子、围巾、领带等，用量词“条”。

示例 3　我的宠物展示会

活动目标： 让学生以宠物为话题，在介绍自家或邻家宠物的活动中，熟练运用“只、头、匹”等常与动物搭配的量词，以及“这 / 那 + 量词 + 名词”的表达方式。同时，综合使用有关颜色、评价类的词汇，完成演讲任务。

活动用时： 50 分钟。

活动准备：

1. 教师提前通知养宠物的学生带自家宠物的照片，做介绍宠物的准备。如：有几个、是什么、叫什么、什么颜色、很可爱、非常漂亮、特别调皮等。照片应大一些，可以多张。强调一下量词的搭配。
2. 教师准备如下动物的图片：

   马，五匹　　猪，三头　　狗，六只　　虎，四只

   鸡，五只　　鸟，五只　　牛，四头

   （以上动物建议选择不同的颜色）

   花猫和熊猫，各四只

   乌龟，两只
3. 教师把上述图片打印出来，注意图片种类、数量要均匀。
4. 教师准备胶带、剪刀。
5. 教师准备一段与熊猫有关的视频。

活动方式与步骤：

一、热身

1. 教师组织学生把自己的宠物照片贴在黑板或教室墙上，便于讲解。同时回答学生的相关问题。如：不同宠物的说法等。
2. 教师组织学生抽签确定出场顺序。

二、活动内容

1. 一号学生站到自己宠物图片前，开始介绍演讲。
2. 一号学生演讲结束后，教师就一号学生的宠物，向倒数第一个学生提问。如“这只狗是谁的？这只狗叫什么名字？它是什么颜色的？这两只狗是不是很漂亮？”等，倒数第一个学生回答后，教师问一号学生：“他说的对吗？”
3. 二号学生演讲，问倒数第二个学生相关问题。依次类推进行活动。期间注意提醒学生量词的正确使用。学生演讲完毕，给予鼓励表扬。
4. 教师模块化给出有关动物的量词：大部分用“只”，马用“匹”，猪、牛用“头”。然后展示动物图片，快速问“这是什么”，进行复习。如果有新词，组织学习，如：熊猫、鸟、乌龟等。接着组织学生看图说话。即：展示给学生一张图片，该学生根据图片说“这里有五只鸡”，另一个学生说“这里有三匹马”等等。直到所有学生练完说对为止。

三、活动扩展

1. 教师把所有图片收集在一起，打乱顺序，然后一个学生任抽一张。教师布置任务：根据自己的图片，用“我有两只狗。这一只是______色的，那一只是______色的，他们都很可爱”练习成段表达。
2. 教师播放与熊猫有关的视频并告诉学生：“熊猫是中国的国宝，这一只叫欢欢，那一只叫乐乐。它们十分可爱、有趣。”
3. 教师把图片发给学生保存，学生收好自己宠物的照片。

示例 4　新年礼物

活动目标： 让学生在互送新年礼物的过程中，熟练掌握“块、件、个、条”等常用量词，综合使用已学过的颜色、物品词汇及相关句型，完成有关“礼物”的交际任务，同时了解中国人送、收礼物的习惯。此活动适合在新年临近时进行。

活动用时： 50 分钟。

活动准备：

1. 师生共同选择已学过的与“块、件、个、条”搭配的名词，然后从网上下载实物图片，制作“新年礼物单”。然后把选好的实物图片与相关的量词进行搭配，每组都要有上述四个量词出现，物品丰富多变。如：一条牛仔裤、三个苹果、两块巧克力、一件T恤、五只铅笔为一组。每一组印制在一张卡片上，为“新年礼物单”。卡片数量按学生数准备。

2. 师生一起用红色包装绳或红纸条把卡片捆成卷筒状。
3. 教师让学生准备新年主题的音乐。

活动方式与步骤：

一、热身

1. 教师穿戴一新走进教室。
2. 教师引导学生学习“新年好、新年礼物、新年快乐、新年是每年的一月一号，希望你喜欢这个礼物”。

二、活动内容

1. 教师播放歌曲《新年好》，同时给每个学生发“新年礼物单”。
2. 学生先熟悉自己卡片上的物品、数量、颜色等，在卡片上标注汉字或拼音。期间教师巡回解答学生问题，并提醒学生注意量词的应用。
3. 学生与前后左右的同学进行互换问答：“你的新年礼物是什么？”“我的是______。”然后分组活动，每组四人，其中一名学生回答，其他小组成员听教师提问，如：“他的圣诞礼物有几件T恤？”小组其他成员做出回答。直到各组轮流做完。

三、活动扩展

1. 教师播放音乐轻松一下，表扬学生的表现，然后在黑板上写“祝你新年快乐！在新的一年里，祝你学习进步、万事如意！”等句子，组织学生学习。
2. 教师讲解中国人非常重视礼节，扼要讲解送礼物的禁忌，比如：不要送“钟”、“梨”等礼物，送礼物时应注意双手递，不当面打开礼物包装等。

示例 5　合格的采购员

活动目标： 让学生在填报“物品采购单”的活动中，熟悉办公、生产、生活用品的量词应用，同时用已学过的数字、价格、物品词及有关句型完成活动所需的交际任务。

活动用时： 50 分钟。

活动准备：

1. 师生共同制作“物品采购清单”，格式与参考内容如下：

编号	品名	单位	数量	单价	备注
01	学生桌子	张	3	600 元 / 张	
02	学生椅子	把	6	120 元 / 把	
03	电脑	台	2	6500 元 / 台	
04	洗衣机	台	1	1800 元 / 台	
05	电视机	台	4	4700 元 / 台	
06	汽车	辆	2	16 万元 / 辆	
07	手机	部	7	2500 元 / 部	
总计					

其中，“张”已学，“把、台、辆、部”为新学量词。

2. 教师将上述拟采购物品的图片制成 PPT。
3. 教师打印“物品采购清单”卡片，按学生数准备。
4. 教师准备卡车、自行车、摩托车、电话机、电脑、洗衣机、桌椅、手机、钥匙等的实物图片，每种一张，要体现物品的数量。

活动方式与步骤：

一、热身

1. 教师播放物品图片 PPT，边放边问“这是什么？”，与学生进行问答活动，快速复习所用词语。
2. 教师用“买”引出“采购”这个近义词，并解释两者在使用上的区别。特别注意引出“车辆”类别的概念，同时学习“采购员”这个新词语。
3. 教师组织学生依次看图片，用“我是采购员，我要采购三张（桌子）”句型来进行表达训练，并用其他物品进行替换练习。

二、活动内容

1. 教师发放“物品采购清单”卡片，扼要解释清单上“品名、单位、数量、价格、备注、总计”的含义，然后让学生自己看清单，弄清每个物品采购内容的口头表达。
2. 教师引导学生就物品名称进行问答活动。两人一组，一个问“你采购什么？”，另一个快速答“我采购……”，然后交换问答进行练习。让一组学生到台上表演。
3. 学生练习用恰当的量词表达。教师分别讲解量词“台、辆、部”搭配的物品特征，以同样的方法，两人一组练习。一人问：“你采购什么？”答：“我采购电视机。”问：“要多少？”答：“要 4 台。”把表中的物品全部练习一遍。
4. 同上，练习价格问答。如：“一部手机多少钱？”答：“一部手机 2500 元。”把表中的物品全部练习一遍。让学生根据表上的对应价格、数量计算总额，并填在备注一栏上。接着练习问答：“一共多少钱？”“一共 ×××。”最后让学生自己再认真看一遍卡片，到前边介绍自己要采购的物品，比如“我要采购三台电脑，一辆汽车。我还要采购一张桌子，一部手机”等。教师记录学生介绍的内容，并对每个学生进行提问：“采购员，请问，一共多少钱？”大家把采购的物品、价钱进行综合比较，评出“合格采购员”。

三、活动扩展

教师把量词“台、辆、部、把”写在黑板上，进行归纳性复习。

示例 6　小调查：各项活动用时量

活动目标： 让学生以查找一些事件完成所需的时间为活动载体，在口头报告活动情境中，熟练应用有关时间的名量词“年、月、星期、小时、分钟、秒”。同时，综合运用已学过的时间、数字词汇和句型完成活动所需的交际任务。

活动用时： 教师提前一周布置，学生自己准备。课上 30 分钟。

活动准备：

1. 教师提示学生提前准备查资料的题目，参考如下：

一场篮球赛的时间

一场足球赛的时间

一首歌曲的时间（教师播放或准备一首学生熟悉的歌曲）
一节汉语课的时间
本国夏时制的时间
本国历史有多少年
学生所在学校的历史有多少年
……

2. 教师把题目印制成卡片，按学生数准备。注意其中的生词，用彩色标识出来。
3. 教师提前三天将卡片发给学生。3 ～ 4 人一组，集体查资料，并做发言准备。

活动方式与步骤：

一、热身

教师把“年、月、星期、天、小时、分钟、秒”等常用时间词写在黑板上，领学生快速复习。特别强调“月”前必须加“个”，“小时、星期”前，可加可不加。

二、活动内容

1. 学生分组，根据所查的资料，讨论每一个题目如何用汉语表达，用汉字或拼音写下来，用时十分钟左右。期间，教师到各组检查和指导，确保学生写的句子正确。
2. 教师准备十个问题，让学生进行抢答。
3. 学生每组推选一人，参加比赛。教师提问，选手举手，谁举手快，谁回答。回答正确得十分，不正确扣五分。问题全部问完，哪个组得分最高，按其组员数发放小奖品。

三、活动扩展

教师向学生介绍中国古代有句俗语，“一寸光阴一寸金，寸金难买寸光阴”，并在黑板上写下这句话的拼音，组织学生识读。扼要讲解意义，学生熟练朗读。

示例 7 测脉搏 听心跳

活动目标：让学生在自己测脉搏及心脏跳动次数的活动情境中，熟练应用常用动量词“次”、“下”，引入“遍、趟、顿、回”等动量词。同时，综合使用已学过的词汇和“了”、“过”完成活动所需的交际任务。

活动用时：30 分钟。

活动准备：借两个听诊器。

活动方式与步骤：

一、热身

1. 教师引导学生自己找到脉搏，感觉脉搏的跳动。
2. 学生两人一组，互相摸脉搏。
3. 教师把听诊器借给学生，让学生听自己的心跳声。

二、活动内容

1. 教师引导学生学习新词：名词“脉搏、心脏（心）”、动词“跳”以及动量词“次”，并简要讲解表示动作数量的意义。
2. 教师引导学生用上述词语进行扩展，比如：脉搏跳；心脏（心）跳；脉搏跳了 76 次；心脏跳了 76 次；（用每分钟计量）我的心脏每分钟跳了 76 次；他的脉搏每分钟跳了 76 次。
3. 学生准备好纸、笔、计时工具（手机、手表、电脑等）。先找到脉搏，然后开始计时，数一分钟内跳动的次数。把次数记下来，重复测三回，轮流报告自测结果：我的脉搏每分钟跳了____次。
4. 学生汇报完，老师开玩笑说：“脉搏跳得快说明有活力，跳得慢说明沉稳。”学生互相测，并报告：“你的脉搏每分钟跳____次。”教师归纳“次”是最基本的动量词，在黑板上写上基本结构：V+ 数 + 次。并列出学过的动词，如：打、做、去、来、听、看等。引导学生自己造句子：我每天打两次球，妹妹每天上两次网，妈妈每星期去三次超市，爸爸每周看一次电影，等等。

三、活动扩展

1. 教师分别给出动词与动量词的常用搭配：

   A：持续时间很短的动作用“下”，如：等一下、看一下、听一下、读一下，跳一下等；

   B：持续较长时间且可重复的动作，用不同的量词。常用的有：遍（听、说、读、写），趟（去、走、跑），顿（吃、喝、打），场（哭、笑、看（比赛、电影））。

2. 教师给出日常生活中常用的几句话让学生练习：
再说一遍，再听一遍，再读一遍，再写三遍，再去一趟，再吃一顿。

示例 8　树上的鸟儿成双对

活动目标： 让学生以中国花鸟画为背景，在领悟中国“好事成双”心理文化的基础上，集中学习和熟练应用常用集合量词（副、双、对儿、套、群），掌握不同集合量词的特点。同时，复习名量词，用已学过的词汇、句型完成活动所需的交际任务。

活动用时： 30 分钟。

活动准备：

1. 教师从网上查找以鸳鸯、喜鹊、牡丹等为主题的中国花鸟画，特别选择数目成双的图画，制成 PPT。
2. 教师准备与常用集合量词搭配的名词实物图片，包括：画儿、对联、夫妇（结婚照）、沙发、手镯、耳环、眼睛、手、鞋、袜子、筷子、家具、套裙、西服、一群大雁、一群人。
3. 教师把上述实物图片分类别进行归纳。每类物品一张单个的、一张集合的，制成一个 PPT 页面。
4. 教师准备一段婚礼视频，突出双喜图案和喜庆氛围。

活动方式与步骤：

一、热身

1. 教师播放物品 PPT，边放边用“这是什么？”与学生进行问答活动。
2. 教师引导学生学习新词，如对联、夫妇、手镯、耳环等。

二、活动内容

1. 教师播放中国花鸟画 PPT，引导学生注意画面上有几只鸟、有几朵花，然后让学生看画面说：有三只鸟，有五朵花，教师再次强调“只”、“朵”的用法。
2. 教师播放婚礼视频，为学生展示红双喜图案。
3. 教师讲解中国文化中“双”的含义。在黑板上写“双”字，领读并讲解作为量词的含义：两个东西功能一样，要一起使用，同时让学生猜想哪些东西可以用“双“计量。把学生说的写在黑板上，如：一双鞋、一双脚、一双手等，表扬说得正确的学生。教师引导学生把与“双”搭配的名词标出来，写上学生没有说出的，如：一双筷子等。领读几遍后，变换数字，让学生依次说熟练。

4. 教师播放准备的实物PPT，让学生轮流看图，先说单个的再说集合的。如：一只皮鞋，一双旅游鞋；一只手，一双手……然后让学生用“有”和“双”造句，自由表达。如：我有一双美丽的眼睛，我朋友有一双灵巧的手……教师补充表示“两个”的量词还有“对儿”，表示两个人（东西）相互配合在一起。播放夫妇图片，领读：一个男人，一个女人，一对儿夫妇，一对儿双胞胎……让学生依次练习手镯、耳环等词语。

三、活动拓展

1. 教师展示家具、套裙、沙发、西服等图片，引出量词“套”及其特点。学生依次看图说：一套家具，一套西服……然后用“套”自由表达，如：我有三套西服，爸爸有两套蓝色的西服。
2. 教师问学生：“如果很多个人（动物、鸟类等）在一起怎么说？”播放人群、大雁群的图片。在黑板上写“群”的拼音，让学生读熟练。用上边的方法让学生看图说话和自由表达。
3. 教师系统总结一下集合量词的种类和用法。

示例9　凭感觉估数量

活动目标： 让学生在凭感觉说数量多少的活动中，学习不定量词“一些、一点儿、这些、这点儿、那些、那点儿、好些”在表达数量、程度时的不同含义，掌握“些”和“点儿”两者的区别，初步了解汉语中的委婉说法。同时，综合应用已学过的词汇、句型完成活动所需的交际任务。

活动用时： 30分钟。

活动准备：

1. 教师准备三个可乐瓶子，一个是满瓶的，另一个装半瓶，第三个装一点儿。

2. 教师再准备一件特大号的上衣，一件特小号的上衣。
3. 教师准备四个人的图片，一个人很胖，一个人比较胖，一个人比较瘦，一个人很瘦。

活动方式与步骤：

一、热身

1. 教师把三个瓶子摆在讲台桌上，问学生："瓶子里有多少可乐？" 学生自由表达。
2. 教师讲明本活动的目的：学习在不确定的情境中，如何表达数量和程度。

二、活动内容

1. 教师在黑板上写"一些""一点儿""好些（很多）"的拼音，讲明"一些、一点儿、好些（很多）"作为量词表示的不确定含义，学生熟悉音义后，开口练习。教师引导学生指着满瓶的说：很多可乐；指着半瓶的说：一些可乐；指着可乐最少的瓶子说：一点儿可乐。轮流练完，再组句练习：这个瓶子里有一些可乐，那个瓶子里有一点儿可乐，这个瓶子里有很多（好些）可乐。
2. 教师让一个身材较矮小的学生穿上特大号的上衣，再选一个高个子学生穿上特小号的上衣，在教室里走一圈，营造欢乐气氛。教师问学生："这件衣服怎么样啊？" 然后引导学生说：（矮个）他的衣服太大了。再换一个身材中等的学生穿上特大号的上衣，引导学生说：他的衣服有点儿大。
3. 教师播放人物图片的PPT，让学生看图，提示"胖"、"瘦"，然后让每个学生自己评价。
4. 教师介绍"一些、一点儿"在汉语表达中很有用，并让学生仿照例子造句：

   例1：我会说一点儿西班牙语。

   例2：有些问题，我有点儿不明白。

   例3：慢（快）点儿吃！慢（快）些吃！（开车、走、跑、说）

   例4：这些书很好。那些书不好。

   例5：这点儿可乐不够喝。那点儿可乐你喝吧。

三、活动扩展

教师与学生进行互动性问答：

你汉语说得怎么样？——我会一点儿，说得不太好。

你是不是有点儿不舒服？——对，我有点儿头疼。

这些书是你的吗？——不，这些书不是我的，那些书是我的。

示例 10　在酒吧实习

活动目标：让学生以酒吧为交际背景，在完成用汉语“点菜”的任务过程中，进一步熟悉常用量词的用法。同时复习已学过的有关饮料、饮食方面的词汇及相关句型。

活动用时：50 分钟。

活动准备：

1. 教师准备酒吧店面及内部设施的图片，图片上应包括瓶子、杯子等物品。
2. 教师准备不同规格的矿泉水瓶、果汁瓶、啤酒瓶以及盘子、食品包装袋和一个极小的杯子。
3. 教师准备两片不同大小的面包片、一个围裙、一段钢琴音乐。
4. 教师在 A4 纸上写好“咖啡、水、果汁、牛奶、啤酒、面包”等词，一张纸上写一个词。

活动方式与步骤：

一、热身

1. 教师把一张桌子靠在黑板前，请两个学生帮忙摆放用具。同一种容器按大小不同摆在一起。把纸卡片粘在黑板上。
2. 教师播放酒吧店面图片的 PPT，介绍今天的生词“酒吧”，并引导学生说：今天我们去酒吧。

二、活动内容

1. 教师指着黑板上的卡片，说：酒吧里面有矿泉水、葡萄酒、啤酒、可乐等。
2. 教师请两个女生上台，一个扮演顾客，另一个系上围裙，扮演服务员。服务员问顾客：“您要点儿什么？”顾客可随便说：“我要一瓶矿泉水”。用同样的问句快速问到每个学生。

到倒数第二个学生点完饮料后，服务员用最小的容器做端盘状送上，如：一小杯咖啡。到最后一个学生点完饮料后，服务员用最大的容器做端盘状送上，如：一大瓶啤酒。做夸张状，使全体学生看清楚。

3. 教师讲解容器与量词的对应用法。如：

   饮料类：水、牛奶、啤酒、果汁、可乐等

   饮料类量词：瓶、杯、盒、碗、桶等

   可加修饰词：大、小，如：大瓶、小瓶、大杯、小杯

   可以说：一大瓶啤酒，一小盒牛奶，一大杯果汁，一小杯咖啡……

   固体食品类：面包、奶酪、馒头、汉堡等

   固体食品类量词：片儿、块儿、个等

   可以说：一（大 / 小）片儿面包、一（大 / 小）块儿奶酪等

4. 学生两人一组，进行问答："你要什么？""我要一大瓶啤酒。"要求四种饮料、四个量词都练习到。然后交换角色。活动进行时，放钢琴曲作为背景音乐。

三、活动扩展

1. 教师讲明汉语中的"量词"有很多，只要是容器都可以做量词。
2. 教师拿出盘子实物，说：一盘饺子；一盘水果。
3. 教师拿出袋子实物，说：一袋薯条儿；一袋牛奶。

第二节　常用代词和方位词教学课堂活动示例

示例 11　化装舞会巧开口

活动目标： 让学生以化装舞会为活动背景，根据年龄、辈分、职业、身份选用合适的代词，熟悉人称代词的用法，体会在交际中尊称的重要性和典型用法。同时，认识中国的礼节文化，综合使用已学过的词汇、句型完成"介绍他人"的交际任务。

活动用时： 50 分钟。

活动准备：

1. 教师准备一段化装舞会的视频（两分钟左右）。
2. 通知学生准备化装舞会的脸谱。从网上或各种宣传海报上选人物大头像，包括：老年人、老师、学生、校长、医生、小孩子，要有男女两个性别的头像，以便于学生尽可能多地练习称谓词。头像可以重复，个数按学生数准备。
3. 把头像制成脸谱大小的硬卡片，写上姓名、职业、身份、年龄等信息，眼睛处挖开，配上较粗的皮筋儿。

活动方式与步骤：

一、热身

1. 教师播放化装舞会视频，在画面中人数最多的时候暂停画面，问学生：他（她）是谁？他们是谁？学生自由回答。
2. 教师展示脸谱，导入主题：我们来认识他们。

二、活动内容

1. 教师展示一个脸谱，根据脸谱上的信息进行介绍：这位（个）老先生叫赵亮，他是医生，今年 68 岁。
2. 教师让学生抽取脸谱，熟悉上面的信息，仿照教师的句子做介绍。教师讲解其中的量词“位”、“个”，引导学生正确应用。然后学生依次介绍自己手里的脸谱。两两交换，熟悉一下信息，戴上脸谱，然后根据信息用“我”做自我介绍。教师提示学生用正常语速。
3. 教师讲解：日常交际中应得体，人称代词的使用要体现“尊敬、有礼”。介绍别人时，不能一“他”到底，应适当使用尊敬的称呼。方法是把“他 / 她”换成“这位（那位）+ 称呼语”。特别是家庭成员中高辈分的，不能直呼其名。
4. 教师组织学生熟悉：这（那）位先生、这位女士、这位老师、那位医生、这位学生、这个小朋友等。接着让一个学生用“代词”进行介绍，如：这位同学叫路易斯，他是我朋友。现在在大学学习经济，今年 21 岁。路易斯的妈妈是老师，爸爸是牙医。他的家庭很幸福。学生按照这种方式依次进行，直到全部学生都当过介绍人为止。

三、活动扩展

教师强调“你”的尊称为“您”，要经常应用。

示例 12 品准味道 说得地道

活动目标： 本活动以学生品尝，辨别酸、甜、苦、辣等滋味为导入，在实际情境中对比、学习两个特殊代词（自己、人家）在口语中表达的意义。同时，综合应用已学过的词汇、句型完成活动所需的交际任务。

活动用时： 30 分钟。

活动准备：

1. 教师用三个瓶子装多半瓶凉饮用水，分别加入适量白糖、白醋、苦瓜汁。然后分别标上 A、B、C。
2. 教师按学生数准备小的一次性杯子。

活动方式与步骤：

一、热身

1. 教师上课前就开始让学生一个一个来品尝三种水，问：“你喜欢哪种水？”“不喜欢哪种？”把喜欢或不喜欢的水的标号写在黑板上，进行统计。
2. 教师导入：同样是水，为什么有喜欢、不喜欢之分呢？是因为味道不同！说话也是如此，选择的词汇不同，表达出的意义就不一样，特别是在汉语口语中。今天我们来学习怎么说能更好地表达“男人味”“女人味”。

二、活动内容

1. 教师在黑板上写“自己”的拼音，学生试读。分析读音并领读。解释基本词义：

   A.“我”的同义词；

   B. 复指“本身”，有强调、承担的含义。常用来表达：

   勇气——自己的事，自己做！（我的事，我做）

   承担——你休息吧，我自己做！

   独立——谢谢，我自己来（做）。

2. 教师在黑板上写“人家”的拼音，学生试读。分析读音并领读。解释基本词义，可分别表示“自己”、“别人”和“他（她）”。

表示“自己”的含义时，多用于年轻女人，表达娇气和嗔怪。

例如：（1）老公，人家饿了。（注意要摆出忸怩的表情和动作）

（2）人家要买这件衣服嘛。（在一件很贵的衣服前）

表示“别人”的含义时，常与第二人称的“你、你们”进行比较。例如：

（1）你说你没有时间做作业，可人家张明却做完了全部作业。

（2）你们三班为什么不可以6：30起床？人家二班6：00就起床了。

3. 学生朗读上述例句，然后配合动作和语气进行练习。

4. 根据下列实景，练习“自己”和“人家”的用法。

“先生，需要帮助吗？”——“谢谢，我自己来。”

“大卫，我帮你拿一个箱子。”——“不用了，谢谢，我自己能行。”

“你的东西太多了，我帮你吧。”——“谢谢，我自己能行。”

（一男一女在商场）

男：时间不早了，咱们走吧。

女：人家还没买东西呢。

男：每次逛商店你都会乱花很多钱！你看看人家小丽，从来不买这些奢侈品。

女：你怎么这样呢？你怎么不看看王军，人家刚给女朋友买了一件6000块钱的风衣。

三、活动扩展

教师说明“自己”“人家”是多义词，今后会继续学习。

示例13　我是值日班长

活动目标：让学生以在学校值日为背景，在担任值日班长、分配任务的活动中，熟悉指示代词“这、那、这（几）个、那（几）个、这儿、那儿、这样、那样”在交际中的基本用法，体会近指与远指的区别。同时，用学过的词汇、句型完成活动所需的交际任务。

活动用时：30分钟。

活动准备：

1. 教师预先把学生分组，每组 3 ～ 4 人。
2. 每组两把笤帚、两块抹布。
3. 教师制作"值日"胸牌，按组数准备。应大一些，夸张一些。

活动方式与步骤：

一、热身

1. 教师展示"值日"胸牌，解释"值日"的含义。
2. 教师在黑板上写活动主题：今天我值日，组织学生读熟、会说。
3. 学生分组坐好，每组发一个胸牌。

二、活动内容

1. 教师系统、扼要地把指示代词"这、那；这几个、那几个；这些、那些；这儿、那儿；这样、那样"的音、义复习一遍，强调其近指、远指的区别。
2. 活动一：安排座位。

   组员都站起来，第一个值日班长指较近的座位，喊组员："大卫，你坐这儿。"指较远的座位，喊另一个组员："路易斯，你坐那儿，安琪，你坐第二排……"；待全部组员都坐下后，换一个学生扮演值日班长，戴上值日胸牌，重复同样的活动。应逐渐加快语速。
3. 活动二：安排"活儿"。

   教师拿出笤帚，每组发一把。学习"扫"这个新词语，然后叫各组带着胸牌的学生，到讲台前（请来这儿），演示"派活儿"。用语：你扫这儿，这样扫。注意做出用手指指示和扫地的动作。各组模仿老师的动作、用语，轮流扮演值日班长，进行"派活儿"活动。都熟练后，拿出抹布，每组发一块。学习"抹布、擦"两个新词语。学生之间互相"派活儿"。如：你擦这三张桌子；她擦那四把椅子，然后我们一起擦窗户，等等。
4. 教师把抹布、笤帚收回，按颜色分开放在不同地方。教师指近处的抹布，问："这些抹布是什么颜色的？"学生一起回答。再指较远处的，问："那些抹布是什么颜色的？"学生一起回答。

三、活动扩展

1. 教师讲解其他指示代词：这样、这么；那样、那么。如：汉字这样写，去超市这么走。
2. 教师讲解日常用语：近来怎么样？还那样（用于老朋友之间），不怎么样。（不说“不好”）
3. 教师介绍一下中国学生的“值日”，并鼓励学生培养爱劳动的好习惯。

示例 14　聪明的乌鸦巧喝水

活动目标：让学生以“乌鸦喝水”的故事为背景，在想办法做事情的活动中，熟悉疑问代词“怎么、怎样、怎么样”在口语交际中的用法，特别是在应用中体会它们的区别与联系。同时，学习汉语口语中有关该词汇的常用句子。综合使用已学过的词汇（这么、那么、这样、那样）、句型完成“问动作方式”的交际任务。

活动用时：30 分钟。

活动准备：

1. 教师下载乌鸦叼石子填瓶子、喝水的动画视频。
2. 如果不具备制作动画的条件，就准备瓶子（阔口瓶）装半瓶水、乌鸦图片硬纸板模型（注意乌鸦嘴要突出出来，便于活动操作）、石子若干、花生（数量按学生数准备）、纸杯若干。（本示例以此为条件展示）
3. 教师精选已学过的常用动词，如：吃（花生）、打开（可乐瓶）、说（汉语）、写（汉字）、读（拼音）、去（火车站、汽车站等）的图片，用于扩展练习。

活动方式与步骤：

一、热身

1. 教师展示乌鸦图片，问学生“这是什么”，引入新词“乌鸦”、“小石头（石子儿）”。
2. 教师把瓶子（半瓶水）、石子摆在讲台桌上。边摆边问：“这是什么？瓶子里有什么？水多不多？乌鸦要喝水，怎么办？”学生自由回答。
3. 学生也可上讲台动手演示。（注意有学生可能会用“乌鸦”把

瓶子弄倒，要先提示，不要真做，演示明白即可）

4. 教师引导学生用汉语表达：当乌鸦要喝水又喝不到时，它会怎么做？学生自由发言。

二、活动内容

1. 教师板书“怎么 + V？”，向学生讲解，在问动作方式时，用这个句型，比如：怎么喝？
2. 教师用肢体动作启发学生回忆已学过的常用动词，让学生一起说“怎么 + V（吃、喝、做、读、写、说、唱、玩、打开、去、回答），提醒学生注意强调问句的语调。然后解释怎么回答；如果不知道，就说“对不起，我不知道”；如果知道，就说“这样 + V（动作演示）”，如：这样喝。
3. 教师拿出花生，每个学生一个。然后教师自问自答并表演：花生怎么吃？这样吃！（剥去外壳，取出里边的花生仁。）学生两人一组，用“怎么 + V？”、“这样（么）+ V”进行问答练习。
4. 教师讲解：怎么——怎样。组织学生用活动 2 中的动词，练习使用“怎么、怎样”。练习常用的句子：这个词用汉语怎么（怎样）说？这个词怎么读？这个字怎么写？怎么去超市？训练学生用正常语速进行表达。

三、活动扩展

1. 教师补充：更加口语化的说法是在“怎么 + V”结构的后边加“啊”或者“呢”，如：这个词怎么读啊（呢）？
2. 教师说明这三个词很有用，还有别的用法，今后会学到。
3. 教师问学生：“乌鸦到底是怎么（样）喝到水的呢？”演示叼石子填瓶子，水面上升，乌鸦喝水。问学生：“这只乌鸦聪明吗？”答：“很聪明。”

示例 15 指南针 识方位

活动目标：本活动借助中国古代四大发明之一——指南针，引导学生在动作指示、地图辨认活动中，集中学习并熟悉方位词“东、西、南、北、左、右、上、中、下、前、后”以及加“边”的用法，并将中国指南针与西方罗盘进行比较，使学生初步感受中国悠久的历史和古代科技的进步。同时，用学过的词汇、句型完成活动所需的交际任务。

活动用时：50分钟。

活动准备：

1. 教师从网上查找并下载中国古代指南针、西方罗盘的图片，各制成一张PPT，同时标注其发明时间。
2. 教师提前通知学生三人一组，自由结合，每组带世界地图、本国地图、当地城市地图。通知两个学生带车用指南针。
3. 教师带中国地图。

活动方式与步骤：

一、热身

1. 教师播放指南针、罗盘图片的PPT，学习相应词汇。
2. 学生展示车用指南针实物，演示用法。

二、活动内容

（一）认识基本方位

1. 教师引导学生先认识基本方位——前、后、左、右，组织学生集体辨认本教室的方位。然后两人一组，一个说方位词，一个用手指，交换。接下来找一个男生、一个女生上台演示。女生说，男生做转体动作，轮流进行，直到全体学生都熟悉了方位词为止。
2. 教师在黑板上写“东南、东北、西南、西北”的拼音。组织学生试拼读并用手指示方向。同上方式，快速进行“说—指”活动。然后学生起立，把桌椅适当拉开，以能做转体动作为宜。教师说方位词，学生向相应方向转体。教师说的速度应逐渐加快。
3. 教师在黑板上写“左、右”，领读并解释词义。学生用手指“左、右”，然后教师说，学生一起做。教师示范，搭配手、眼、耳朵、腿、脚进行“说—指”活动。学生两人一组，进行同样的“说—指”活动。
4. 教师平举双臂左右展开，根据讲台及自己面向情况，说：“左是南，右是北”。右转90°，说：“左是西，右是东。”学生起立，展开两臂，自己做。先向右转90°，再转一次。转一次，说一次。然后恢复原位，再向左转，边转边说。教师走到教室中间，与学生同面向，与学生一起边转边说。用同样的方式练习“上、中、下”。

（二）看地图认方位

1. 教师让学生拿出地图。学习“地图”一词，练习说：世界地图、（国家名）地图、（城市名）地图、中国地图。教师举不同的地图，用“这是什么？”“是……吗？”“是不是……？”与学生进行问答。
2. 教师让学生拿出其他国家地图。左右对折一下，复习“左、右”；然后再上中下平均折成三部分，复习“上、中、下”。
3. 教师让学生拿出本国地图，然后寻找首都的位置。问：“（圣多明各）在哪儿？”学生在地图上指出。“在多米尼加的什么位置？西北？西南？东北？东南？”然后教师在黑板上写：圣多明各在多米尼加的东南。扩展：李琪在我的左边，Rosa在我的右边。学生根据座位情况依次练习。
4. 教师让学生拿出城市地图，找出家庭住址的位置。用“我家在 ××× 的南（北、东、西、东北等）边”练习。学生与周围的同学进行问答练习：“你住哪儿？”“我住在 ××× 的东边。”此外，教师选择城市里较大的建筑物或超市、车站、旅游景点等，分别问学生：“××× 在哪儿？”学生先看地图，后回答。最后让学生拿世界地图，指示学生找中国、学生所在国的位置，并试着说一下这两个国家在地球上的位置，如：中国在地球的东边，多米尼加在地球的西边。注意每个学生都要说到。

三、活动扩展

1. 教师播放指南针、罗盘图片的PPT，向学生介绍中国古代就发明了指南针，中国历史悠久，有很多伟大的发明创造。
2. 教师强调一下学习方向、方位表达的重要性。
3. 教师组织学生整理教室，桌椅复位，收拾好地图。问学生：“门在哪儿？”答：“在你的右边。”或“在你的北边。”

示例 16　大变魔术

活动目标：让学生在观看、动手演示传统魔术的活动中，集中学习并熟悉“前、后、里、内、外”等方位词及相关合成方位词的用法。综合运用学过的词语（特别是其他方位词）、句型，完成“介绍处所”的交际任务。此活动应在学完“左、右、上、中、下”等方位词后进行。

活动用时：30 分钟。

活动准备：

1. 教师选两段传统的魔术表演视频，最好选择那种从箱子里变东西的魔术。例如：大变活人、百宝箱。
2. 教师自行制作一个简易“魔术箱”，方法如下：取一个 30 厘米长宽的纸箱，找两个较大的吸铁石、一块薄铁板、一张大白纸。把薄铁板裁成与箱子底面一样大小，并用白纸仔细裱糊。用白纸将箱子内部四周裱糊。吸铁石用胶带固定在箱子底部，注意一定要牢固，箱子口朝下时不能掉下来。选一些重量轻、移动没有声响的物品放在箱子里，如：较大面值的当地货币、丝巾、纸巾、袜子、手套等，还要放一包糖果。最后把铁板放进去，压实。注意铁板与箱子内壁的缝隙不能大，不能让人看出破绽。
3. 教师准备一块大布或大毛巾。

活动方式与步骤：

一、热身

1. 教师播放魔术表演视频（三分钟左右），学生观看。
2. 师生讲练“魔术”、“魔术箱”、“变魔术”等词语。

二、活动内容

1. 教师拿出魔术箱，把箱子放在讲台中间，左、右、上、下分别放上书、笔、板擦、手机，并用手指着说“箱子左边、箱子右边、上边、下边、里边、外边”等不同方位。
2. 教师与学生进行一一问答活动。问学生：“箱子左边有什么？”答：“箱子左边有一本书。”注意变换方位并强调量词的正确使用。然后把四种东西全放进箱子里，问学生：“箱子里边有什么？”接着把手机放在箱子前边、后边，重复上述问答活动。

3. 教师板书“前、后、里、外”并解释词义。教师用手指示箱子的前边、后边、里边、外边，学生一起说这些方位词。接下来让学生拿自己的一个用品，一一按教师指示上台放在相应位置。如：放在箱子的里边，放在箱子后边等。
4. 教师播放视频。当出现魔术师亮箱子时，及时停住画面，指着画面相应位置，问学生：“箱子里边（外边、前边、后边、上边、下边）有东西吗？”学生答：“箱子里边没有东西。”放完视频，问学生：“魔术好玩儿吗？”然后告诉学生今天我们也来玩儿玩儿。
5. 教师把箱子放在讲台桌上。拿起箱子，重复各个不同方位有何物品的问答活动。把布搭在箱子上，手伸进箱子，同时做夸张的表情，用手仔细地掀开铁板，慢慢拿出长丝巾。注意将铁板复位。问学生：“谁想试试？”从举手的学生中选一个平时不爱表现的学生，轻声告诉他怎么说、拿什么、怎么拿（不能拿糖果），这时候可以让其他同学猜一猜，互相讨论一下这个魔术是怎么变的。然后学生自己做魔术师，与伙伴问答并表演。最后选一个活泼的学生，不告诉他怎么做，让他自己琢磨一会儿。然后在耳边轻轻告诉他使劲摁箱子底部，争取把箱子搞坏，用这种方式向学生揭秘这个魔术。在学生的欢笑中，把糖果发给学生吃。

三、活动扩展

1. 教师告诉学生魔术是娱乐，不要信以为真，对危险的魔术更不能简单模仿。
2. 教师引导学生把已学过的方位词以问答方式集中复习一遍。

示例 17　你的座位在哪里

活动目标：让学生寻找自己的新座位，集中学习并熟悉方位词“旁、旁边、中间、之间”的用法。同时，复习已学过的其他基础方位词，运用它们完成“找到自己及同伴的新座位”的课堂交际任务。

活动用时：30 分钟。

活动准备：

1. 教师把学生的汉语名字打印出来，裁成名片大小的纸片。

2. 上课前把这些纸片贴在教室课桌的右上角，注意与以前学生习惯坐的位置大不相同。

活动方式与步骤：

一、热身

1. 学生陆续来到教室后，教师要引导他们到讲台桌前看有趣的电脑视频，目的是让先到的学生站一会儿。
2. 大部分学生到齐后，教师告诉大家，今天为了保护你们的视力，老师为你们调了座位。

二、活动内容

1. 教师请学生根据课桌上的名字寻找自己的座位。
2. 等全部学生入座后，引导学生说出自己前后左右的邻居分别是谁。
   使用句式："我的前边是______，后边是______，左边是______，右边是______"或"安娜在我前边，路易斯在我后边，______在我左边，______在我右边"。
3. 教师问："你在哪儿？"然后给出新词——旁边、中间、之间。
   讲解句型：你在安娜和路易斯中间（之间）。他们在你旁边。
   安娜和路易斯的中间是你。你在他们中间。
   ______和______之间有一张桌子。
4. 学生三人一组，按照上述句式，练习新词"旁边、中间、之间"。期间教师巡回指导，发现问题及时纠正。
5. 各组推荐代表到前台介绍同伴新座位的位置。表达完毕后，教师给予评论和鼓励。

三、活动扩展

1. 教师解释一下"旁边"的简化形式"旁"的用法，如：身旁，电脑旁；她走过我身旁，没有说话；请把词典放到电脑旁。
2. 把此活动在内的所有方位词系统复习一遍。

示例 18　画坐标图 说居家环境

活动目标：让学生借助坐标的概念和图示，在表达住所环境的交际活动中，用对比的方式，熟悉方位词前加"以"的用法。同时，体会汉语中的“字、词”组合特点。运用学过的词汇和句型完成表达位置的活动。

活动用时： 30分钟。

活动准备：

1. 教师提前通知学生本课要带数学课用的坐标纸，一张即可。
2. 教师提前安排学生画家庭住址周围100米处的设施图，标出东、西、南、北四个方向。
3. 教师准备一张家庭环境模拟平面图，包括：房子以南是草坪、以东是山、以西是海、以北是森林。用彩笔画，要突出“大范围”。
4. 教师准备故宫、天安门广场的俯瞰图，北京市地图，做成PPT。

活动方式与步骤：

一、热身

1. 教师让学生拿出坐标纸、笔，把坐标纸左右、上下各对折一次。让学生在十字折痕的交点处，画一个正方形，边长为两个标准格长。
2. 教师指示学生按地图格式画方向指示箭头。问学生：“在图上哪边是东（西、南、北）？”学生一起回答并用手指示。

二、活动内容

1. 教师播放故宫图片，引导学生学习新词“故宫”，学生熟读“北京故宫”，讲明故宫周边有什么，例如“故宫前边有一个广场，后边有个公园”。之后向学生提问：“你家呢？前边、后边有什么？”
2. 学生根据自家情况，回答：“我家前边有一个超市（银行、学校、咖啡馆、饭店）。”注意提示学生量词的使用。
3. 学生一一介绍完后，教师以坐标图为例讲解“以东、以西、以南、以北”所表示的范围，强调“以”前边的词就像坐标的原点，是参照物，不能省略。
4. 教师把坐标的模拟图挂在黑板上，指小房子，说：“这是我的家，我家以南是草坪。”然后分别指出不同方向，让学生轮流模仿说。最后再强调一下“方位词+边、面”与“以+方位词”的区别。

三、活动扩展

1. 教师在黑板的中间，竖着写“东、西、南、北、左、右、前、后、上、下、里、外”，前加“以”字，后加“边、面”字。用不同颜色的笔写，以示区别。
2. 教师在“以前、以后”处做标记，告诉学生不表方位，表时间。以后学习这种用法。
3. 教师讲解汉语组词的特点。字 + 字 = 词，根据其中的字，可以猜想词义。如：前 + 门 = 前门、后 + 门 = 后门；门 + 前 = 门前、门 + 后 = 门后；出 + 门 = 出门、进 + 门 = 进门。扼要讲解词义，保持学生学习兴趣。

示例 19　估量一下好眼光

活动目标： 让学生以“估量”为话题，在估说重量、数量、长度、时间、年龄、分数的活动中，熟悉汉语中用“左右、上下、前后”表示“大概、可能、大约”含义的用法。进一步体会汉语组词的特点。同时，运用学过的词汇、句型完成“估量、估计”的交际任务。

活动用时： 40 分钟。

活动准备：

1. 教师准备两个苹果、两个香蕉，大小应有区别。分别称好重量，并记录下来。
2. 教师下载姚明和林浩（中国汶川地震中的抗震小英雄）奥运会入场式的图片，标上小男孩儿的身高：120 厘米，做成 PPT。
3. 教师组织学生收集乒乓球选手郭跃打球、歌唱家宋祖英表演等的照片，放在一起做成 PPT。查找郭跃、宋祖英的实际年龄。
4. 师生收集太阳初升、降落时的情景图片，做成 PPT。

活动方式与步骤：

一、热身

1. 教师竖着板书：左—右，上—下，前—后。学生快速读一遍并说出词义。
2. 教师讲解汉语“组词”特点：字+字=词，在相应位置写“左右、上下、前后”，组织学生试读并解释词义：表示大概、估计。具体是指范围，是以一个点为中心的数字或时间范围。

3. 教师举例说明：20 斤左右（上下）表示估计出的大概范围，指 19 ～ 21 斤之间。
4. 教师引导学生熟悉下面的表格：

表示概数的词汇一览表

表示“概数”的词	时间	年龄	日期	星期	重量
大约 / 大概	大约 4:00	大约 15 岁	大约 10 号	大约星期一	大约 10 克
左右	4:00 左右	15 岁左右	10 号左右	星期一左右	10 克左右
前后			10 号前后	星期一前后	
上下		50 岁上下			10 克上下

二、活动内容

1. 教师拿出两个苹果，指着一个苹果说出重量，如：300 克。指另一个苹果问学生：“那个苹果多少克？”学生用“上下、左右”依次回答，教师在黑板上写下学生所说的数字。最后一个学生说完，教师公布苹果的实际重量，圈出与之最接近的数字，并表扬估计出该数字的学生有眼光。以同样方式估计香蕉的重量。
2. 教师展示姚明图片。问：“姚明的身高是多少？”让学生估计。接着播放郭跃打球、宋祖英表演的视频片段，然后展示其照片。直接让学生估计两人的年龄，提示学生应加快语速：“（23 岁）左右（上下）。”之间不要有停顿。表扬猜得最接近正确答案的学生。
3. 教师问学生：“现在几点？”学生看表说准确时间。问：“没有表怎么办？”马上播放太阳景色图片，告诉学生根据经验进行估计。学生说完后，教师讲解一般估计时间点用“左右”。如：7 点左右，12 点左右。
4. 教师指黑板上的“前后”，说：“我们还没有用它呢。‘前后’有什么用呢？”然后在黑板上画一条直线，写一个具体日期。如：8 月 8 日。在 8 月 8 日点前边继续画几个点，注上“7 日、6 日、5 日”，同样在后边注“9 日、10 日、11 日”。结合图片讲解：8 月 8 日前和 8 月 8 日后，连在一起叫“8 月 8 日前后”，表示一个不确定的日期区间。最后板书：圣诞节前我去中国旅游、圣诞节后我去中国旅游——圣诞节前后我去中国旅游。学生自己先读、理解，然后叫三个学生用母语解释意思。教师在直线上标“圣诞节”点，解释前、后、前后的意义。

三、活动扩展

1. 教师讲解汉语表达“估计”常用的句型：可能（大概、大约）、左右（上下、前后）。
2. 教师引导学生学习新词“可能、大概”，组织学生加上“可能、大概”说黑板上的几句话。
3. 教师对学生说：“估计一下我有多重？”在学生说出几个数字后，夸张地说：“隐私保密。”活动结束。

示例 20　失而复得

活动目标： 让学生在询问、寻找“丢失”物品的活动中，熟悉“人称代词 + 的”在不同语境中的灵活用法，同时，综合运用有关学习用品、生活用品词汇及相关句型，完成活动所需的交际任务。

活动用时： 30 分钟。

活动准备：

本活动需要的道具是学生课堂学习用品和随身携带的生活用品，如：笔、书、笔记本、手机、眼镜、背包、帽子、围巾、水杯等。

活动方式与步骤：

一、热身

1. 上课前教师告诉一个学生，当老师背向黑板向教室后方走时，把老师讲台桌上的书拿走。
2. 教师在黑板上写出所有“人称代词 + 的”表示“所有、所属”关系的词，让学生集体读一遍。
3. 教师说，学生拿。如：教师说“你的笔”，学生拿起自己的笔。观察学生的物品，视情况进行指令。
4. 教师组织学生一起指着自己的五官，快速说“这是我的眼睛，这是我的耳朵”等。（教师一边向教室后边走，一边拿走学生的物品，每个学生一件。同时，预先指定的学生拿走讲台桌上的书。）

二、活动内容

1. 教师回到讲台，做找书状，要夸张，明显让学生明白在找东西。说：“我的书呢？我的书呢？”学生举书，说：“您的书在这儿！”注意表扬学生用“您的”，如果学生用“你的”，则予以纠正。强调汉语交际中的尊称问题。
2. 教师拿起一件物品（如手机），说：“这是谁的手机？”说三遍。等学生回答“这是我的手机”后，转而问她同桌：“这是你的手机吗？（或这是不是你的手机？）”被问的学生答：“这不是我的手机，是她的手机，是安娜的。”教师把上述对话写在黑板上，领学生读一遍，然后让学生练习一段时间。
3. 教师指定一个学生上台扮老师，仿照上述例子发问：“这是谁的电脑（手表、铅笔）？”答：“这是我的电脑（手表、铅笔）。”直到所有学生都做完了问答为止。教师接着讲明，在汉语口语交际中，往往根据情境予以省略。如，问：“这是谁的？”（强调一定要有实物，双方都看得见）答：“这是我的。”问：“这是你的吗？”答：“不是我的，是他的。”
4. 学生轮流上台用上边的方法进行问答。注意提示学生要用正常语速。接下来教师解释表示“复数”的指代方式，引出“我们的”“你们的”“他们的”。例如，教师问：“这个教室是谁的？”学生齐答：“我们的。”然后教师指着自己的书说：“这本书不是你们的，它是我的。”
5. 教师让学生自己到讲台上拿自己的东西，说：“这是我的，不是你们的。”

三、活动扩展

教师根据教室中的情况及学生生活中熟悉的信息提出问题，如：那张桌子上白色的杯子是谁的？地上粉色的书包是谁的？教学楼前那辆红色的车是谁的？这些问题学生可以自由回答，目的是让学生加强练习中文表达，答案可以千差万别。

第三节　常用能愿动词、介词和连词教学课堂活动示例

示例 21　客气与不客气 细节弄清晰

活动目标：本活动借助“我家”和“Paola 家”两个场景，以孩子要东西为语境，旨在让学生熟悉动词“要”“想”表达“愿望和打算”的用法。初步了解汉语“一词多义”的语言现象，通过“客气与不客气”说法的对比，让学生明白“要”和“想”在语气上的细微差别，并能在日常交际活动中正确应用。

活动用时：30 分钟。

活动准备：

1. 教师准备三张 PPT，第一张是“苹果、香蕉、葡萄、梨”四种已学过的水果图片，第二张是“啤酒、咖啡、果汁、水、可口可乐、牛奶”等饮料的图片，第三张是“面包、烤鸭、饺子、面条”等食品图片。
2. 教师用纸糊一个瓜皮帽，准备一个小孩吃饭用的围裙。
3. 教师准备做饭用的大围裙，扮演妈妈时使用，制作“我家”、“Paola 家”两个大纸牌。

活动方式与步骤：

一、热身

1. 学生在教室的后边，摆两个桌子，桌子后边各放一把椅子，把练习要用的物品放在桌子上。播放水果图片，教师指，学生集体说名称。速度可以快一些。
2. 师生同样进行饮料、食品的“指—说”活动。

二、活动内容

1. 教师板书“要”、“要 + N，要 + V”，并讲解这两种用法。接着播放水果图片，问学生：“你要什么？”学生自由回答：“我要梨（葡萄）。”“你要不要苹果？”“我要 / 我不要。”“你要葡萄吗？”“我要 / 我不要。”再问学生“你要吃什么？”“你要不要吃苹果？”，告诉学生今天主要学习第二种用法。

2. 学生两人一组按上边句型进行问答，要求语速要快，音调要准。同样进行“饮料、食品”的问答活动。在每人都能正确使用后，教师讲“要”和“想”在结构方面相同，但“想”在语气方面更客气的细微差别。例如：

（孩子和妈妈在超市）孩子：“妈妈，我要买冰激凌，我要买巧克力。”

（学生和教师在教室）学生：“老师，我想去厕所，行吗？”

让学生每人用“想”说三个句子。

3. 教师在教室后边的两张桌子上，分别摆上“我家”和“Paola家”的牌子。选两个学生分别扮演“我妈妈”和“Paola妈妈”。教师示范：对自己妈妈说：“妈妈，我饿，我要吃烤鸭。妈妈，我渴，我要喝果汁。”；对Paola妈妈说：“阿姨，我饿，我想吃点儿烤鸭，行吗？我渴，我想喝点儿果汁，行吗？”注意语气与动作的区别。

4. 学生轮流扮演孩子，根据食品和水果图片向“妈妈”们表达自己的要求与客气的意愿。教师提示学生注意语气和动作。接着教师引入新词“上厕所”，讲明含义后，教师表演：“老师，我想上厕所。”连续要求两次。然后，捂肚子，做痛苦状，大声说：“老师，我要上厕所。”让学生加深对“想”和“要”语义差别的理解。

三、活动扩展

教师最后总结一下“要、想”的用法，强调语境对语义的影响，告诉学生平时要注意积累，学会在不同的情况下使用不同的表达方式，做懂事的人。提醒学生注意汉语“一词多义”的现象，体会汉语的简约性。

示例22 看天气 选衣物

活动目标：让学生在根据天气情况选择衣物的活动中，建立“条件”与“动作行为”之间的思维联系，进一步体会能愿动词“得（děi）”“应该”“可以”的应用语境。同时使学生初步理解中国人思维中“遵理”“实事求是”“三思而后行”的特质。运用学过的词汇、句型完成活动所需的交际任务。此活动应在天气、衣物等词汇教学后进行。

活动用时： 30 分钟。

活动准备：

1. 师生准备不同天气情况下的衣物图片（大部分学过），比如：雨伞、雨衣、T 恤、连衣裙、皮鞋、凉鞋、旅游鞋、大衣、皮衣、衬衣、牛仔裤、太阳帽、墨镜、风衣、口罩等。
2. 教师准备下雨、刮风、下雪、晴天四种天气情况的视频或图片，以能直观判断天气情况为准。

活动方式与步骤：

一、热身

1. 教师播放天气情况的视频或者图片 PPT，边放边与学生进行词语的问答。
2. 教师用学生母语问："遇到这样的天气应该怎么办？"要有意识突出其中的"应该"。
3. 教师播放下雨的视频，让学生自由表达，可以用母语。教师把学生说的办法写在黑板上。

二、活动内容

1. 教师板书："得"（děi），讲明其功能意义，给出结构和例句：客观情况──→得 + V。

   例如：下雨了，我得带雨伞去学校。

   弟弟发烧了，他得吃药。

   明天考试，今天晚上我得复习。

   时间不早了，我得走了。
2. 学生三人一组，讨论下雪天、刮风天、大热天应该怎么办，并用拼音写出来。期间教师巡查，回答学生有关问题。把学生提出的新词写在黑板上。让每组推选一个代表上台演讲。
3. 教师表扬学生的表现。然后对比"得"和"应该"的区别：得（děi），是汉语口语色彩很浓的词。正式场合或书面语用"应"或"应该"。如：在家里对家人说："下雨天你得带雨伞。"在学校对老师说："老师，下雨天您应（该）带雨伞。"学生两个人一组，一个用"得"说句子，另一个用"应该"说句子，快速把黑板上的句子说一遍。然后交换角色。接下来播放衣物图片的 PPT，问学生："不同天气怎么选择这些衣服呢？"提示学生把四种天气与图片中的衣物连起来。各组讨论。教师指定学生上台指着衣物说明连线情况。如“下雪天得穿大衣 / 下雪天应该穿大衣；大热天的时候得戴太阳帽和墨镜 / 大热天的时候应该戴太阳帽和墨镜”等。

4. 教师板书“可以”，让学生试读。教师领读并讲解意义：应该而且现实又能做到的。如：下雨天，我可以打雨伞出去，也可以穿雨衣出去。学生轮流上台做替换表达练习，直到所有学生都能正确使用为止。

三、活动扩展

1. 教师讲解，“得”的否定形式只能用：不应该、不应、不该。例句：老师不应该迟到，上课不应打电话。
2. 教师最后问学生：“现在几点？”然后说：“我们应该下课了。老师累了，也得休息了。”活动结束。

示例 23 谈未来计划

活动目标： 让学生能够正确表达个人的“打算（计划）”，在理解能愿动词“想”“能（可以）”的应用语境和用法的基础上，能熟练运用。此外，能正确使用“为什么”“因为”“但是”等词语。

活动用时： 30 分钟。

活动准备：

1. 师生准备已学过的动词：

吃——北京烤鸭（苹果）
喝——水（茶、咖啡）
买——奔驰汽车（旅游鞋）
去——超市（银行）
学习——武术（汉语）
抽烟、感冒

2. 师生准备与上述动词搭配的物品、环境图片，每组做在一张PPT上。

活动方式与步骤：

一、热身

1. 教师板书：想，讲解其意义和表示“打算、计划、意愿”的用法，并介绍其疑问、否定形式：想吗？想不想？不想。

2. 教师播放北京烤鸭、苹果图片并与学生问答："这是什么？""你想吃北京烤鸭吗？""你想不想吃苹果？"

二、活动内容

1. 教师播放 PPT，学生两人一组，仿照上边的方式进行互换问答活动。放到汽车、旅游鞋图片时，学习新词"奔驰"。教师领读并讲明含义，问学生："奔驰汽车好不好？想不想买？"学生答："想买或不想买。"教师用学生母语问不想买的学生："为什么？"学生用母语说理由。
2. 教师用学生母语表达："想买但不能买，因为没有钱。"强调其中的"能"。板书新词"能"，学生试读后，教师领读并解释词义。

   例如：想买旅游鞋（有钱）——➤能买。

   想买奔驰汽车（没有钱）——➤不能买。

   接着板书新词：为什么、因为、但是。学生试读，教师释义并领读。
3. 教师播放抽烟图片。教师问："你想抽烟吗？"学生："想，但是现在不能抽烟。""为什么？""因为……"播放学武术、学汉语图片，引导学生说："我想学习汉语。因为现在有汉语老师，我能学习汉语。/ 我想学习武术。但是，因为没有武术老师，我现在不能学习武术。"
4. 教师引导学生根据图片，用 PPT 上的词汇、句型表达自己的想法。播放第一张，学生准备两分钟，然后轮流口头表达，直到六张 PPT 练完为止。接着，教师引导学生谈论自己的"未来计划"。

   例如：

   学生甲：明年我想去中国，因为我学习了汉语，我能去中国。

   学生乙：明年我想买电脑，因为我有工作了，我能买电脑。

   学生丙：明年我想参加"汉语桥"比赛，因为我学了很多汉语，我能唱中文歌。

   ……

三、活动扩展

做听力练习，"我很想回中国。但是现在不能回中国。因为我得教你们汉语"。让学生听清楚，复述意思。布置课下作业：写自己"想"做但目前还"不能"做的事，下次课演讲。

示例 24　认识“禁止”标志

活动目标：让学生以日常生活中常见的“禁止”标志为背景，在认识“禁止”标志的活动中，熟悉能愿动词“可以（不可以）、能（不能）、不要”在表达“许可”和“禁止”功能的用法，学会表达常用的请求、许可和禁止方面的信息。

活动用时：30 分钟。

活动准备：

1. 教师从网上查找并下载有关“禁止”的标志：请勿吸烟、禁鸣喇叭、禁行街道、禁止左（右）转、禁止打手机、禁止烟火、禁止泊车等。每一个制成一张 PPT，并打印出来，按学生数准备。
2. 教师准备一些上飞机携带的物品，也包括禁止携带的物品图片：枪支、刀具、发胶、鞭炮、液体化妆品等。

活动方式与步骤：

一、热身

1. 教师播放“禁止吸烟”标志图片，问学生：“这是什么？是什么意思？”
2. 学生快说完时，做“噤声”手势，并告诉学生今天我们来学习汉语中用来表达“允许、不允许”以及表示“请求”的方式。

二、活动内容

1. 教师板书：可以（kěyǐ），学生试读，教师领读并解释意义：表示允许、许可，否定形式是“不可以”，疑问形式与一般动词相同：可以吗？可不可以？例如：上课可以喝水，不可以打电话。学生试读并说出其含义。
2. 教师展示“禁止吸烟”标志图片，让学生试说意思。然后给出整句：这里不可以吸烟。学生轮流快速说出。再展示“禁止打手机”标志图片，活动方式同上。然后问学生：“什么时候 / 什么地方不可以打手机？”学生自由回答。教师给出答案：开车时、加油站、飞机上。让学生说出完整句子“开车时不可以打手机”等。

3. 用同样的方式进行其他“禁止”标志的认识、说话活动，然后教师补充“可以”的疑问句用法——表达“请求”，如：我可以坐这儿吗？你可不可以说慢点儿？
4. 教师让每个学生说一句表达请求的话。熟练后，教师讲解“可以”是正式的表达用语。常用的另一个较口语化的词是：能（如果此活动前已经学过“能”的其他用法，这里进行一下比较和复习），引导学生用“能”“不能”“能____吗？”“能不能”替换“可以”进行练习，每人说四句。提示学生要快一些。然后给出否定形式“不可以”、“不能”，强调“不能”语气更强硬，表示“绝对不可以，没有余地”，如：加油站里不能吸烟，上课不能打手机。最后让每个学生用“不能”说一句话。

三、活动扩展

1. 教师播放上飞机准备携带的物品图片，讲解“枪支、刀具”等新词。问学生“哪些可以带，哪些不可以带？”，要求学生一一表达，用上“飞机上不能带枪，不能打手机，不能抽烟”等句子。
2. 教师说：“时间到了，我们可以下课了，你们可以回家了。”活动结束。

示例 25　奇妙的动物世界

活动目标：让学生在对人和动物进行比较的活动中，进一步体会能愿动词“会、能”在表达“具有某种能力”时的区别并能熟练应用。同时，认识中国文化中“谦虚”的特质，运用学过的词汇、句型完成活动所需的交际任务。

活动用时：30 分钟。

活动准备：

1. 教师下载 CCTV《动物世界》栏目的片头，选择大象、鱼的活动画面（每个三分钟左右）。
2. 教师引导学生查找并下载举重、游泳比赛视频（三分钟左右）。

活动方式与步骤：

一、热身

1. 教师播放《动物世界》片头视频。
2. 教师与学生进行“这是什么动物”的问答活动。学习“大象”等新词语，复习已学过的其他动物词语。

二、活动内容

1. 教师板书：S + 会 + V，S + 能 + V，讲明“会”和“能”的基本用法。例如：我爸爸会开汽车；我会说汉语，也会说英语；我哥哥不会写汉字；你会开车吗？你会唱汉语歌吗？等。学生明白后，要求他们一一用“会”说一句话，教师对学生使用不当之处予以纠正、解释。
2. 教师播放大象用鼻子搬木头的视频，引导学生说“大象能搬木头”；播放举重比赛视频，学习“举重”这个词语，引导学生说“他会举重”；播放鱼在水里游泳的视频，引导学生说“鱼能在水里游”；播放其他动物的图片，让学生讨论。然后问学生：“你会干什么？”“你一分钟能跑多远？”“你一分钟能写多少汉字？”
3. 教师板书：我会开车，但是上星期我不能开，因为我手受伤了，现在我能开车了。教师讲明这里的“能”都不能改成“会”，因为表示“能力的程度”和“能力的恢复”时，只用“能”。小结“能”“会”的细微差别。

三、活动扩展

1. 教师讲解中国文化中“谦虚”的特点。表示自己的能力时，往往加“一点儿”“一点点”。如：“我会说一点儿汉语。”“你会修电脑吗？”“会一点儿。”
2. 教师结合其他活动与学生一一快速问答。如：“你会跳舞吗？”“你会不会写汉字？”要求学生用上“一点点”或“一点儿”。

示例 26　双簧：你做动作我解说

活动目标： 让学生借助双簧艺术这个活动背景，在描述日常生活常见的动作情境中，用对比的方法，模块化学习“在”的两个不同用法，尝试由短句向长句过渡。同时，运用学过的词汇、句型完成“在某处做某事”的交际任务。

活动用时： 50 分钟。

活动准备：

1. 教师准备一段双簧表演视频（三分钟左右）。
2. 教师从网上查找并下载“在客厅看电视”、“在卫生间洗脸”、“在饭店吃饭”、“在图书馆学习”四个人物活动情景的图片，并为其中的人物取个中文名字。印制出来，按学生数准备。
3. 教师下载“客厅、卫生间、饭店、图书馆”内部图片四张，并打印出来。

活动方式与步骤：

一、热身

1. 教师把学生集中到前几排座位，把教室后面的桌椅摆成四个独立的台子，分别贴上“客厅、卫生间、饭店、图书馆”图片。
2. 教师播放双簧视频，为学生解释双簧这种表演形式。
3. 教师告诉学生活动内容是“用汉语描述动作”。

二、活动内容

1. 教师带领学生简要复习课文中出现的动词“在（1）”，如：学生们在教室。学生向后转，教师做活动示范：依次到四个“处所”坐一下，与学生进行问答：“老师在哪？老师在客厅吗？老师在不在饭店？”学生集体回答。
2. 学生分成四组，分别站到不同的台子周围。教师到各组前问：“你们在哪？”这个组集体回答：“我们在 ____。”教师指示学生自主活动：一个学生指其他三组中的一员，问：“安娜在哪？ Rosa 在客厅吗？马丁在不在卫生间？”本组学生集体回答。轮流进行提问。
3. 学生回座位。教师发放图片，指示学生用汉语说出图片上人物的名字和动作名称。如：王大伟、看电视。教师板书：王

大伟在客厅 + 王大伟看电视 = 王大伟在客厅看电视。教师讲解："在客厅"是动作"看电视"的地点，这样，"在"就由"在（1）"时的动词变为介词。教师板书：在（2）=Prep（学生母语中相应的介词），同时强调汉语"在客厅"在句子中的位置——在动作之前。汉语在描述动作时的句子顺序是：谁 + 在哪儿 + 做什么。接着启发学生一起说其他图片上的动作。

4. 学生依次完整说出四张图片的动作，教师提示学生用正常语速。选四个活跃的学生到四个台子前，指示他们根据所在的"处所"做相应动作，观看的学生根据动作完整说句子。如：Madin 在客厅看电视，Rosa 在卫生间刷牙，Ana 在餐厅吃饭，David 在图书馆学习等。期间教师应及时处理学生在做动作及描述动作的过程中出现的新词。

三、活动扩展

1. 教师总结"在"的两种用法。
2. 教师着重强调"在（2）+ 处所"这一结构在句中的位置。

示例 27　说距离

活动目标：让学生以自己家与大学之间的距离为活动情境，熟悉介词"离、从……到……"在表达距离上的用法。同时，运用学过的词汇、句型完成活动所需的交际任务。

活动用时：30 分钟。

活动准备：

教师提前通知学生带三角板或直尺以及本市地图。

活动方式与步骤：

一、热身

1. 学生拿出三角板、直尺，教师在黑板上板书"厘米、米、千米（公里）"，带领学生快速熟悉这些词的读音和含义。
2. 教师指示学生拿出本城市地图。找出学校、一个知名超市、一个银行、一个郊外旅游景点的位置，复习方位词：东、西、南、北 + 边。

二、活动内容

1. 教师板书：离（lí）。学生试读，教师领读并解释词义。“离”表示两个事物之间的相对距离，表达公式是：目标地 + 离 + 说话者所处 / 所参照地，例如：HSBC 银行离我们大学五公里，我家离大学十二公里。教师可提问“你家离大学远不远？你家离大学多远？”，让学生一一回答。熟练后，再替换其他词，如“你家离超市多远、你家离银行 / 医院多远”等，直到全体学生能正确运用新句式。
2. 教师板书：从……到……，讲解含义：表示两点之间的距离。与“离”不同的是：“从……到……”连接的两个地点有一定的顺序，即从说话者所处、所参照地到目标地，而“离”没有此顺序要求。此外，两个句子结构也不同。

   例如：从我家到大学有十公里。从我家到大学开车需要十五分钟。HSBC 银行离我们大学五公里。

   然后，让学生根据例句练习说一说自己生活中熟悉的两个地点之间的距离。

三、活动扩展

1. 教师讲解“从……到……”“离”不仅表示“距离”，还用来表示“方位、时间”。

   例如：从左到右
   从上到下
   从前到后
   从里到外
   从头到脚
   从上午九点到下午五点
   从星期一到星期五
   离下午五点还有三个小时
   离表演开始还有半个小时
2. 最后教师跟学生开玩笑说：今天我生日，我们家从老人到小孩都很高兴。反复说几遍，让学生听懂。然后教师说：“我们回家吧，从大学到我家坐公交车需要四十分钟呢。”

示例 28　模拟驾驶

活动目标：让学生在模拟驾驶汽车的活动情境中，熟悉介词“向、往”的用法。运用学过的词汇、句型完成活动所需的交际任务。

活动用时：30 分钟。

活动准备：

1. 教师准备一段 F1 赛车的视频（三分钟左右）。
2. 教师提前演练好“左拐、右拐、向前走、向后倒、停车”等动作，特别是倒车换挡、前进换挡的动作。

活动方式与步骤：

一、热身

1. 教师播放 F1 赛车视频。
2. 教师组织学生模拟手握方向盘进行汽车转向、倒车的动作。倒车的动作要点是：先换挡（手在身旁前后移动一下），再向右后方扭头，向后看。由倒车变为前行时，也应先做换挡动作。

二、活动内容

1. 教师板书：转、倒、走、停，加注拼音，学生试读。教师领读并讲解动词意思。然后教师做“转向、倒退”的动作，先做“倒”，后做“转”。做“转”的动作时，教师可以夸张地询问“向哪个方向转”，然后向学生说明：汉语表达转方向时用“向＋方位词＋V”。接下来教师示范：向左（右、后）转，并做相应动作。
2. 学生站起来，前后左右拉开距离，自己说自己做转身动作。教师喊口令，学生集体做转身动作。熟悉各个方向后，学生回到座位，摆驾驶汽车的姿势。教师播放视频，学生随画面上汽车的转弯做相应转向动作，同时要说出来。如：向右转、向左转。
3. 教师发口令，学生做相应动作：向右转、向左转、向后倒、向前走、停车。接下来分组练习。学生两人一组，一个发口令，一个做。然后交换。在讲台上摆一把椅子，让两组学生上台表演。
4. 教师板书：往，并讲解：“往”与“向”相同，表示方向，在口语中使用较多。指示学生用“往”替换“向”，两人一组再做一遍模拟驾驶活动。

三、活动扩展

1. 教师板书：看（已学过），启发学生向不同的方向看。
2. 教师板书：拐。学生试读，教师领读并讲解词义：与“转”义同，但更口语化，常用来指路。

示例 29 摔跤、足球比比看

活动目标：让学生以摔跤、足球场面为活动背景，在涉及两个人或者事物的动作语境中，熟悉介词“跟”、“和”、“同”的用法。同时，运用学过的词汇、句型完成活动所需的交际任务。

活动用时：30 分钟。

活动准备：

教师从网上查找并下载奥运会摔跤比赛、世界杯足球赛片段及日程表（每段三分钟左右），同时准备吃饭、喝咖啡、去图书馆，健身、打篮球等日常生活的图片，做成 PPT。

活动方式与步骤：

一、热身

1. 教师播放摔跤比赛视频（三分钟左右）。
2. 教师板书：摔跤，加注拼音，学生试读，教师领读并解释词义。然后用询问的方式导入活动：摔跤一般要几个人进行？要求学生用汉语回答。

二、活动内容

1. 教师在“摔跤”后边板书“A——B”，并解释这个动作由两个人共同参与。汉语表达式是“A跟B + V”，如：A跟B摔跤。
2. 教师板书：比赛，学生试读后教师领读并解释词义。然后播放世界杯足球比赛视频，在日程图片处停住画面。先根据国旗说：______队，如巴西队。然后学生看图片上的国旗，自由表述：巴西队跟日本队比赛等。教师领读，学生跟读。教师指，学生一一轮流说。
3. 教师板书：握手，学生试读，教师领读并解释词义。学生两人一组进行握手，并互换名字说：我跟 Pabro 握手。

4. 教师展示日常生活图片的 PPT，让学生自由练习。如：我跟 Pabro 去图书馆，我想跟大卫一起打篮球等。

三、活动扩展

1. 教师讲解，在汉语中，还有“和”、“同”表达“跟”的意思。以上的句子中，都可以用“和”或者“同”来替换。
2. 教师强调，今天的重点是学习“跟”、“和”，知道“同”就可以了。最后跟学生说：“过来跟老师握一下手。与学生一一握手，活动结束。

示例 30　“比较”的学问

活动目标：让学生在比较大小、长短、贵或便宜等活动中，学习“比”作为动词、介词的用法，模块化学习介词“跟、和、同”在表达比较功能时的应用。同时，运用学过的词汇、句型完成“比较”方面的交际任务。

活动用时：30 分钟。

活动准备：

1. 教师准备一副扑克、三个大小不同的瓶子。
2. 师生从网上查找并下载下列图片：一个胖子、一个瘦子；一个高个子、一个矮个子。印制出来，每个图片一张。套数按学生数准备。
3. 师生下载表情图片：高兴大笑、痛哭流泪。印制出来，每个一张。

活动方式与步骤：

一、热身

1. 教师从扑克牌里拿出大小王，然后每个学生发一张牌。数字面朝下，先不让学生看。
2. 教师指示学生按座位顺序依次翻开牌并快速、大声读出数字，应注意有些数字可能会重复，以 8 和 11 为例。

二、活动内容

1. 教师问学生：“谁的牌是 8 ？请举手。”然后说：“A 的牌是 8，B 的牌也是 8。”再用学生母语说：“请比较一下。”学生用母语回答：“A 的牌和 B 的一样。”用同样的方式进行“11”的问答活动。

2. 教师找两个持不同大小牌的学生分别说出数字（其中一个应是上述活动中的一位，便于比较）。教师说："A 的牌是 8，C 的牌是 6。请比较一下。"学生回答："A 的牌和 B 的牌不一样。"接下来教师板书：比，比比，比一比。学生试读，教师领读并用中外对照法解释动词词义。学生两个人一组，同时把自己的牌放在桌子上，并说："比一比。"然后根据牌的数字分别说（例）："我的牌是 4，你的牌是 7。我的牌小，你的牌大。"再让学生与周围的同学做同样的活动。
3. 教师向学生讲解，汉语在表达比较的过程和结果的时候，通常要指明比较的双方，方法是"A 和 B + 比"。另外板书：和，领读并讲解其意义，强调后者是前者比较的基准。基准不同，结果就不一样。接着拿出大小不同的三张牌，用中间数字的牌与另两张牌比较，说："这张牌和那张牌比，这张牌小；和那张牌（小）比，这张牌大。"然后给每个学生再发两张牌，要求他们按教师的示范，自己根据牌的大小情况练习"比较句"，依次说出自己三张牌的大小。
4. 教师拿出中号瓶子摆在讲台上，再拿出小号瓶子，两个瓶子摆开一点儿，引导学生说："（手持中号瓶）这个瓶子和那个瓶子比，这个瓶子大。"随后把笑脸挂在中号瓶子上；"（手持小号瓶）这个瓶子和那个瓶子比，这个瓶子小。"随后把哭脸挂在小号瓶子上。接下来把两张表情图片给一个学生，用大号瓶替换小号的，要求学生上台说句子，并挂上相对应的图片，学生轮流上台进行活动。

三、活动扩展

1. 教师引导学生："这个（中号）瓶子，一会儿笑、一会儿哭。为什么呢？"学生自由发言。教师扼要讲解：这是比较的结果。选择的基准不同就会有不同的结果。强调"和"字的重要。
2. 教师进一步讲解，在汉语中，除了"和"以外还有"跟"、"同"也表示比较的对象。
3. 教师发放人物图片，布置课下练习：自己和图片人物比，写出比较结果，分别用"和、跟、同"三种方式，下节课与老师问答。

第四节　常用副词教学课堂活动示例

示例 31　接话茬儿

活动目标： 让学生以介绍家庭成员的职业为背景，在“接话茬儿”的语言实践活动中，熟悉“也”、“都”分别表达“类同”、“全部”的意思，初步认识汉语中副词的位置。同时，运用学过的词汇、句型完成活动所需的交际任务。

活动用时： 30 分钟。

活动准备：

1. 教师通知学生提前统计家庭成员的职业，包括：称谓、职业（1）、职业（2）等。已学过的词语用汉语写，没学过的用母语，上课时问老师。
2. 教师准备教师、医生、护士、职员、警察、工程师等人物形象图片，制成 PPT。

活动方式与步骤：

一、热身

1. 教师把学生问到的有关职业的新词语一一写在黑板上。
2. 教师播放人物职业图片的 PPT，与学生一起快速复习词语。
3. 教师讲解学生问的新词，学生试读，教师领读并释义。

二、活动内容

1. 教师让学生用“石头、剪刀、布”的方式确定上台的顺序。告知学生讲的时候不能拿稿。一号学生上台说家庭成员的职业，教师提示最后一名学生注意听，要复述。一号学生说完，最后一名学生复述。教师提醒学生注意人称代词的变化。教师记录讲述与复述的学生配对，以便提示后边的复述人。以此类推，直到全班学生“讲述—复述”活动结束，表扬学生的表现。
2. 教师根据重复的职业记录（如：医生、工程师、教师），问学生：“谁的爸爸是医生？”学生举手。A 学生说：“我爸爸是医生。”然后教师板书：也、都。学生试读，教师领读并释义：汉语中强调表达与前边所说的情况相同时，在动词前加“也”。提到的情况全部相同时，用“都”。两者一定要加在动词前边，不能后置。

3. 教师再问：“谁的爸爸是医生？”B 学生站起来说：“我爸爸是医生。”这时教师总结：“B 的爸爸也是医生。A 的爸爸和 B 的爸爸都是医生。”接着问：“谁的妈妈也是医生？”注意加重“也”的发音，引起学生注意。C 学生举手说：“我妈妈也是医生。”教师总结：C 的妈妈、A 的爸爸和 B 的爸爸都是医生。

4. 参照上边的方式，用其他表示职业的词语替换“医生”进行活动，然后讲解其否定形式：也不，都不。例：我姐姐不是护士，他姐姐也不是护士，她们都不是护士。然后学生四人一组进行“接话”活动。一个学生先说：“我妈妈是老师。”第二个说：“我妈妈不是老师。”（或者：“我妈妈也是老师。”）第三个根据情况说：“我妈妈也不是老师。”（或者：“我妈妈也不是老师。”）第四个说：“她们不都是老师。”（或：“她们都是老师。”）

三、活动扩展

1. 教师讲解“也 / 都 ”是汉语交际中很常用的副词。句型结构是：也 / 都 + 动词（形容词）。

2. 教师在黑板上写学过的词（学、吃、喝、喜欢、好、漂亮、忙），让学生自己说一句话。例如：

   Pabro 学汉语，我也学汉语，我们都学汉语。

   你女朋友很漂亮，我女朋友也很漂亮，她们都很漂亮。

   我喜欢唱歌，也喜欢跳舞，唱歌跳舞我都喜欢。

3. 教师指示学生依次用“也 / 都 + 否定词”说话。例如：“爸爸不喝酒，妈妈也不喝酒。爸爸妈妈都不喝酒。”快下课时，教师问：“你们累吗？”学生回答：“我们很累。”教师接着说：“我也很累，我们都很累。”活动结束。

示例 32　归类说词

活动目标：让学生在把单词归类的活动情境中，熟悉副词“都”在表达“无例外统指”时的基本用法。集中复习已学过的名词，初步认识词与词之间的关系。同时，运用学过的词汇、句型完成活动所需的交际任务。

活动用时：30 分钟。

活动准备：

师生共同准备下列图片：

1. 苹果、梨、葡萄、香蕉实物图片。（第一张 PPT：水果）
2. 果汁、可口可乐、啤酒、咖啡、茶实物图片。（第二张 PPT：饮料）
3. T 恤、西服、衬衣实物图片。（第三张 PPT：衣服）
4. 筷子、盘子、刀子、叉子、勺子实物图片。（第四张 PPT：餐具）
5. 沙发、桌子、椅子、衣柜、书柜实物图片。（第五张 PPT：家具）
6. 西红柿、茄子、黄瓜、土豆实物图片。（第六张 PPT：蔬菜）
7. 狗、猫、熊猫、猴子、马等实物图片。（第七张 PPT：动物）
8. 烤鸭、面条、面包、饼干实物图片。（第八张 PPT：食品）

活动方式与步骤：

一、热身

1. 教师播放第一张 PPT。教师指，学生说其名称，然后教师纠正发音。
2. 教师板书：水果，学生试读，教师领读并释义，强调图片上的事物属于同一类。学生轮流读生词。然后教师组织学生用“水果”练习，例如：苹果是水果，梨也是水果。学生轮流快速说。
3. 教师板书：都，学生试读。教师领读并释义，“都”强调全部包括，没有例外。例句：它们都是水果。提问“苹果、烤鸭、梨，它们都是水果，对不对？为什么？”引导学生说出“烤鸭不是水果”的句子。

二、活动内容

1. 教师播放第二张 PPT，让学生快速说出名称，然后板书：饮料。学生试读，教师领读并释义。接着引导并与学生一起说：

“果汁是饮料，可口可乐也是饮料，茶也是饮料，它们都是饮料。”然后让学生轮流模仿说句子。注意提示学生加快语速。

2. 教师播放第三张 PPT，活动方式同上，只是为节省时间，不再让学生轮流说，学生一起来说。同样方式进行第四到八张 PPT 的活动。表扬学生对词汇的记忆和活动表现。调整一下节奏。
3. 学生两人一组，进行问答活动。然后教师讲明“都”在日常交际中应用很多。板书常用句子：

你工作、身体都好吧？——都很好。

爸爸妈妈身体都好吗？——都很好。

都来了吗？——都来了。

教师领学生读熟并释义，学生两个人一组对话。

三、活动扩展

教师讲解一下其否定形式“都不”和“不都”的区别。前者表示“主语全部不……”，后者表示“主语有一部分不……”。例如：

英语专业的老师都不是美国人。（所有的老师都不是美国人）

英语专业的老师不都是美国人。（有一部分老师是美国人）

示例 33　百货店与专卖店

活动目标：让学生以去商店买东西为背景，在询问商品、回答缺货的活动情境中，用对比的方法，学习并熟练运用副词“全”“只”。同时，运用学过的词汇、句型完成活动所需的交际任务。

活动用时：50 分钟。

活动准备：

1. 教师从网上查找并下载下列图片：服装店、水果店、鞋店、电脑专卖店、书店、大型百货商场（包括其外店面、内部图片各一张），打印出来。
2. 教师把上述店名用拼音写在彩色纸上，每个一张，颜色不同，并用彩色纸糊四个纸帽子。
3. 教师打印“购物单”，包括：苹果、香蕉、旅游鞋、电脑音箱、T 恤、字典，用实物图片更好。其中，苹果、旅游鞋放在一张纸上；香蕉、电脑音箱放在一张纸上；T 恤、字典放在一张纸上。三张为一套，套数按学生数准备。

4. 教师准备胶带、剪刀。

活动方式与步骤：

一、热身

1. 教师课前指导学生布置活动场景：把桌子摆成五个台子，靠教室的一面墙一字摆开。学生在台子对面散开坐好，便于活动时出入。
2. 教师把店面、店里的图片分别粘在台后的墙上，店名粘在台前。注意，把百货商场放在最后一个台子上。

二、活动内容

1. 教师站在“水果店”前，指店名卡片，让学生试读，教师领读并释义。学生一一朗读。然后问学生：“水果店里有什么？”学生自由回答。注意观察，对没开口的学生单独进行问答。
2. 教师以此方式进行其他商店的活动。然后板书：只。学生试读，教师领读并释义：在范围上表示很少或单一时，汉语要在动词前加副词“只”，例：水果店里只有水果。重读并强调一遍“只”。教师再说一遍，学生模仿说。教师站在“鞋店”前，说：“鞋店里只有鞋。”学生模仿说。以此方式分别描述服装店、电脑专卖店。
3. 教师指示学生四人一组，适当集中坐，发放“购物单”卡片，让学生分别快速说出物品名称。教师注意及时解释购物单上学生不认识的词。教师问：“哪儿卖电脑音箱？”引导学生回答：“电脑专卖店卖。”
4. 教师布置任务：一组学生分别站在五个专卖店前，戴上纸帽，扮演“导购”，另外一组扮演“顾客”，依次到四个店前按购物单与导购问答。如：“你好！您要买什么？”“我要买苹果、旅游鞋。”“对不起，我们这里只有苹果，没有旅游鞋。”然后“顾客”向老师扮鬼脸，说：“这儿只有苹果，没有旅游鞋。”在苹果图片处画勾，表示已买。然后到下个商店，进行同样活动。这一组表演完，与“导购”组换，下一组扮“顾客”，以此类推。
5. 教师摆放“百货商店”的牌子，让学生使用购物卡片购物，导购时将“只”换成“全”。例如：“你要买什么？”“我要买水果和衣服。”“好的，这里全有。”学生依次练习“全”的用法。教师观察并对有困难的学生进行现场指导。

三、活动扩展

1. 教师表扬学生的活动表现，调整活动节奏。
2. 教师讲解，“只/全+动词”是常用句式（列举已学过的动词）：只 / 全 + 是；只 / 全 + 有；只 / 全 + 吃（喝、学习、说、买、卖、会、能、要）。例：我妈妈会唱歌、跳舞，我爸爸只会开车，我只会打字。我只学汉语，不学日语、俄语。教师讲解“只”、“全”的用法不同，并提醒学生使用时要注意。

示例 34　通用的噤声动作

活动目标：让学生在几个表示“噤声”“停止”的手势动作引导下，在表达“劝阻、劝告”的活动情境中，熟悉副词“别”的用法。同时，运用学过的词汇、句型完成活动所需的交际任务。

活动用时：30 分钟。

活动准备：

1. 教师引导学生熟悉表示“安静”、“别说话”的噤声动作（把食指放在嘴唇上）。
2. 教师引导学生熟悉表示“暂停”的手势动作（左手在上，掌心朝下，右手食指朝上，顶住左手心）。
3. 教师引导学生熟悉中国人常用的表示“别……”的手势（手掌直立并在胸前左右摇动）。

4、教师准备一个扮演海盗用的“独眼罩”。

活动方式与步骤：

一、热身

1. 上课铃响前十秒钟，学生在教室聊天时，教师进教室，把手指放嘴唇上做噤声动作。
2. 铃响，开始上课。教师问学生：“刚才的动作表示什么意思？”学生可用母语回答。引导学生注意其中的“劝阻别人停止说话”的含义。

二、活动内容

1. 教师做“暂停”“停止”动作，问学生是什么意思，接着说明这是篮球赛中裁判员常用的动作，表示“比赛”动作的暂时停止。告知学生本活动学习汉语中“劝阻、劝告”的方式。然后板书：别+V+了（劝阻）；别+V(劝告)。领读后说明：别+V+了，表示劝阻一个正在进行的动作；别+V，表示劝告或命令一个动作不要发生。例：别说话了！别说话！

2. 教师动作演示：别说话了！（动作加嘘声）；别说话！（只有动作，不发出嘘声）。教师说，学生做相应动作。两个学生一组，进行“说—做”活动。然后板书学过的动词：吃、喝、唱、跳、读、写、看，让学生用“别”练习，并用母语解释意思。注意引导学生对两种方式在表达“已然”、“未然”动作上的区别。
3. 学生两个人一组，一个做动作，一个根据动作说。例：甲拿出笔来准备写字，乙说：“别写。”甲没有听从乙的劝阻，继续写字，乙做“停止”动作说：“别写了。”然后交换角色。把上边的动词全表演一遍。学生活动时，教师观察和指导。
4. 教师找一个活跃的学生上台表演动作，其他学生大声喊“别……（了）”。教师讲解，表示“劝告”时，语气与表达“命令”时不同，而且往往带动作的对象。如：妈妈对孩子说：别喝啤酒；别抽烟；别看电视；别开快车。其手势动作是：讲一句，摇一下手。让每个学生说两句爸爸妈妈常说的“劝告话”，要模仿家长的口气、表情和手势。教师要注意其中有趣的话，尤其是与中国家长所说不同的。

三、活动扩展

1. 教师转身背对学生，戴上模仿海盗的“独眼罩”，转身对学生时，做夸张动作。走下讲台，找一个平时活跃的学生做“抢劫”状，用手顶住学生腰，厉声说：“别动！”“别出声！”连说两遍，让学生都听清。教师在黑板上板书，学生试读，教师领读释义。
2. 教师最后表扬学生的活动表现，问学生：“老师经常说什么啊？”答：“别缺课！”“别迟到！”教师释义后组织学生说熟练，活动结束。

示例 35　当评委 细评价

活动目标： 让学生以“当评委给美女、帅哥打分”为背景，在评价的语言实践活动中，模块化学习并熟悉副词“比较、很、非常、真”及“太……了”的用法。同时，运用已学过的词汇、句型完成活动所需的交际任务。

活动用时： 50 分钟。

活动准备：

1. 教师从当地流行的时尚报纸、杂志或广告的封面上，收集并剪下男、女明星图片，男、女各六个。
2. 教师准备评价选票：“比较”（漂亮、帅）级，一颗红五星（8 分）；“漂亮、帅”级，两颗红五星（10 分）；“很”级，三颗（12 分）；“非常”级，四颗（15 分）；“真”级，一个笑脸（20 分）；“太……了”级，一朵红色玫瑰花（25 分）。6 个为一套，将图案放在一张纸上，印制出来，并用剪刀裁开，便于使用。套数按学生数的两倍准备。
3. 教师用两张大白纸，把男、女人物图片分别粘贴在上边，图片呈一字摆开。此外，准备胶带、剪刀、胶棒。

活动方式与步骤：

一、热身

1. 教师把两张大白纸用胶带固定在黑板上。问学生：“他（她）们是谁？”“叫什么名字？”学生回答。
2. 教师问学生：“她们漂亮不漂亮？”“他们帅不帅？”学生都需要用汉语回答。
3. 教师告诉学生活动内容：当评委，评价他们，看谁最有人气。

二、活动内容

1. 教师请班里一位学生发放选票，每人两套，同时由上到下板书：比较、形容词原级（adj）、很、非常、真、太……了。学生试读，教师领读并讲解意义及用法。
2. 教师在黑板上画一条竖线，对应上边板书标上表示刻度的“0、1、2、3、4、5、6”（形容词不加修饰语为 1）。接着讲解形容词前不同的程度副词，所表达的程度有所不同。例如：比较漂亮、比较帅、比较冷、比较热。接着快速讲解“很、真、非常、太……了”的含义。组织学生快速说。

3. 教师让学生看手里的选票，讲解其代表的“级别”和用法。指示男生看男人图片，女生看女人图片，用刚学过的词语开始评价，按图片人物顺序摆好自己选票的顺序，并练习表达。
4. 男生先开始按顺序一一上台，把自己的选票粘贴在相应男人图片下边，边粘边说：“他比较帅，8分。……”女生用同样的方式进行活动（评价女人）。教师在学生粘贴的选票区域画一个分割线。然后，男女生互换：男生评价女人，女生评男人。方式同上。注意提示加快速度而且不要粘贴在上边的区域里。
5. 教师指示学生为这六男、六女计算得分，男女生的评价分数分别计算。最后教师查看几个学生的计算结果，找一个平时不爱表现的学生上台，把计算结果写在相应位置。然后师生一起进行排序。圈出“男生评的最帅男人、最漂亮女人”“女生评的最帅男人、最漂亮女人”。

三、活动扩展

1. 教师问学生：“为什么男女生评价结果不一样？”学生用母语发表意见。有三个学生发言即可。
2. 教师开玩笑说：“男生看男人非常客观，女生看女人也很客观。但男看女，女看男就太不一样了。”师生共同整理教室，活动结束。

示例36　看射击比赛

活动目标：以奥运会碟靶射击比赛为活动背景，让学生在数中靶次数与喝彩的语言实践中，学习并熟悉副词“又、再”的用法以及它们之间的区别。同时，运用学过的词汇、句型完成活动所需的交际任务。

活动用时：30分钟。

活动准备：

教师从网上下载奥运会射击（碟靶）比赛视频，选择三个运动员的射击比赛过程。

活动方式与步骤：

一、热身

1. 教师播放一个运动员的射击比赛视频，让学生用“次”数打的枪数：一次、两次……
2. 教师问：“一共多少次？”“射击的动作是怎样的？”让学生回答并模仿。教师问：“第二次的动作与第一次的动作一样吗？”答：“一样。”

二、活动内容

1. 教师板书：又，学生试读，教师领读并释义：“又”表示动作的重复，而且是已经发生的动作。播放上一个视频。放第一枪后说：一次。第二枪响后说：又一次。指示学生其后的枪响后一起说：又一次。再放视频，提示学生注意画面上的彩色烟雾，表示击中。板书：打中了一个。学生试读，教师领读并释义。组织学生快速说：打中了一个。在运动员第二次打中时停止播放，引导学生：“这是‘打中’动作的重复，怎么说？”（又打中了一个）。连续播放视频，学生根据画面打中靶的情况，一起说：“打中了一个，又打中了一个。”（没打中时说“哇”）
2. 教师板书：再、再＋动词，并解释当期望上个动作重复时，用“再＋动词”，如“再打一次”，强调其中“期望、未然”的含义。放视频，在“打中”的画面处停下，引导学生一起说：“再打一个。”继续播放视频，中了，说“又打中一个”；不中，说“哇”。然后说：“再打一个。”依此方式，学生根据画面自主进行活动。
3. 教师对比讲解一下“又”“再”表示重复的区别：已然、未然。二者形式不同：又＋了；再不加“了”。用学过的动词引导学生说句子，例如：吃，我吃了一个面包，又吃了一个面包，想再吃一个面包（提示学生注意“想”）。
4. 教师引导学生用其他学过的动词（读、写、说、做、喝、学、看、跑等），仿照上例，自己练习，例如：今天上午读了课文，下午又读了一遍，晚上再读一遍。期间教师应注意及时指导学生。

三、活动扩展

教师布置作业说："我们又复习了很多动词，回去后，你们要把今天的生词再写两遍，把课文再朗读三遍。"

示例 37　紧急情况快处理

活动目标： 以救护车、消防车、警车为模拟工具，让学生在扮演指挥员、车辆司机的活动情境中，学习并熟悉副词"就"在表达时间上的用法。同时，运用学过的词汇、句型完成活动所需的交际任务。

活动用时： 30 分钟。

活动准备：

1. 教师从网上查找并下载救护车、消防车、警车紧急出动以及在道路上鸣笛疾驶的视频片段。
2. 教师下载银行、超市、体育馆图片，打印出来。
3. 教师借两顶摩托车头盔或用纸糊一个。

活动方式与步骤：

一、热身

1. 教师把超市、银行、体育馆图片贴在教室后边墙上。
2. 教师播放救护车出动、疾驶视频。板书：医生、救护车、救护车司机（生词需标注拼音），停住视频，组织学生学习新词"救护车"。
3. 学生一一快速练习说："我是医生，我是救护车司机。"然后模仿笛声。注意提示在紧急情况下的语气。

二、活动内容

1. 教师板书：马上、就，学生试读，教师领读并释义：表达动作的快速。例如：你马上去超市！——我马上（就）去！"马上"用于命令别人，也可用于表达自己的动作速度。"就"，一般用于表达自己的动作。注意区别。不能说：你就去超市！为表示急速、紧急，"就"单加动词即可，如：就去。
2. 教师播放救护车视频，然后停住画面。告诉学生，病人在超市。问学生，"这个时候医生会怎么说？""马上去超市。"司机："这就去。"

3. 学生两人一组，一个扮医生，一个扮司机，模仿说话，然后变换角色。注意提示学生说话的语气。熟练后，教师播放消防车出动、疾驶视频。告诉学生：火灾地点是银行（指教室后边的图片）。教师戴上一个头盔，扮指挥官。对一个学生说："马上去银行。"学生也迅速戴上头盔，快速说："就去！"做开车状。接下来播放警车视频。板书：警车、警察。活动方式、内容同上。让学生练习"马上抓小偷""就去"。

三、活动扩展

1. 教师讲解，"马上"、"就"表达动作在短时间内即将发生。例：你什么时候去吃饭？——这就去！（表示很快开始）
2. 教师板书常用句：请别着急，就来！请稍等，就好！
3. 教师组织学生再读一遍活动中出现的新词。告诉学生："别着急，就下课。"

示例 38　听、说"话中话"

活动目标： 让学生认识中国文化中"勤快与懒惰"的不同行为方式，在表达"到达时间"的语言实践活动中，学习并熟悉时间副词"就、才"的含义及用法。初步了解中国文化中"勤"的特征。同时，运用学过的词汇、句型完成活动所需的交际任务。

活动用时： 30 分钟。

活动准备：

1. 教师提前通知学生准备"一日生活记录表"。内容包括：主要活动、时间，如：早 6:30 起床；……晚上 11:00 睡觉，并准备上台向大家介绍。
2. 教师从网上查找并下载一段中国军人早起出操的视频。

活动方式与步骤：

一、热身

1. 教师检查学生"一日生活记录表"的情况，解答学生提出的问题，及时处理学生的生词。

一日生活记录表

姓名	起床	吃早饭	上课	下课	吃午饭	吃晚饭	睡觉
马丁	5:00A.M.	7:00A.M.	8:00A.M.	11:00A.M.	1:00P.M.	8:00P.M.	10:00P.M.
安娜	7:30A.M.	8:00A.M.	9:00A.M.	12:00	1:30P.M.	9:00P.M.	11:00P.M.
何塞	8:30A.M.	9:00A.M.	9:30 A.M.	13:00P.M.	1:30P.M.	10:00P.M.	10:30P.M.
玛利亚	9:00A.M.	9:30A.M.	10:00A.M.	2:00P.M.	2:10P.M.	9:00P.M.	12:00P.M.

2. 学生抽签决定上台顺序。

二、活动内容

1. 1 号学生上台向大家介绍一日生活的主要活动和时间。介绍完后，教师问最后一号学生："他几点起床？几点睡觉？"学生回答时，教师把 1 号学生的名字、对应时间数字写在黑板上。然后 2 号学生上台介绍，教师与倒数第二个学生进行问答并将答案写在黑板上。以此类推进行活动，直到全部学生问答完毕。
2. 教师播放中国军人早操视频。让学生猜猜，中国军人几点起床，学生自由回答。然后教师告诉学生："军人早上 5:30 起床，我今天早上 8:30 起床。"板书：老师今天早上 8:30 起床。教师问学生："军人 5:30 起床，你认为是早还是晚？"学生自由回答。
3. 教师板书：就，学生试读，教师领读并释义：表示动作发生的时间较早，结构是：就 + V + 了。例如：军人早上 5:30 就起床了，含有对动作"早"的评价。起床早表示"勤快"，有赞许之意。指示学生用"就"来描述自己的起床时间说。提示学生有自我表扬之意，重读"就"字。"我早上 ____ 就起床了。"
4. 教师引导学生看老师的起床时间：8:30。问学生："你认为早还是晚？"学生自由回答。然后板书："才"。学生试读，教师领读并释义：表示动作发生的时间较应该的时间晚，结构是：才 + V。例如：老师早上 8:30 才起床，意思是太晚了，有批评之意。指示学生用"才"来描述自己的起床时间，提示学生要有自我批评之意，重读"才"字。教师示范：用"就"时，用理直气壮的口气说；用"才"时，用"愧疚"

的口气，配上相应表情。“我早上 7 点就起床了。”“我上午 9 点才起床。”引导学生一一模仿说，期间教师提示学生注意表情的变化。最后用“就”和“才”来描述自己和家人睡觉的时间。“我晚上 8:30 点就睡觉了。”“我妈妈晚上 12:30 点才睡觉。”

三、活动扩展

1. 教师板书（竖排）：勤快、懒惰，学生试读，教师领读并释义。
2. 教师对应勤快，写：早 6:00 起床，晚 11 点睡觉；对应懒惰，写：早 8 点起床，晚 9 点睡觉。
3. 教师板书，天道酬勤（tiāndào chóuqín），简要讲解意义，并介绍中国人勤劳的优良品质。

示例 39 讲小时候的事情

活动目标： 让学生借助童年的回忆，在说一件小时候发生过的趣事的活动中，学习并熟悉副词“曾经”的用法。初步认识汉语的语法特点。同时，运用学过的词汇、句型完成活动所需的交际任务。

活动用时： 30 分钟。

活动准备：

教师提前通知学生准备自己 6 ～ 12 岁之间的生活照片，每人至少带两张。

活动方式与步骤：

一、热身

1. 教师把学生的照片收集在一起，打乱顺序。
2. 学生按座位顺序，一张一张地传看。
3. 教师发给学生每人两张照片。

二、活动内容

1. 教师板书：小时候、照片。学生试读，教师领读并释义。给出例句：这是 Pabro 小时候的照片。教师说两遍，学生听，然后问学生什么意思。指示学生看自己手里的照片，猜猜是谁，然后轮流说。准备五分钟。学生之间不得互相确认。
2. 学生按座位顺序从后向前开始说。“这是______小时候的照片。”如果猜对了，照片主人就拿回。不对，则继续猜。学生以此方式自主活动，教师注意传递猜对的照片。表扬学生的活动表现，调整一下节奏。

3. 教师导入练习，每个人小时候都会做一些很有趣、或很傻的事，今天就用汉语讲讲自己的趣事。板书：打狗，并说明这是过去发生的动作，和现在没有联系。结构是：曾经 + V + 过。例：我小时候曾经打过狗；我小时候曾经抽过烟；我小时候曾经吃过木头。教师释义并组织学生轮流读熟。
4. 教师指示学生根据此句型，讲一讲自己的事，至少两个。准备五分钟，不会的词语可以问老师。教师把学生问的新词写在黑板上。组织学生试读黑板上的词，教师领读并释义。学生按座位顺序，自前向后依次上台说。学生说完，教师应翻译成学生母语，使学生体会汉语与其母语在语法上的不同。以此方式，学生轮流上台进行介绍。

三、活动扩展

1. 教师讲解该句型的否定形式比较特殊，用“没 / 没有”替换掉“曾经”。例如：我曾经去过中国。——我没有去过中国。
2. 教师指示学生收好自己的照片，与学生开玩笑说：“老师曾经很漂亮，现在呢？”学生自由回答。活动结束。

示例 40　谈未来的安排

活动目标：让学生在谈论去中国的旅游安排的语言实践活动中，学习并熟悉副词“将”的用法。用对比的方法认识其表达的语法含义，进一步体会汉语语法的特点。同时，运用学过的词汇、句型完成活动所需的交际任务。

活动用时：50 分钟。

活动准备：

1. 教师提前通知学生查找并下载下列图片：飞机、火车、故宫、长城、上海世博会。可以打印，也可以将图片保存到 U 盘里。
2. 教师准备“中国旅游日程安排”。内容包括：下个月（如：11 月）8 日，坐飞机去中国；10 日，到达中国；11 日，参观故宫；12 日，去长城；13 日，坐火车去上海；14 日，参观世博会；15 日，坐飞机回国。制成表格。

3. 教师准备：北京首都机场、上海火车站、故宫、天安门广场、长城、世博会中国馆等图片，制成 PPT。

活动方式与步骤：

一、热身

1. 教师检查学生的图片，用 U 盘的学生试一下投影仪。
2. 教师播放自己的图片，用问答的方式快速复习名称词汇。
3. 教师引导：你下个月去中国旅游，今天我们来谈谈你的旅游安排。

二、活动内容

1. 教师发放“中国旅游日程安排”，学生先自己熟悉内容，然后教师引导学生，与同学进行问答：“你去中国旅游了吗？”“没有。”“打算什么时候去？”“下个月。”“确定了吗？”“确定了”。接着板书：下个月我将去中国旅游。学生试读，教师领读并释义：表示在未来确定会发生的动作，时间词 + 将 + V。例：下个月他将去英国学习。学生朗读并用母语说一遍。教师提示其中的“将”，强调其可实现性。
2. 教师指示学生看“中国旅游日程安排”，与学生一起把时间、内容对应起来说一遍。如：11 月 8 日，我将坐飞机去中国。指示学生自己仿照例句说一遍表上的内容，并准备上台介绍。
3. 学生抽签，确定顺序。一号学生上台按表上内容介绍，一边说，一边展示相应的图片（或播放 PPT）。依次类推，学生轮流上台介绍。期间，教师不纠正，多鼓励。学生说完后，教师提示学生汉语语法与学生母语语法的不同，句子顺序的差异。最后说：“欢迎各位去中国旅游，老师明年将在中国等你们。”

三、活动扩展

教师请学生互相询问下学期的计划或安排，补充生词：打算。

例：“下学期你打算选多少门课？”

“我打算选五门课。你呢？”

“我想选六门课。”

“明年你去西班牙学习吗？”

“是的，我打算五月份去马德里大学”。

7 语法教学课堂活动设计与应用示例

本章导读

语法教学是对外汉语教学中的重点和难点。如何进行语法教学，一直是对外汉语教学研究的主要内容。从对外汉语教学实践层面看，语法教学是课堂教学不可或缺的内容，它是学生正确、后边加地，得体地进行交际的基础。同时，语法教学对外国学生的汉语学习能起到提纲挈领、举一反三的作用。语法教学是使学生认识汉语语法现象、循序渐进地积累汉语语言结构规则，从而提高汉语学习效率、激发学生兴趣的有效保障。

认识汉语语法的独特性并正确处理抽象语法规则教学与实用交际能力培养之间的关系，是对外汉语语法教学的关键。语法教学的根本目的不仅仅是让学生懂规则、记结构，而是用规则进行符合规则的语言交际。因此，在教学中需要处理好“语法知识”与“交际能力”之间的衔接、转换问题，需要克服学生母语语法负迁移造成的偏误、错误现象。同时，还要处理教材中存在的语言点分散出现与语法的系统性之间的关系，要求教师采取灵活有趣的教学方法。

本章展示的20个对外汉语初级阶段语法教学课堂活动示例，是对语法教学方法的新探索。其目的在于改变传统的围绕语法点“讲练”的方式，把抽象的语法教学融入具体的交际情景中，在课堂活动中完成语法知识的讲授与交际能力的训练之间的有机结合。同时，也试图尝试以适当集中的方式来进行一个语法项目的教学。示例语法点的选择以《国际汉语教学通用课程大纲》为依据、以初级汉语教学中出现频率较高、学生感到相对较难的项目为主线，基本涵盖了初级对外汉语教学常用的语法项目。

第一节　汉语基本语序教学课堂活动示例

示例 1　会说话的“多米诺骨牌”

活动目标： 让学生能深刻体会动词谓语句的结构语序，增加对汉语“由字到词、由词到句”组合规则的感性认识，熟练掌握该结构中地点状语的正确位置，克服其母语语法负迁移产生的干扰，并能够正确运用状语结构，流利表达家庭成员工作和学习的地方。

活动用时： 30 分钟。

活动准备：

1. 教师准备多米诺骨牌的 PPT 及模拟的掌声。做 PPT 时准备“笑脸”和“哭脸”的动画。
2. 教师将一个较薄的包装纸盒剪成八厘米左右见方的卡片，上边贴上活动所用的词汇，数量根据课程进度，从 20 到 35 个不等。写词语时，不要拆开双音节及多音节词。为避免混淆，每个句子的卡片用词要用相同的颜色，不同的句子用不同颜色加以区分。

   如：我爸爸在大学工作；我妈妈在银行工作。
3. 教师准备一套较大的卡片，用于演示。如：“我 / 弟弟 / 在 / 大学 / 学习 / 英语”其中的六个词，分写在六张大卡片上。教师准备本次活动每个句子的答案，并录好音（若录音有困难，可从已有的课本 CD 中选择复制）。

活动方式与步骤：

一、热身

1. 教师播放多米诺骨牌的课件，营造活动气氛。
2. 教师引导学生看多米诺骨牌可由一张张静止的方块连成流动的图案，导入汉语句子的“语序”，告诉学生汉语的句子由不同的词搭配而来，就像多米诺骨牌似的，可以表达流畅、完整的意义。

二、活动内容

1. 教师举例说明如何将打乱顺序的词排成正确的句子：

   ① 工作、爸爸 ——→ 爸爸工作。

② 也、妈妈、工作——>妈妈也工作。

③ 工作、都、和、爸爸、妈妈——>爸爸和妈妈都工作。

④ 在、工作、医院、爸爸——>爸爸在医院工作。

⑤ 在、学习、和、都、大学、哥哥、姐姐——>哥哥和姐姐都在大学学习。

然后启发学生观察句子顺序，是否与自己的母语相同，在此基础上归纳汉语组句的规则。引导学生找表意的主干：SV（O），特别强调状语的位置是放在动词之前，与其他语言所放的位置完全不同。

比如：我在大学学习汉语。I study English at the university.

Estudio ingles en la univesidad.

2. 教师引导学生做类似结构的翻译练习，进一步明确地点状语和“也”“都”的位置。再次播放多米诺骨牌视频，让学生轻松一下。同时把学生分成 4 组，分开围坐。每组发两套组句卡片（同颜色的为一套）。
3. 各组讨论卡片上的词，并组句。组句完成后到前边展示，其他学生可提不同意见，然后教师给出正确答案。若学生排序与正确答案一致，播放“笑脸”和“掌声”的动画予以鼓励。若不一致，则播放“哭脸”并组织其他组的成员齐声喊“加油，加油”予以鼓励。
4. 总结归纳，以醒目的彩色字体强调汉语的正确语序。

三、活动扩展

教师引导学生介绍自己好朋友的家庭成员分别做什么，给出表达式，如：

大卫是我的男朋友，他爸爸在银行工作，是银行经理。他妈妈在超市工作。他姐姐在医院工作，是护士。他弟弟不工作，他在学校学习。

请学生们分别按给出的表达式说出相关信息。

示例 2　说说笑笑揪“懒汉”

活动目标：让学生能够明确连动句的结构及时间状语在句中的正确位置，能够运用所学的词汇正确、流利地表达日常生活中具体时间点所从事的活动，了解中国文化中守时守信的优秀品质。

活动用时：30 分钟。

活动准备：

1. 教师从网上下载日常生活、工作、学习的二十幅图片，如：起床、洗澡、吃早餐、上班、上课、到教室（办公室）、吃午餐、晚餐、运动等。
2. 教师将每幅图片配上文字和具体时间点，如：我们 8:00 开始上课，马丁 9:00 到教室。然后打印出一整套，供学生讨论使用。
3. 教师将图片做成 PPT，同时制作 3 ～ 4 个“懒汉”帽子，上有“懒汉”照片和汉字标识。

活动方式与步骤：

一、热身

教师演示 PPT，教新词“懒汉”、“因为”及其用法。例如，我们 8:00 开始上课，马丁 9:00 到教室。教师问：“马丁是懒汉吗？”对于学生的否定回答，教师问：“为什么？”引导学生使用“因为他去买书了……”“因为他生病了……”等做出解释。

二、活动内容

1. 教师讲解“去买书、来上课、来上班、去看电影、去机场接朋友”等动词连用现象，导入加上具体时间点的正确表达方式，如：“我晚上八点去看电影”或“晚上八点我去看电影”，强调时间状语的位置。
2. 教师将学生分组，每组发 4 ～ 5 张图片。让学生看图说话并讨论：“银行 7：00 开始工作，大卫 8：50 起床，他是懒汉吗？为什么？”期间教师巡回指导，保证每组每人都开口，同时提供学生不会说的词语。讨论完图片后，小组派代表上台演示：学生 A：“你们看，飞机 9：00 起飞，小王 9：30 到机场，请问：他是懒汉吗？”学生 B：“是。”学生 C：“不是。”学生 A：“为什么？”学生 C：“因为他看错表了。”
3. 教师转入学生实际生活，提问不同学生：“每天你几点起床？几点去上课或上班？”并将每人的时间记录下来，最后问小组成员：“他 9：00 起床，11：00 去上班，他是懒汉吗？”大家可能会笑答：“是。”那个同学会说：“不是。”老师问：“为什么？”他解释出理由，就不是懒汉。

4. 教师给每组不同的日常活动，让大家说出时间点，并“揪出”小组的“懒汉”，给他戴上帽子，那个同学若能正确做出解释，就可以不戴懒汉帽子。
5. 最后，教师再次强调时间状语的位置：可放在句首，也可放在主语和动词之间。

三、活动扩展

周末到了，教师请学生们介绍一下周末经常做的事情。教师把经常性的活动列成小问题，学生通过回答问题来复习时间状语的位置，如：你星期天上午几点吃早饭？是去购物还是做别的？下午呢？看电影？去海边？在家看电视？去健身房？

示例 3　我的心思你知道

活动目标： 让学生进一步明确汉语“连动句”的结构特点，体验“连动句”的语法特点。根据实际情境，集中练习日常生活中连续动作的连贯表达，初步形成流畅表达连续动作的语言能力。

活动用时： 30 分钟。

活动准备：

1. 教师按两人一组准备人们经常乘坐的交通工具图片（公共汽车、火车、出租车、摩托车、飞机、轮船、自行车、地铁等）。
2. 教师按两人一组准备一些人们常去的公共场所的图片（电影院、超市、医院、银行、大学、咖啡馆、饭店等）。

活动方式与步骤：

一、热身

1. 教师展示其中的两张卡片，引出连动句句子并解释其结构，如：
   马丁坐公共汽车去大学。（S + V1 + O + V2 + O ）
   这位妈妈去超市买水果。（S + 来 / 去 + P + V2 + O ）
   然后与学生互动：“你们来这里做什么？”“我们来这里学习汉语。”
2. 教师归纳连动句的语法功能，主要有两种：（1）表示动作行为的方式，即第一动作是第二动作的方式。例如：安娜用铅笔练习汉字。（2）表示动作行为的目的，即第二动作是第一动作的目的。例如：昨天我去书店买了一本词典。教师强调连动句里连续出现的动词短语共用一个主语。

二、活动内容

1. 教师把卡片发给学生，讲明活动规则，学生自由结合，两人一组，一人拿着图片，说出前半句话，另一个接着说出下半句。如果符合第一个人的意思，两人击掌祝贺，并一起重复整个句子。如果不符合，第二个人继续说，第三次说不对时，第一人则直接告诉第二个人，然后也一起重复那个句子。例如：拿着图片的人说："昨天我去医院……"第二个人说："看朋友？"如果符合第一人的心愿，则击掌祝贺，如不符合，第二人又说："看病（买药）？"第一人说："对。"然后两人一起说"昨天我/他去医院看朋友/看病/买药"。
2. 小组成员交换角色，另一人拿过图片，以问答方式练习连动句：

   A：你知道我怎么来学校吗？ B：你坐公共汽车来学校，对不对？

   A：你猜我明天怎么过周末？ B：你去男朋友家过周末，对吗？

   A：我下周去西班牙做什么？ B：你去西班牙旅行，对不对？

   如果对方答对了，同样击掌祝贺，重复那个句子，不对则再猜两次。
3. 教师抽不同小组上台表演，猜对方心思。表演完后教师表扬搭档非常默契的一组，同时也指出需要改进的地方。

三、活动扩展

教师通过更多动作和例句，让学生猜老师的心思，例如：教师拿出筷子做吃饭的动作，引导学生说：老师/中国人用筷子吃饭。教师做出跑步的动作，引导学生说：老师每天跑步锻炼身体。教师用左手做写字的动作，引导学生说：老师用左手写汉字。然后教师问：我们班谁用左手写字？最后老师拿出咖啡馆或饭店的图片，引导学生说：我们去咖啡馆喝咖啡。我们去饭店吃饭。然后开玩笑问大家："我们一起坐地铁去吃饭，怎么样？"在一篇欢声笑语中结束活动。

示例 4　“悄悄话”接力赛

活动目标： 让学生能够明确汉语“兼语句”的句子结构并能正确使用该结构初步对日常活动进行描述。

活动用时： 30 分钟。

活动准备：

1. 教师按学生人数准备“传话筒”，可将 A4 复印纸卷好粘上，写上学生的汉语名字，涂上不同颜色，以备学生认领。
2. 教师为自己准备一个“大喇叭”，准备两个大的汉字卡片，分别写上“请”、“让（叫）”。
3. 教师准备计时用秒表（或手机）。按学生一个小组的人数准备奖品。

活动方式与步骤：

一、热身

教师讲明活动规则，教师对第一个学生说一句“悄悄话”，让这个学生传给第二个人，第二人传给第三人，第三人传给第四人，第四人按老师的话做出相应反应。全部正确，一个循环结束；若不正确，教师则变“悄悄话”为“高音喇叭”，重播一遍。

二、活动内容

1. 教师演示如何传递信息，例如“悄悄话”是“请艾琳娜读课文”，第二个人应说成：老师请（让）艾琳娜读课文（加上主语）。第三个人应说：艾琳娜，老师请（让）你读课文。第四个人（艾琳娜）应说：好的，我读课文。然后就开始读课文。
2. 教师提供五至六个类似的范例引导学生反复实践这个模式，直到学生熟练掌握了“某人请（让）某人做什么”这个兼语句型为止。此外，教师带领学生复习学过的动词和代词，如：“请罗莎关上空调”“请米盖尔写出他的名字”“请安娜给我一支笔”等。
3. 学生分组比赛，四人一组，学生自主决定“接力”选手的顺序。此外，大家选出一名计时员。教师发出“开始”指令后，比赛正式开始。时间从教师跟第一个人说“悄悄话”开始，到第四个同学开始做动作时计时结束。

4. 用时短、信息传递正确的组为接力赛冠军，小组成员每人可获奖品一份。

三、活动扩展

教师解释兼语句的其他形式及常用动词，如：祝、使、派、选等。例如：

祝你工作顺利！

老师派路易斯去拿录音机了。

我们选安娜做代表。

学生明白各句的意义后，用兼语句表达生活中类似的事情。

示例 5　风格各异的“约会”

活动目标： 让学生明确动词前各种状语的位置，能够正确摆放时间、地点、程度等状语的位置，并且能够流利表达“邀请”，体会中国人热情好客的优秀品质。

活动用时： 30 分钟。

活动准备：

1. 教师安排学生制作中国特色的生日贺卡。准备各色气球，利用课间休息，把气球挂在教室，营造气氛。
2. 教师打印好不同颜色的话题标签，包括具体时间和地点。例如：

   我想请你看电影（今天晚上 8:30，在国际影院）；

   我想请你喝咖啡（明天下午 3:30，在情侣咖啡厅）；

   我想请你吃饭（星期二晚上 7:00，在北方饭店）；

   我想送你一件礼物（星期三中午，在花园门口）。

   注意时间和地点词语分别用醒目的、加强的颜色，标签右上角贴上约会地点标志 Logo。
3. 教师把话题标签做成 flash，最好配上柔和的轻音乐。

活动方式与步骤：

一、热身

教师讲解正确的状语位置并示例，如：“我今天晚上 8:30 在国际影院等你”或者“星期二晚上 7:00 我在北方饭店等你”。

二、活动内容

1. 教师播放带动画的 flash 话题标签，让每个学生说出一句带两个状语的句子。保证每人都说正确后，教师给出“约会”的交际框架：

   A：你好，我想请你看电影，你有时间吗？

   B：看电影，好啊，什么时候？几点？

   A：今天晚上 8:30。行吗？

   B：行，在哪儿？

   A：在国际影院。

   B：好的，今天晚上 8 点半，在国际影院。

   A：对，今晚 8 点半，我们在国际影院见。

2. 学生双人练习。教师把话题标签发给学生，学生自由成组，一个做 A，一个做 B，然后交换角色。教师巡回指导。
3. 各组轮流上台表演，最后选出最好的一组给予表扬。

三、活动扩展

教师变换交际场景：星期天晚上请女朋友（男朋友）一起在 KFC 吃饭，让学生做双人会话练习。

最后教师强调多种状语出现时，各状语的正确位置。

第二节　形容词谓语句、名词谓语句和主谓谓语句教学课堂活动示例

示例 6　选秀——给美女打分

活动目标： 让学生了解汉语中形容词可以直接做谓语（不用加“是”）的语法规则，能够用已学过的形容词（大、小、多、少、高、矮、胖、瘦、冷、热、漂亮、帅、贵、便宜等）正确描述人或事物的基本特征，并且能够在日常交际中熟练应用。

活动用时： 30 分钟。

活动准备：

1. 教师从网上下载五张“美女”照片，分别命名为“李芳、张丽、赵小英、刘佳琪、王倩”（可自行命名，目的是让学生熟悉中文名字，在交际中去使用），制作六张PPT，单独一人的图片每人一张，五人一起的一张。在单独图片上注上人物名字，集体图片上不注名字。
2. 教师印制“选秀票”，内容包括姓名、评价、得分。分值为：不漂亮 0 分、漂亮 1 分、很漂亮 2 分、非常漂亮 3 分、特别漂亮 4 分。数量按学生数准备。
3. 教师从网上寻找已学过的物品图片，制作用于比较的 PPT。如：
   这个苹果大，那个苹果小；
   弟弟今年 5 岁，我 18 岁。我大，弟弟小；
   蓝色的楼有 12 层，黄色的楼有 8 层。蓝色的楼高，黄色的楼矮；
   橘子有 20 个，香蕉有 10 个。橘子多，香蕉少；
   在中国，冬天冷，夏天热；
   西红柿三块一斤，土豆一块三斤。西红柿贵，土豆便宜；
   张华胖，马丁瘦。
   一个主题做一张 PPT，便于比较。同时，要说明的信息应标注在图片上。
4. 教师准备一副夸张的大眼镜（可以用纸质包装盒制作）。

活动方式与步骤：

一、热身

1. 教师启发学生一起说出已学过的、表示事物特征的形容词和事物名称，并将其分成两组，分别写在黑板上，然后让学生轮流到黑板上练习反义词“配对”连线。
2. 教师引导学生对比汉语和学生母语中形容词用法的不同，指出汉语中形容词可以直接做谓语，不用加“是”（通常要加“很”等程度副词，在表示“对比”时可以不加），并给出大量例句：西红柿便宜，西兰花贵。他妈妈很漂亮，他爸爸很帅，弟弟不高，但是很聪明。

二、活动内容

1. 教师播放“选秀”PPT，同时介绍图片上人物的名字，如：“她叫李芳，她漂亮不漂亮？”学生迅速做出回答。以此方式放完图片。然后播放最后一张五人在一起的图片。教师提问“她叫什么名字”，要求学生说出照片人物的名字并对她们进行评价（漂亮不漂亮），训练学生连续表达的能力。

2. 教师发放“选秀”票，并在黑板上平行写上五个人的姓名，注意留出空隙便于统计分数。指定一名学生到黑板上计分。其他学生按座位顺序，依次说出自己的打分结果。如：刘佳琪不漂亮，0 分；李芳漂亮，1 分；……台上的计分员分别在其名字下方写数字。然后，换其他同学当计分员，做 2 ～ 3 次即可。在此活动过程中，教师注意计分学生听得是否准确，有误差时，及时纠正。
3. 师生统计图片人物的总分，排出顺序，得分高者为“秀女”，看谁的投票与最后顺序一致，他（她）就是“大眼镜”得主，为其戴上“眼镜”。如果没有，教师自己戴上，烘托气氛。接着开始“快速说评”活动，教师用 PPT 示例，说：“李芳今年 25 岁，张丽 21 岁。谁大？谁小？”学生评：“李芳大，张丽小。”
4. 教师播放下一张 PPT，启发学生：“这是什么？”“苹果。”“多少个？”“5 个。”“这是什么？”“橘子。”“多少个？”“15 个。”教师连贯说：“苹果 5 个，橘子 15 个。橘子多，苹果少。”学生依次快速重复。然后，学生依次进行“大、小”“贵、便宜”“胖、瘦”“冷、热”等评价活动。
5. 最后让学生在本班同学中找出“帅哥”、“美女”，并说出自己的句子：“大卫很帅。”“玛利亚很漂亮。”老师说：“女生都很漂亮，男生都很帅。”

三、活动扩展

教师引导学生课下找一张自己认为最漂亮的美女或帅哥的图片，进行准备，要描述她 / 他的特征，第二天拿着图片向全班同学介绍。

示例 7　教鹦鹉报菜单

活动目标：让学生在“教鹦鹉学话”的活动中，体验汉语中“名词直接做谓语”的用法，即：“是”在表示时间、天气、日期、年龄等内容时可以省略的语法现象。让学生在日常交际活动中能够正确、流利地表达时间、天气、日期、年龄等方面的相关内容，同时在与母语的对比中体验汉语的简约性。

活动用时：30 分钟。

活动准备：

1. 师生制作鹦鹉图片头饰。找一个鹦鹉的图片，打印出来，贴在一个较硬的纸板上。然后用胶带在上面固定一根皮筋，以能戴到头上为宜。数量按学生数准备，教师自己做一个大的。
2. 教师从网上下载"鹦鹉学说话"的视频片段，最好是学生能听懂的视频，如：先生，你好。现在六点。
3. 教师制作中国菜价格 PPT，选用学生已知的词语图片，如：饺子、烤鸭、面条、鱼香肉丝、酸辣汤、西红柿鸡蛋、鱼等，在上边标上价格。按学生数印制菜单卡片。

活动方式与步骤：

一、热身

1. 教师头戴"大鹦鹉"进入教室，引起学生好奇。
2. 教师引导学生学习新词"鹦鹉"，介绍鹦鹉会学人说话，并播放鹦鹉学舌的视频，让学生明白语言越简单，鹦鹉就越容易学会。然后比较学生母语与汉语：El precio de tomate es cinco pesos una libra（西班牙语）；西红柿五块一斤。借此说明汉语简单易学。
3. 教师发放鹦鹉头饰，让学生戴上。

二、活动内容

1. 教师播放中国菜图片 PPT，边放边问："这是什么菜？"带领学生复习、熟悉所有菜名，接着发放"菜单"，让学生看价格，自己读价格，复习数字。
2. 教师依座位顺序提问学生："饺子多少钱？"学生答："饺子 12 块一斤。"变换问题，提问下一个学生，直到所有菜名、价格和所有学生都问到为止。
3. 双人练习，一个做"教师"，另一个当"鹦鹉"。"教师"说"烤鸭 18 块"，鹦鹉就说"对，烤鸭 18 块"。然后变换角色。报完所有菜的价格。
4. 教师解释名词直接做谓语的语法现象，指出上述描述价格的句子都是名词做谓语。此外，在表示时间、日期、天气、年龄时都可省略“是”字，直接用名词做谓语。例如：今天六月一号；明天星期二；现在8点；马丁今年25岁；明天阴天，后天晴天。然后分别给出相应的疑问和否定形式。

三、活动扩展

1. 学生四人一组在饭店吃饭，两人扮演顾客，两人扮演服务员。
2. 服务员除了日常欢迎和问候语，还必须报出本店的饭菜及其价格。报菜单时，采取上述的“教师和鹦鹉”一唱一和的形式，两人轮流做“教师和鹦鹉”。顾客聊天必须谈论今天星期几、几月几号、你今年多大、今天天气怎样等内容。同样，两人轮流提问和回答。
3. 老师巡回指导。最后请最好的一组到前边示范表演。

示例8　推销自己

活动目标：让学生在“推销自己”的语言实践中，体会汉语特有的语言现象——主谓谓语句，了解其基本结构和用法，明确该句型与学生母语语法的不同点。初步具备用主谓谓语句进行分说、说明、评价等方面的表达能力。同时，体会汉语的简约性。

活动用时：50分钟。

活动准备：

1. 师生准备举例用的人物图片，如现任美国总统奥巴马。选5个不同的画面。
2. 教师印制下表。

人物名称 WHO	选择予以说明的方面 WHAT	该方面的状态或评价 HOW
我妈妈	个子	很高
	身材	有点儿胖
	性格	温柔
	爱好	煮饭

（表中的内容为例子，以说明使用方法。）

3. 教师准备美国总统的信息表。包括：

客观方面的信息：如姓名、职业、年龄、宗教信仰。

外貌方面的特征：如身高、体重、五官、身材。

其他方面的特征：如性格、兴趣、性情、爱好、特长等。

4. 教师准备扩展活动用的图片，如：医生会诊、汽车、鱼香肉丝等。（以上准备的内容要以学生实际的词汇量为依据，避免出现大量新词）

活动方式与步骤：

一、热身

1. 教师播放有关奥巴马的图片PPT，边放边问学生："他是谁？""你认识他吗？""你知道他什么？"把学生知道的信息写在黑板上。如：美国人、53岁、大学教师等。然后，教师可开玩笑："我知道他的一个特征：男性。"
2. 教师在黑板上写完整的句子，比如：

奥巴马

国籍　美国

性别　男

年龄　53岁

职业　美国总统

眼睛　大

鼻子　高

人　　很帅

二、活动内容

1. 教师引导学生注意"奥巴马"与"国籍"等项的关系（不要出现大主语、小主语、主谓句等术语），指出"分说"的特点。以黑板上的句子为例，给出句型公式。然后依次让学生连续表达："奥巴马国籍美国，性别男，年龄53岁，职业美国总统。他眼睛很大，鼻子很高，人很帅。"
2. 学生都明白这个表达式后，教师发放人物信息表（who，what，how），每人五张，并讲解用法，要求学生按照奥巴马的例子，准备"自我推销"的讲稿。例如：我叫李明，国籍中国，性别男，年龄23岁，职业学生。我人很聪明，眼睛很漂亮，头发卷曲，非常帅。
3. 学生3～4人一组，围坐在一起，每人在小组内发言，然后各组推荐1名到讲台演讲。学生代表演讲完毕，教师开玩笑地就该学生的情况进行反问，如："他嘴巴小吗？他眼睛大吗？"等，快速地插入问句、否定句的应用，活跃一下气氛。

三、活动扩展

1. 教师播放汽车图片的PPT，引导学生根据表上信息对应：S1—这辆轿车；S2—颜色、外观形状、发动机；H—好看、漂亮、马力大，并连续说出来"这辆轿车颜色好看、外观漂亮、发动机马力大。"
2. 教师播放医生会诊的PPT，引导学生分析：S1—病人；S2—头、牙、肚子；H—疼，并连续说出"病人头疼、牙疼、肚子也疼"。（加上"也、还"等词）
3. 教师播放中国菜图片PPT，引导学生分析：S1—鱼香肉丝；S2—颜色、形状、味道；H—好看、美观、好，并连续说出"鱼香肉丝颜色好看、外形美观、味道很好"。
4. 活动结束时，教师概括总结一下"主谓谓语句"的结构和用法。

示例9　集体就诊

活动目标： 让学生能够进一步熟悉主谓谓语句的结构特点，正确、熟练运用表示"身体不适"方面的交际用语，顺利完成"就医看病"场景下的交际任务。

活动用时： 50分钟。

活动准备：

1. 教师提前通知学生分别准备医生的道具：白大褂、听诊器、体温表、药片、胶囊等。
2. 教师按小组数准备醒目的"身体不适"的词汇卡片：头疼、牙疼、咳嗽、发烧、拉肚子、胃疼、腿疼等。

活动方式与步骤：

一、热身

1. 教师利用有声挂图等带领学生复习身体各个部位的词语。
2. 教师利用卡片复习常见的疾病名称：头疼、咳嗽、发烧、感冒、拉肚子等。

3. 学生集体练习交际情景的框架："你怎么了？""我头疼，咳嗽，全身不舒服。""发烧吗？""不知道，我全身冷。""我给你量量体温。""我发烧吗？""你不发烧，只是感冒了，但不太厉害。你应该多喝水，多休息，我给你开点儿药。"

二、活动内容

1. 教师穿上白大褂，打扮成医生模样，学生们扮演"病人"，须向医生描述自己至少两种身体不适的状况，"病人"之间尽量避免出现同一种症状。如：A 说："大夫，今天我腿疼，脚也疼。"B 可以说："医生，我头疼，牙也疼。"直到"病人"将所学相关词汇全部练到为止。
2. 小组活动：学生 3 人一组，一人是"医生"，其他两人是"病人"。教师把活动卡片发给"病人"，要求小组完整演练"就医"过程，一人做完"医生"后，与"病人"变换，直到所有人都做过"医生"为止。期间教师巡视指导，补充学生需要的常见的词汇，及时纠正错误。
3. 师生选出优秀的组到前边表演，之后教师总结重点句子："大夫，我全身都不舒服"，以便所有学生都巩固好本节课的核心句式。

三、活动扩展

教师把"看病"过程中大夫给出建议时常用的句式介绍给学生。包括："别着急，多喝水，好好休息，不严重，不用住院，不用卧床，吃点儿药就好了"。等学生熟练掌握后，教师扮演病人，到每一位学生"医生"那里去就医。

第三节　疑问句教学课堂活动示例

示例 10　抛硬币 猜一猜

活动目标： 让学生在抛硬币猜"正反面"的活动中，反复应用"（是）……，还是……？"这一选择疑问句型进行听说练习，从而学习汉语选择疑问句的使用情景和语序。同时，理解中国文化中“三思而后行”的道理。

活动用时：30 分钟。

活动准备：

1. 教师下载足球比赛前裁判员通过“抛硬币”的方式决定场地、开球的视频，同时制作交通指示灯的 PPT，一张红灯，一张绿灯。
2. 教师制作一盘烤鸭，一盘饺子，红、黄、绿三种颜色苹果图片的 PPT。
3. 教师让学生准备当地的硬币。最大的 1 枚，最小的 20 枚，用信封装好。注意硬币洗干净，不要有污渍。

活动方式与步骤：

一、热身

1. 教师播放足球裁判抛硬币的视频，问学生：“他们在做什么？”学生自由回答。
2. 教师引导学生学习新词：“猜”、“猜猜”、“猜一猜”；“正面”、“反面”、“选择”等词语。
3. 教师发放硬币，两个学生一组。每人五个最小的，两人共用一个最大的。

   A 学生用一个小硬币，在左右手中倒几下，然后对 B 说：“猜！”、“猜一猜！”或“猜猜！”B 说：“在左（右）手。”猜对了，A给B一个硬币，反之，B给A一个硬币。每人五次，然后交换角色。
4. 教师给出选择问句的表达句型：“（是）……，还是……？”。以“请猜猜，硬币是在左手，还是在右手？”为例，讲解回答时应从中择一。

二、活动内容

1. 学生分成两人一组，一个先当庄家（甲），抛大硬币。抛之前问乙：“你（是）要正面，还是要反面？”乙应选一个。接着甲上抛硬币，如果是乙所要的面，甲须给乙一个小硬币。反之，乙给甲一个小硬币。
2. 庄家抛五次，然后两人交换，重复抛硬币的活动。如果有的学生“输光了”，可以向老师借。
3. 学生清点每人手里的钱数，看谁最多、谁最少。教师讲解

"选择的代价"，引出"三思而后行"的熟语，让学生读熟练。然后展示红灯图片，问学生："是红灯，还是绿灯？"答："红灯。"问："停，还是行？"答："停。"再展示绿灯图片，学生两个人一组进行问答，直到内容熟练为止。

4. 教师展示烤鸭图片，问："这是什么？""你喜欢，还是不喜欢？""你吃，还是不吃？"再展示饺子图片，学生两个人一组进行问答。教师按顺序问学生："你喜欢吃烤鸭，还是喜欢吃饺子？"接着依次展示红、黄、绿苹果图片。用"这是什么？是什么颜色的？"进行引导。问："你看，这个苹果是红的，黄的，还是绿的？你吃红的，黄的，还是吃绿的？"

三、活动扩展

教师下载几张欧美人或亚洲人的图片，让学生猜："他/她是英国人还是美国人？他/她是日本人还是韩国人？"引起学生的讨论，随后教师公布答案，活动结束。

示例 11　如此这般行不行

活动目标：让学生明白正反问句"肯定＋否定"的结构，能够使用已学过的动词、形容词组成正确的正反问句，熟练进行问答。同时，也强化学生的环保意识和良好的行为规范。

活动用时：30 分钟。

活动准备：

1. 教师准备醒目的"肯定＋否定"卡片十张，如："去不去、好不好、是不是、能不能、有没有、对不对、忙不忙、远不远、热不热、喜欢不喜欢"。
2. 教师下载十张相关主题的图片做成 PPT，并在图片下写上文字，如：美女图片：漂亮不漂亮；海滩：去不去；天气：热不热；图书馆：书多不多；喝咖啡：加不加牛奶；医院里边：有没有银行；乱丢垃圾：对不对；高声打手机：好不好；上课睡觉：行不行……
3. 教师按学生数准备调查问卷，制作问卷时，尽量使用学过的汉字或直观图片，避免出现太多生词。问卷内容如下：

请看图做出回答

（图片略）上课时能不能吃东西？	能	不能
（图片略）乱丢垃圾对不对？	对	不对
（图片略）刷牙时，水龙头开着对不对？	对	不对
（图片略）上课迟到好不好？	好	不好
（图片略）上课时睡觉行不行？	行	不行
（图片略）在教室里吸烟对不对？	对	不对
（图片略）大白天教室里开着灯好不好？	好	不好
（图片略）闯红灯该不该罚款？	该	不该
（图片略）牛奶和药能不能一起喝？	能	不能
（图片略）上课时该不该接电话？	该	不该

活动方式与步骤：

一、热身

1. 教师出示“肯定 + 否定”的卡片，让学生分析其构成，找出规律后，教师讲明回答方式：从中择一。
2. 教师展示十张主题图片，并示范提问及回答，例如：教师问：“她漂亮不漂亮？”学生回答：“漂亮（不漂亮）。”教师再问：“为什么？”直到练完所有的图片。

二、活动内容

1. 教师发放问卷调查表，讲明内容和要求。
2. 学生填写问卷，教师巡回指导。
3. 学生填完后可以互相讨论。
4. 学生演讲：学生分别到前边讲述自己的观点，哪些行为是对的，哪些不对，每个人都讲完后，教师对有争议的问题，让大家开展讨论。如：上课时接电话。

三、活动扩展

快下课时，教师结合实际情况问学生：“你们今天中午去食堂还是回家吃饭？你是去吃中餐还是吃西餐？”让学生在思考中结束活动。

示例 12　生日晚会前的集中采访

活动目标： 让学生明确汉语中特指疑问句“语序不变、仅用疑问词替代被提问部分”的简约特点，能够运用“谁、什么、几点、哪儿（哪里）、多少、多大、怎么、怎么样”等常见疑问词正确提问和回答相关问题。

活动用时： 30 分钟。

活动准备：

1. 教师准备生日歌和一张生日贺卡，“祝你生日快乐”的汉字要醒目。
2. 教师按学生人数的一半准备相应套数的疑问词卡片，如：什么、谁、哪儿、怎么、多大、几点等。
3. 教师准备十个句子，每句有一部分带下划线。将这十个句子做成PPT，要求学生对画线部分提问。例如：

   今天是李芳的生日。李芳今年 18 岁。她家在胜利小区。生日晚会 9 点开始。她家的电话是……。她家有 5 口人。她家附近有一个大超市。
4. 学生准备生日晚会的视频。

活动方式与步骤：

一、热身

1. 教师展示写着不同疑问词的汉字卡片，让学生看着句中画线部分选择相应疑问词，然后说出相应的疑问句。教师强调语序不变。
2. 教师把卡片发给学生，两人一组练习一问一答。

二、活动内容

1. 教师将生日贺卡送给即将过生日的学生，引导大家一起复习“祝你生日快乐”这句祝福语和汉字，并齐唱两遍生日歌。
2. 教师请“过生日”的同学说：“明天（星期二）我生日，请你们到我家参加晚会。”其他学生每人利用汉字卡片纷纷展开“采访”，如：“你家在哪里？几层？电话号码是多少？有多少人参加？需要带什么？几点开始？你妈妈在家不在家？”等。教师把相应疑问词写上，直到每个人都提问完为止。
3. 教师把黑板上的特指疑问词再强调一遍，指出句子成分的顺序不用改变这一特点。

三、活动扩展

教师引导学生通过做“对画线部分进行提问”的练习来进一步巩固特指疑问句的用法：

1. 妹妹喜欢下午去<u>超市</u>。
2. 安娜<u>这个星期天</u>去西班牙旅游。
3. <u>马丁</u>下个月去北京。
4. 我每天<u>坐公共汽车</u>去大学。
5. 那个地方<u>非常漂亮</u>。

示例 13　我做你猜学哑语 边做边说练口语

活动目标：让学生在有意思的学打哑语的活动情景中，练习特指问句的问答，进一步明确汉语特殊问句的结构，并且能对时间、地点、人物、事件、动作等方面信息进行提问，完成日常生活基本的交际任务。

活动用时：30 分钟。

活动准备：

1. 教师根据学生人数准备用于哑语表演的场景和提问时所用的关键词，比如：

   关键词：1. 哪儿？ 2. 几点？ 3. 谁？ 4. 什么工作？ 5. 怎么去？

   表演场景：1. 银行　2.10:30AM　3. 妈妈　4. 护士　5. 坐飞机去
2. 教师准备两个小奖品。
3. 教师下载哑剧表演的视频（两分钟左右）。

活动方式和步骤：

一、热身

1. 教师播放哑剧视频，引起学生的注意和兴趣，同时向学生讲明：“今天我们也表演哑剧，相信你们一定比视频上表演得更精彩。”
2. 教师请自愿表演者举手，若没有自愿表演者，就用“石头、剪刀、布”的方式确定。

二、活动内容

1. 学生两人一组，教师发放印好的关键词和表演的场景或角色，讲明 A、B 各自的任务：B 的任务是用关键词组成特指问句，比如："请问，周末您想去哪儿？"A的任务是表演"去银行"。但是B不知道，要不断提问："去大学吗？"A摇头，B继续表演；B："去超市吗？"A摆手，B继续表演；当B猜对时，A才说："对了，我去银行。"

2. 学生按座位顺序进行表演，教师宣布开始后，用手机计时。哪组用时少，就说明表演得好，若某组B一直猜不对A表演的是什么，超过了5分钟，就必须结束。用时少的组为优胜组。
3. 教师给优胜组发奖，然后把所有的关键词做成特指问句，让学生集体回答，再次强调汉语特指问句回答时语序不变，只用答案替换疑问词即可。如：你几点起床？——我6点起床；谁最爱你？——我妈妈最爱我等。

三、活动扩展

教师引导学生做连词成句的练习，帮助他们牢固掌握汉语的特指疑问句：

1. 参加　足球　他们班　男同学　的　什么　时候　比赛
2. 怎么　北京　大卫　去　开会
3. 东京　天气　的　怎么样
4. 爸爸　的　马丁　哪儿　工作　在
5. 要　看　去　足球　比赛　运动场　谁

期间教师巡回观察，发现问题及时给予帮助。

第四节　几种特殊句式教学课堂活动示例

示例14　扑克推磨比大小 看谁今天运气好

活动目标： 让学生在玩儿扑克牌比大小的游戏中，学习汉语比较句的句式结构和用法。在反复应用中，熟练运用"A和B一样adj.""A比B adj.一点儿""A不如B adj.""B比A adj.得多""它们之中A最adj."五个比较句式。

活动用时： 30分钟。

活动准备：

1. 学生四人一组，教师根据组数准备扑克牌。
2. 教师设计、印制“积分表”，按每组两张准备，格式如下：

姓名	第一局得分	第二局得分	第三局得分	第四局得分	名次

3. 教师按组数准备气球。
4. 教师按组数准备可比较的图片，如：两座同样高的楼房，姚明与其他球员在一起的合影等。

活动方式与步骤：

一、热身

教师展示扑克牌，提示学生 J、Q、K 分别代表 11、12、13。然后快速抽出扑克，让学生快速读出数字。

二、活动内容

1. 教师找两个一样的牌，如两个 12，讲解“牌 A 和牌 B 一样大”，给出比较句的结构公式：A 和 B 一样大（形容词）。换一对一样的牌，分别发给两个学生。组织学生练习表达，一个说“我的和他的一样大”，另一个说“他的和我的一样大”，旁边的第三人说“____的和____的一样大”。然后换成课本或练习本，如此进行练习，直到所有学生都练习完为止。
2. 教师找两个大小相近的牌，如：一个 4，一个 3，给出比较句的公式：A 比 B 大一点儿，B 比 A 小一点儿。然后找出两张大小悬殊的牌，如：13 和 3，给出句式：A 比 B 大得多，B 不如 A 大。接着教师根据学生个子高矮要求他们表达，如：大卫比安娜高得多，安娜不如大卫高。
3. 教师找三张不同大小的牌，如：9、5、3。给出比较句的另一个公式：三张牌中，9 最大。教师要提醒学生，这一句式只能用在三个或三个以上项目的比较上。然后给每个学生发三张牌，注意大小不同，要求学生用比较句式练习：这是 12，这是 13，这是 9。这三张牌中，13 最大，9 最小。

4. 学生四人一组，每组拼两个桌子，做成打牌阵势。教师发放扑克牌，先把大小王拿出来，接着发放积分表，每组两张。
5. 教师讲清玩儿牌规则：庄家洗牌，左手拿牌，向右发牌。第一个庄家由教师指定，以后向右轮流坐庄。庄家发完牌，将牌依次翻开放在桌子中间。庄家说牌：

   李明的牌是 2，很小，得 1 分；路易斯的牌和李明的一样大，也得 1 分；大卫的牌比李明的大一点儿，得 2 分；安娜的牌比大卫的大很多，得 3 分。你们五个人中，安琪的最大，得 4 分。

   边说边在表上记录。
6. 学生依次活动，打 4 局。期间教师应注意庄家是否说得清楚、正确，注意及时纠正。然后开始第二轮，每人发两张牌，用两张牌数相加的数值进行比较。活动形式同上。最后统计每人总分，各组得分最高者为“幸运星”，发气球。

三、活动扩展

教师最后归纳比较句的语法，练习其他形容词。播放图片 1，指定一组根据图片说比较句，如：“这座楼比那座楼高”。播放图片 2，另一组说“姚明最高”。以依此方式做完全部组的活动。

示例 15　好眼力 找差异

活动目的： 让学生了解汉语中“有”字句表示“具有、拥有、存在”的意义和用法，明确“有”字句的否定、疑问形式。能够正确运用这个句式来表达“具有（拥有）”和“存在”两方面的功能。

活动用时： 30 分钟。

活动准备：

1. 教师从网上或报纸、杂志上寻找智力游戏“找不同”图片。不要选复杂的，最好是能很快就发现不同之处的那些图片。按“学生数 + 5 张”准备，每个学生一张且每个学生之间的图片应不同。教师用的示例图片应大一些，或者用 PPT。
2. 教师提前对每一张图片的不同进行认真核对，知道全部正确答案。

3. 教师准备两张摆放不同家具的房间图片，放在一张 PPT 上。
4. 教师自制一个夸张的“大眼镜”和一份小奖品。

活动方式与步骤：

一、热身

1. 教师展示示例图片，引导学生对两张图片中的事物进行一一对比。例句：
   你们看，这儿有很多树，那儿也有。
   这儿有很多书，那儿没有。
   这里有一只猫，那里有吗？
   这里有两条狗，那里有没有？
   逐步引导学生练习。
2. 教师把大眼镜放在讲台上，讲明本活动的内容，看谁能得到“大眼镜”及奖品。

二、活动内容

1. 教师发放那些“找不同”的图片，每人一张。教师示范做法：一边找，一边说“这儿有，那儿也有”等句子。提示学生不要在图片上做记号，期间教师应督促学生说出声。
2. 如果有学生找出来了，向老师报告自己找的结果。注意告诉他不要大声，以免其他学生听到。教师收回该图片，另换一张新的给该学生。
3. 依此类推，看谁找出的图片最多，谁就是获胜者，教师给获胜者戴“大眼镜”，发小礼品。
4. 教师播放超市情景的 PPT，引导学生说：“超市有水果、有衣服……，超市里也有很多钱，但不是我们的，呵呵。”
5. 教师播放房间的 PPT，引导一个学生说一句，如：“我家有沙发，他家也有。”“我家有冰箱，冰箱里没有东西。她家有电视，但没有人看。”等。

三、活动扩展

教师把“有”表示“拥有”的用法复习归纳一下，与表示“存在”的“有”做对比：

表示“拥有”的，例如：我们大家都有手机。（主语是人）
小狗有个好习惯：早睡早起。（主语是动物）
这本书有 100 页。（主语是物体）

表示“存在”的，例如：这个医院里有很多病人。

学生明白后，每人分别用两种用法进行表达。

示例 16 当上司令真叫爽

活动目标：让学生在“下命令”的交际情景中，体会汉语“把”字句的结构及其表达“命令、请求”的含义。巩固已学过的动词及短语，并能够在日常交际情景中正确使用“把”字句。

活动用时：50 分钟。

活动准备：

1. 教师准备 3 ～ 5 分钟的国庆阅兵场面视频，主要显示士兵敬礼的画面。
2. 教师用纸糊一个“司令”帽，一个“士兵”帽，要尽量夸张、滑稽。
3. 教师设计“把”字句交际使用表，即用已学过的动词及短语，组成表示“命令、请求”的“把”字句。例如：把水喝了，把药吃了，把门关上，把窗户（空调）打开，把书合上，把手机关上等。至少 20 句，按学生数印制。参考格式如下：

把	名词	动词 + 其他成分	“把”字句	语气
把	门	打开	把门打开！	命令
			请把门打开。	请求
			把门打开吧。	请求
把	窗户	关上	把窗户关上！	命令
			请把窗户关上。	请求
			把窗户关上吧。	请求
把	水	喝了	……	
把	药	吃了	……	
把	手机	关掉	……	
把	书	合上	……	
把	花儿	给我	……	
把	椅子	拿走	……	
把	桌子	搬过来	……	

4. 教师准备人物图片。一张是“女朋友”、一张是“男朋友”、一张是小孩、一张是“中年老师”。

活动方式与步骤：

一、热身

1. 教师播放阅兵式视频，引起学生兴趣。
2. 教师引导学生学习“司令、士兵、命令”三个新词，让学生分别戴“司令”、“士兵”的帽子，练习说：我是司令；他是士兵。
3. 教师引导学生思考：司令命令士兵开门该说什么？汉语下命令怎么表达？引出“把”字句。比较例句：开门、把门打开，喝水、把水喝了等。演示例句时要注意表情的配合，使学生体会“把”字句的命令意义。
4. 教师板书：把 + N + V + 其他成分，并告诉学生该句式表达“命令”的语气，若加上“请”和“吧”则表示请求的语气。
5. 教师发放“把”字句交际使用表，让学生读熟“把”字句，练习命令和请求的不同语气。

二、活动内容

1. 学生四人一组，一个是“女朋友”，其他分别是“男朋友”、“孩子”和“老师”，每人按照“把”字句交际使用表，根据自己的身份，表达不同的语气。如：男、女朋友和小孩只能用“请求”语气，老师可以用“命令”或“请求”两种语气。教师巡视指导，留意表演好的学生。
2. 教师安排表演好的学生先做“司令”，戴上司令帽后，可以命令所有人，做各种事。如：罗莎，把门关上！（罗莎马上去关门）做对了动作后，罗莎马上变成“司令”，命令下一个同学：马丁，把手机关掉。按照这种方式，练完所有句子。
3. “司令”变客气了。教师让学生把表中“把”字句加上“请”和“吧”，分别快速说一遍。第一位“司令”上台，对罗莎说：“对不起，请把门关上。”或“把门关上吧。”直到每人都当过“司令”为止，活动结束。

三、活动扩展

快下课时，教师向学生布置一个任务，这个周末请大家去老师家吃饺子，但是前提是大家一起包饺子，而且在包饺子的过程中一定要用“把”字句。现在先准备，到时看谁说“把”字句说得多，谁就会获得奖励。

示例 17　今天是愚人节

活动目标： 让学生在“愚人节”特定的活动情景中，感受“被”字句的结构、含义和用法。在多次使用中掌握其用法，并能在日常交际中正确使用。

活动用时： 35 分钟。

活动准备：

1. 教师准备一个学生熟悉的名人头像图片，如：前英国首相撒切尔夫人。打印三张，其中一张裱糊在一张硬纸片上，尺寸以能遮住脸部为好。
2. 教师准备一个苹果、一副眼镜、一瓶水、一些糖果（按学生数准备）。

活动方式与步骤：

一、热身

课间休息时，教师找四个学生，分别安排：上课时，第一个学生先去教室对大家说“一会儿撒切尔夫人来教室”，展示头像；过几分钟，第二个学生夸张地进教室，挥动着图片喊“撒切尔夫人要来这里”。告诉前两个学生，如果其他同学问“真的吗？”，两人都要一本正经地说“真的”；五分钟后，第三个学生举着头像牌进教室；第四个学生在老师出去时把糖果发给学生。

二、活动内容

1. 第二个学生进入教室后几分钟，教师进教室，问学生：“你们在说什么？”“撒切尔夫人要来这里。”教师做惊诧状：“真的吗？”
2. 这时，第三个学生举头像牌向学生挥手，缓慢地进入教室，站在讲台边，不要拿下牌子。教师问：“这是撒切尔夫人吗？”学生说：“不是。”这时该学生放下牌子，做鬼脸。
3. 在学生的欢闹中，教师在黑板上写“今天是愚人节”。学习新词“愚人节”，让学生讲愚人节的日期，他们在愚人节经常做些什么。

4. 教师引导学生学习动词：欺骗。例如：劳佩斯欺骗了我们。然后变为被动句：我们被劳佩斯欺骗了。教师引导学生比较两个句子，讲解这两个句子的区别以及“被”的意义，特别指出强调的重点不同。其他例句：

爸爸喝水了。——→水被爸爸喝了。

马丁打了弟弟。——→弟弟被马丁打了。

劳佩斯拿走了苹果。——→苹果被劳佩斯拿走了。

三、活动扩展

1. 教师把书、笔、眼镜、苹果、水、糖果放在讲台桌上，让一个学生上来拿书，说“我拿了老师的书”。教师问：“我的书呢？”其他学生依次说：“老师的书被____拿走了。”如此进行“笔、眼镜、苹果、水”的练习。
2. 教师假装有事出去，第四个学生把糖果迅速发给学生吃。老师进来，大声问：“我的糖果呢？”学生笑着说：“老师的糖果被我们吃了。”

示例 18　给卓别林《大马戏团》配音

活动目标： 教师以世界知名喜剧大师卓别林的无声电影《大马戏团》为活动媒介，引入“正在、在”动态助词的教学，让学生学习汉语表达“动作进行时”的句型结构，在反复使用中，掌握此语法的交际应用。

活动用时： 30 分钟。

活动准备：

1. 教师从网上下载卓别林电影《大马戏团》，引导学生认真观看，在电影中标出动作片段。主要包括：走、跑、吃、说、穿衣服、睡觉、吃面包、做饭、笑、哭、开门、买（戒指）、打狗、偷钱包等。
2. 教师准备一些学生已学过的动词的图片。如：吃饭、喝水、看书、看电视、看报纸、踢足球、打网球、抽烟、买水果等。

活动方式与步骤：

一、热身

1. 教师播放卓别林电影，让学生看一会儿，到学生大笑时突然停止，问学生：“他是谁？”由此引入学习卓别林的汉语读音。

2. 教师用学生母语进行提问:“卓别林正在干什么？”
3. 教师用对比的方法引入汉语中表达“进行时”的语法，给出基本表达格式：正在 + V；在 + V；正 + V（口语中词尾可加“呢”），同时给出疑问句、否定句的结构。
4. 教师用要使用的动词举例，并学习“戒指、恋爱、谈恋爱”等生词。

二、活动内容

1. 教师向学生说明今天的活动内容是：边看边说“卓别林正在……”。播放影片，到一个动作段时停下，停住画面。问学生:“卓别林正在做什么？”学生先自由作答，然后依次回答。
2. 在问答过程中，教师适当插入“吗”“是不是”问句，练习肯定、否定回答。如看到卓别林吃面包的画面时，教师可以问:“卓别林是不是正在吃香肠？”每看一步动作，只要学生能说，就让他们“配音”，如:“卓别林正在笑。现在又在哭了。他在偷钱包。啊，他正在跑呢……”
3. 电影播放到女主角说“我要恋爱了”为止。问学生:“卓别林爱这个女人吗？这个女人爱卓别林吗？”教师此时可以留一个悬念，说:“最后结果如何，下节课再看。”

三、活动扩展

1. 教师总结一下句型结构，提出口语中加“呢”的现象,“正在、正、在”都可以加“呢”。
2. 快速听力活动。教师说句子，学生重复句子并做动作。例句：艾琳娜正在读课文（艾琳娜重复句子然后读课文）；何塞在写汉字（何塞重复句子然后开始写字）；马丁在睡觉呢（马丁重复完句子马上假装趴在桌子上睡觉），依次让学生练完常见的动词。

示例 19　睁大眼睛看仔细

活动目标：让学生领会汉语动词加“着”表示人或事物存在的状态，能够正确理解和使用“着”来描述场景和传递信息。

活动用时：30 分钟。

活动准备：

1. 教师准备汉字大卡片，如“放着、拿着、挂着、戴着”等以及和以上动词相关的图片，并把它们做成 PPT。
2. 教师准备一张厨房的图片。
3. 教师准备一段时装表演的视频（三分钟左右），最好选择模特身上戴的首饰和挂件相对较多的片段。

一、热身

1. 教师出示生字卡片，引导学生们进一步熟悉这些词（放着、拿着、挂着、戴着）的含义，明确指出这个句式表示“人或物体存在的一种状态”。
2. 教师展示图片，引导学生学习存现句的结构：表示处所的词 + 方位词 + V + 着 + N。

   例如：她手里拿着花儿。老师的桌子上放着电脑。墙上挂着钟表。窗户上贴着中国剪纸。每个人的脸上都带着微笑。他手腕上戴着一块手表。

二、活动内容

1. 教师播放时装表演的视频，并问大家“前面的人脖子上戴着什么？手里拿着什么？上身穿着什么？下身穿着什么”等。
2. 学生们第二次看视频时，教师停住画面，依次让学生们回答问题。若有错误时，及时纠正。
3. 教师引导大家谈论教室里的陈设：

   墙上挂着什么？——墙上挂着地图。

   黑板上写着什么？——黑板上写着很多汉字。

   教室前面放着什么？——教室前面放着电视。

   教室后面摆着什么？——教室后面摆着很多桌椅。

   窗台上呢？——窗台上摆着花儿。

   你们手里拿着什么？——我们手里拿着铅笔。

   ……
4. 分组讨论厨房图片：餐桌上放着什么？墙上挂着什么？冰箱上放着什么？女主人手里拿着什么？

三、活动扩展

教师简单介绍一下“V + 着”还可以表示人在做什么，表示“正在进行的动作”，但与存现句不同。存现句句首一定是表示处所的词语，而表示“正在进行的动作”的“V + 着”的句首往往是动作的执行者或发出者（人或物）。如：

教室的门开着，空调也开着，灯亮着。学生们静静地坐着。老师站着。

告诉学生这种用法以后会详细讲到。

示例 20 逛超市

活动目标：让学生在超市购物的情境下，学习“动词 + 了”表示动作完成的含义。同时，学生以旧词带新词，掌握“中国结、对联、灯笼、毛笔”等有中国特色的物品词汇，增强学生对中国文化的感性认识。

活动用时：50 分钟。

活动准备：

1. 教师准备大型超市里的图片，包括各种水果、蔬菜、饮料、衣服等，将其做成 PPT。
2. 教师制作“购物指南”卡片，每张卡片上写五种物品的名称，数量按学生数准备。要注意卡片上所列的内容要与图片相对应。

活动方式与步骤：

一、热身

1. 教师播放超市图片的 PPT，告诉学生这是中国的超市，使学生产生感性认识。
2. 教师与学生进行问答式提示：“我们去超市干什么？买什么？”
3. 教师展示要购买的物品卡片，一一进行问答，复习词汇。
4. 教师引导学生学习“灯笼、对联、中国结、毛笔”四个新词。

二、活动内容

1. 教师告诉学生我们这堂课演练“到超市买东西”。让几个学生在教室后边摆一排桌子，把物品卡片散放在桌子上，尽量散开，不要叠放，图片朝上。

2. 教师说："我买苹果。"把句子写在黑板上，然后，到后边桌子上挑选一张苹果图片拿回。接着说："我买了两个苹果。"让学生体会两个句子的不同。

3. 教师启发学生："买回来这个动作怎么表达？"学生用母语回答，以做对比。教师接着给出汉语的表达式：V + 了，在黑板上写：我买了一斤苹果，启发学生试着说其否定、疑问句式。如果学生在说否定句时说出了"我不买了苹果"这样的句子，教师则可将汉语与学生母语进行对比，给出"没有"这个否定词，并强调否定时不能说"了"。特殊疑问句为"你买了什么？"，一般疑问句有两个："你买苹果了吗？"或"你买苹果了没有？"。

4. 教师选两个学生扮顾客，到后边桌子上拿几张图片，然后到讲台边上向大家展示。教师问其他学生："他买了什么？""他买______了没有？""他买______了吗？"学生自由回答。

5. 学生抽"购物指南"卡片，按座位顺序，从后到前。学生根据卡片提示，先到后边桌子上找相应图片，再到讲台边上，边展示图片边说："我买了______，买了______。"

三、活动扩展

教师展示"灯笼、对联、中国结、毛笔"等图片，让学生进一步巩固今天的生词及句式。可以让学生自由问答：

你买了毛笔没有？——买了。

安娜买了什么？——她买了一个中国结和一副对联。

马丁没有买灯笼，但是他买了一件有汉字的T恤。

8 话题教学课堂活动设计与应用示例

■ 本章导读

在对外汉语初级阶段的教学中，大量出现的是对话体、叙述体课文。它们既是语音、词汇、结构、功能等语言要素的载体，也是培养学生语言交际能力的典型语料和交际情境。每一篇课文的主题都提供了交际情境和在此情境下实现的交际功能。教师以正确的方式进行课文主题教学，有助于在课堂条件下培养学生的汉语交际能力。

我们通过教学实践证明，课堂活动是实现课文主题所蕴含的交际功能的有效教学方式，它紧紧围绕"交际话题"，将课文的语言材料和交际语境密切相连，增强学生运用语言进行交际的实践机会，促进学生语言技能"自动化过程"的形成。课文主题教学活动的精确设计与恰当应用避免了传统课文教学中机械重复的"朗读、背诵"等单一方式，把课文所指向的语言交际功能巧妙地融入有趣、实用的交际活动中，并实现多次复现、熟练应用、正确掌握的教学目标。

本章依据《国际汉语教学通用课程大纲》中的"汉语教学话题及内容"，以《新实用汉语课本》、《今日汉语》、《长城汉语》、《体验汉语基础教程》、《互动汉语》等精品教材普遍选用的语料为依据，展示了20个课文话题教学课堂活动示例。

第一节 “个人信息”话题课堂活动示例

示例 1 老照片找主人 信息表猜身份

活动目标： 让学生在交际情景中，能流利地介绍自己的姓名、年龄、国籍、家庭成员及职业；能听懂他人的相关信息；用汉语拼音完成常见“个人基本信息记录表”的填写。

活动用时： 50 分钟。

活动准备：

1. 教师通知学生带自己婴儿时期的照片两张，分别粘贴在两张 A4 白纸上。
2. 教师准备胶带、剪刀。
3. 教师准备“个人基本信息记录表”和用于学生快速记录他人信息的“同学基本信息记录表”。两个表都包括：姓名、年龄、国籍、家庭成员及职业、联系电话、家庭住址等基本信息。按学生数准备，新词语用拼音书写。基本格式为：

个人基本信息记录表

姓名	年龄	生日	国籍	家庭成员及职业	电话	家庭住址

同学基本信息记录表

姓名	年龄	生日	国籍	家庭成员及职业	电话	家庭住址

4. 教师按照片数制作顺序纸片，放一边以备抓阄儿用。
5. 教师按学生数准备小奖品若干，比如剪纸作品，艺术字等，可从网上下载印制。

活动方式与步骤：

一、热身

1. 教师把学生照片收集起来，打乱顺序，用彩笔在照片空白处标上数字序号，让几个学生用胶带分散贴于教室墙上。
2. 教师组织学生填写“个人基本信息记录表”，借以复习词语，告知学生要把拼音写规范、清楚。在此过程中，教师应及时翻译学生提出的、没学过的职业词汇，并写在黑板上组织统一学习。对程度较差的学生，有意识地进行句型问答，帮助其巩固所学内容，以便顺利进行下一步。

3. 学生抓阄儿，然后按号去辨认老照片上的小孩子是谁。一张照片每人只能猜三次，猜第一次时，对教师说“这是______”，然后教师去问相应的学生：“这是你吗？”对方答“是”或“不是”。如果猜对了，照片主人收回照片并给猜对的同学一个小礼品。不对，则继续。以此类推，直到全部照片找到主人为止。

二、活动内容

1. 教师发放“同学基本信息记录表”，说明用途，并示范如何填写。
2. 学生按座位顺序依次上台，根据记录表介绍自己，最好不看表格。其他学生快速记录，学生介绍完毕，其他学生把表交给教师。
3. 学生全部介绍完后，开始“猜身份”活动。规则是：按座位顺序依次上台，随机抽出一张表，不许说出姓名，只用第三人称介绍信息。如：他今年19岁。他有一个哥哥，两个妹妹。他妈妈是会计……其他学生可随时举手猜是谁。对了，教师给一个小礼品，不对，继续说信息。以此类推，直到猜出为止。

三、活动扩展

教师选择中文比较好的学生介绍他好朋友的个人信息，如：我好朋友叫……，他是西班牙人。今年23岁。他爸爸是医生，妈妈是家庭主妇……其他同学需要转述介绍人说出的信息。

示例2　洋媳妇巧进中国家

活动目标：让学生在实际情景中，熟练应用汉语中几个常用家庭成员的称谓，体验中国家庭成员的关系及辈分之间的基本礼仪规则。熟练使用“是”字句的肯定、否定、疑问形式完成交际任务。

活动用时：50分钟。

活动准备：

1. 教师准备用于学生扮演“新郎、新娘”的道具。比如，用红纸剪成合适的竖条，分别写上“新郎、新娘”，也可以准备旗袍或裙子、盖头或红纱巾、头饰用花、腮红、唇膏、新郎用的礼帽等。总之，根据实际情况来选择，尽量要让男、女学生的扮相夸张、有趣。
2. 教师准备中国传统婚礼时常用的音乐、视频、红双喜字、红包。此外还需准备胶带、剪刀等用品。
3. 教师准备“红、蓝、黄、绿”四种不同颜色的纸卡，以新奇的形状制作身份卡片，并以下列结构排列：（用字母代替中文名字是为了降低难度）

A（丈夫）	B（妻子）
C（儿子）	D（儿媳）
E（孙子）（新郎）	F（孙女）
G（孙媳）（新娘）	

4. 教师用拼音编写“家庭关系说明书”，A 是 B 的丈夫；C 是 AB 的儿子，D是C的妻子；F是CD的女儿，E是CD的儿子、AB的孙子，为本活动的新郎，G 是 E 的太太，本活动的新娘。
5. 教师用拼音和汉字在红色的纸上写“爷爷、奶奶、爸爸、妈妈、哥哥、姐姐、妹妹、弟弟，新郎、新娘”，做成卡片。
6. 教师准备一包糖块、一束花、两个酒杯。

活动方式与步骤：

一、热身

1. 教师播放婚礼视频和婚礼进行曲，2 ～ 3 分钟左右。
2. 教师用学生母语介绍本次活动的内容。教新词“新郎、新娘、爷爷、奶奶、儿子、女儿”等，展示道具。

二、活动内容

1. 教师把身份卡片贴在黑板上，发放“家庭关系说明书”，学生自读，以 E 为起点，依次标出家庭成员的称谓，并要求学生跟读，集体练习。如，A 是 E 的爷爷，B 是 E 的奶奶等，读完后，学习练习自己叙述这些家庭成员关系，在这一过程中，教师巡回观察并个别指导。
2. 教师用带“是”的疑问句反复提问：如“A 是 D 的爸爸吗？”“E 是 A 的什么人？”等。教师以辈分关系为线索，直到学生搞清关系及称谓为止。然后讲一下家庭成员之间的基本礼仪，比如，不能直呼长辈人的名字等。

3. 教师把卡片摘下来，打乱顺序，然后让学生抽自己扮演的角色（不分男女）。扮演新郎、新娘的学生到教室外化装。教师告诉他们角色扮演的规则，演示喝“交杯酒”。
4. 教师组织学生把身份卡片挂在自己身上显著的位置，讲活动规则：

（1）除一对新人外，其他学生依次找自己对应的座位，坐下前要说：“我是安娜，我是A的孙女，D的女儿，E的妹妹”等，直到每人叙述完一遍家庭关系。

（2）教师播放婚礼音乐，播放到视频中燃放鞭炮的部分。“新郎、新娘”从教室外进来，与家庭成员见面。新郎介绍“这是我爷爷”，新娘鞠躬并说“爷爷好”，“爷爷”说“你好”，长辈应给新娘红包。新娘不用向妹妹鞠躬，只说“妹妹好”。妹妹不给新娘红包。

（3）“新郎、新娘”喝“交杯酒”。

（4）妹妹献花，撒糖块。

5. 活动结束，学生边吃糖边整理教室。教师与“新郎、新娘”扮演者及班级其他学生一起合影。

三、活动扩展

教师总结本次活动，把有亲戚关系的人作为活动的延伸：大伯、大娘、叔叔、婶子、舅舅、侄子、侄女、外甥、外甥女，通过翻译活动巩固这些词语。

示例3　快乐的生日派对

活动目标：让学生能够熟练应用有关“国籍、年龄、日期、生日、属相”等方面的词汇以及“我某年某月某日出生，今年××岁，属××”相关句型，完成在“过生日”派对情景中的交际任务，体验在生活中正确使用中国人的姓名，学唱《祝你生日快乐》中文歌曲。

活动用时：50分钟。

活动准备：

1. 教师准备《祝你生日快乐》中文歌曲。

2. 教师准备用于布置教室的气球、彩色纸条；寿星帽（蛋糕店有免费的），按学生数准备。此外，还要准备胶带、剪刀。
3. 教师准备一个小蛋糕及蛋糕专用蜡烛 18 ～ 20 根，火柴或打火机。
4. 教师准备信息卡片：注明中文名字、国籍（中国人、美国人、西班牙人等）、出生日期、年龄、属相（十二生肖图案）。以上按学生数准备，每个学生一张，形式力求新颖活泼，比如加上国旗图案等，目的是为了营造欢快气氛。

活动方式与步骤：

一、热身

1. 教师与学生利用课间一起布置教室，播放歌曲；上课后，教唱《祝你生日快乐》。
2. 教师发放信息卡片，让学生自己熟悉卡片上的信息。教师说明表达句型“我的中文名字是______，我是______国人，我______年出生，我的生日是______月______日，今年______岁，属______”。学生自己准备 5 分钟，期间教师检查学生的表达情况，帮助有困难的同学。

二、活动内容

1. 教师告诉学生这次活动内容是“寿星悄悄话”接力赛。教师把学生分组，每组3～4人，可自由组合，发寿星帽。以“剪子、石头、布”的方式，确定各组出场顺序。
2. 出场的学生排成一列，第一个与其他学生面对面而站，除第一、二个外，其他学生均用手捂住耳朵。
3. 教师说“开始”，并计时。第一个学生向第二个介绍自己的“六句”信息。 第二个转身，用第三人称向第三个学生复述……以此类推。最后一个学生听完信息后快速到教师处报告、复述。如果报告正确，该学生与第一个调换位置，介绍自己的信息，继续活动，直到本组学生全部说完、复述正确为止。停止计时，记录该组用时。如果中间报告有误，则全组成员需要重来一次，直到正确。用时最少的组为胜利组。
4. 各组活动完毕，教师公布胜利组，予以表扬，奖励气球，挂在学生身上。大家从胜利组中选一名代表作为本活动的“寿星”，摆放蛋糕，插蜡烛。合唱《祝你生日快乐》，吹蜡烛，分发蛋糕。

三、活动扩展

教师用提问的方式带领大家快速复习、巩固十二生肖的词语，如：“安娜属什么？”或者“安娜的属相是什么？”“我们班谁属马？”“我们班属鸡的有几个人？你知道今年是什么年吗？明年呢？”保证学生熟练掌握与生日有关的词语表达。

示例 4 情人节 你的玫瑰送给谁

活动目标：让学生能熟练描述人物特征、爱好、职业等信息。使用本话题课文的相关句型“我非常喜欢你，我真的爱你，送你一朵玫瑰，情人节快乐”，在找朋友的情景中，完成自我特征描述及介绍朋友特征的交际任务。

活动用时：50 分钟。

活动准备：

1. 教师提前通知学生带一朵玫瑰花（真的或假的均可）。
2. 教师准备“情人节”场景的 PPT，两个大的红“心”图案。
3. 教师准备用于学生写人物特征的“情人卡片（包括：姓名、年龄、国籍体态特征、相貌特征、爱好特长等）”。最好从网上下载带有底纹图案的卡片，以烘托气氛。按每个学生两张的数目准备。
4. 教师按学生数准备小气球；剪刀、胶带；一条花头巾。

活动方式与步骤：

一、热身

1. 教师播放 PPT，把红心图案粘贴在黑板上，简单介绍情人节。引导学生学习“情人、情人节、玫瑰、送”等词汇，学习“送你一朵玫瑰花，情人节快乐”“我真的爱你”“我非常喜欢你”等句子。
2. 教师让学生表演送花，边说边表现出夸张的动作、表情和语气，组织学生练习，营造欢乐气氛。

二、活动内容：谁是你的梦中情人

1. 教师发“情人卡片”，学生写出本班一位异性同学的特征，包括：姓名、年龄、国籍、体态特征、相貌特征、爱好特长等。此过程，教师应注意指导。

2. 学生按座位顺序依次上台，先介绍自己，再发表“情人演说”。为了避免被同伴轻易认出，也为了活跃课堂气氛，演讲者在上台之前，需要包上一条花头巾。“演说”后，把填好的卡片交给教师，分男女放好，教师给学生一个气球。头巾传递给下一个学生。以此类推。
3. 教师把男生、女生分成两个组，面对面坐下，中间留出活动空间。教师手持卡片，让男生抽女生卡片，女生抽男生卡片，如果抽的是本人的要交给教师，教师予以调换。如果男女生数量不对应，教师应予以调整，或男扮女装，或女扮男装。接下来请一名男生读卡片内容（不能说姓名），“一个女生，高高的个子，大眼睛，喜欢上网、游泳……”，相应女生抛出气球，两人交换玫瑰花。换一个女生读卡片，相应男生抛出气球，交换玫瑰花。以此类推，直到全部读完为止。
4. 男、女生按所抽的卡片“配对”，就卡片内容进行“悄悄话”对话练习。“你真的爱我吗？你喜欢看电影吗？我们一起去吃饭好吗？……”，一问一答。最后组织学生成对上台表演“情人悄悄话”，女生包上头巾。

三、活动扩展

教师引导学生复习知识点——副词做状语时，需要放在动词之前。例如：

学生们**特别**喜欢唱中文歌。那天我们**真的很**高兴。

男同学**经常**晚上去酒吧。女同学**从来**不迟到。

示例 5　班级“快男”“超女”竞选

活动目标：让学生熟练应用有关“爱好、特长、学习、工作”及“很、非常、特别”等词汇，使用“能”“会”“喜欢”等句型，在“竞选”的活动情景中，完成自我表达与人际交流的任务。

活动用时：50 分钟。

活动准备：

1. 教师按学生数准备“学生才艺与爱好调查表”（生词加注解），内容包括：

你会做什么？（如：开车、做饭、修电脑、做网页、种花、绣花……）

你会哪些外语？

你会哪些体育项目？

你会哪些文艺项目？（如：绘画、书法、唱歌、弹琴（乐器）、跳舞……）

你爱好什么？

你喜欢你的专业吗？

你喜欢你的工作吗？

2. 教师准备中国“超女”“快男”比赛的一段视频。
3. 教师准备两顶新奇的帽子，制作两个夸张的奖牌，用拼音和汉字写上“快男”“超女”字样，并按学生数制作“笑脸”卡片。

活动方式与步骤：

一、热身

1. 教师播放视频，烘托气氛，并讲解“快男”“超女”的意思。然后发放“学生才艺与爱好调查表”，组织学生填写。生词注解写在黑板上醒目位置。期间教师应与每个学生进行问答，检查填写情况。
2. 教师引导学生集中学习新词，让学生根据填写在表格里的信息准备自己的演讲词（5 分钟）。教师布置好“竞选台”，把奖章挂在讲台上，把学生的表收上来后，学生不能再更改。
3. 教师让学生准备好打分纸，计分时，写清楚演讲者的姓名。计分规则：每一项技能或爱好得 10 分。教师也记录一份。

二、活动内容

1. 第一轮精选：每个学生按座位顺序依次上台做“竞选演说”，其他学生打分。打完分，教师随机问两个学生的分数，看与自己的记录是否一样，如果不同，就根据自己的记录，重复一遍这个学生的“才艺”项目，确定这个学生的得分。教师将男、女生的分数分开写在黑板上。以此类推，直到所有学生演讲完毕。
2. 第二轮竞选活动：根据得分，选出前两名男、女学生，作为“快男”“超女”候选人，进行决赛。比赛内容为表演自己最拿手的“绝活儿”，如：唱歌、跳舞、绘画、书法等，表演顺序教师视情况决定。每一个候选人表演完，其他学生举“笑脸”卡片。选一个学生在黑板上记录“笑脸”个数。笑脸最多的男、女学生为本班“快男”“超女”。教师为其发奖牌。

3. 教师总结，表扬学生的参与，希望下次有更多的“快男”“超女”出现。

三、活动扩展

教师根据学生填写的表格，建议大家推荐几位才艺非常优秀的学生到前边进行才艺表演。如：

马丁非常喜欢书法，我们请他为我们写几个大字，好不好？索菲娅会说四国语言，我们请她教我们“你好”用法语怎么说，好吗？

通过这种方式，鼓励大家参与及调动全体学生的积极性。

第二节　“日常生活”话题课堂活动示例

示例 6　住宅小区规划设计大赛

活动目标：让学生熟练应用有关方位、建筑、公共设施方面的词汇，运用“有”字句的肯定及否定、疑问形式，完成在住宅小区背景下的交际任务，并在交际能力方面尝试由单句表达到连续、成段表达。

活动时间：50 分钟。

活动准备：

1. 教师将 6 幅不同住宅小区的图片制作成 PPT，保证能覆盖下列词汇：小区、银行、超市、学校、幼儿园、教堂、咖啡馆、饭店、公园、医院、花儿、草坪、树等，根据学生人数分组，每组不超过 5 人。本图片套数按组数准备。
2. 教师准备胶带、水彩笔、白纸板一张，按组数准备。
3. 教师准备表示方位词语的纸质卡片（汉字和拼音），每张卡片上只写一个方位词（前边、后边、左边、右边、上边、下边、里边、外边、旁边、对面、中间、附近），学生每人 3 张。

活动方式与步骤：

一、热身

1. 教师展示小区 PPT 图片，告诉学生：这是一个小区，小区里面有学校，学校左边有一个银行，银行旁边有一个超市……然后展示建筑物图片，对词汇进行快速复习。

2. 教师播放 PPT，根据画面，用“有”字句进行问答活动。“小区里边有什么？”“有超市吗？”“有没有学校？”“学校左边有什么？”……依次练完相关图片。
3. 学生上台介绍。从方位词卡片中任意抽取三张，根据卡片所指方位，描述出图片中小区及周围的建筑名称。教师应指导学生适当加快语速，做到四句话连贯表达。

二、活动内容

1. 教师先把学生分为 3 人一组，接着发给学生设计用图片、水彩笔、白纸板、胶带等。各组开始制作设计图，教师强调每个学生都要准备本组设计图的讲解，到时抽签确定上台讲解的顺序。（制作时可放音乐做背景，烘托气氛）
2. 各组设计好新小区后，把“作品”挂到黑板上。教师给学生做讲解示范：“你们看，这是我们的小区。里边有一个超市，超市旁边有一个公园，公园里有很多树和花儿，怎么样？我们的小区漂亮吧？”让学生练习 3 分钟。
3. 抽签确定各组的讲解员和各组讲解的顺序，然后请讲解员上台讲解本组设计图。
4. 教师组织学生投票选出“最佳设计”和“最棒讲解员”，把学生说得好的句子以及出现错误的句子都强调一遍。

三、活动扩展

教师引导学生对表示方位的三个句型进行归纳对比：

超市的左边**有**一个银行。超市的左边**是**一个银行。银行**在**超市左边。

医院对面**有**一个大超市。医院对面**是**一个大超市。超市**在**医院对面。

让学生根据自己的设计图练习同一个意思的三种不同表达方式。

示例 7　先写后说谈经历

活动目标：让学生在写、说自己经历的活动中，学习汉语表达某种经历的助词“过”的用法，掌握“动词 + 过”的结构以及否定、疑问的表达，并能用“过”表达自己的经历。

活动用时：30分钟。

活动准备：

1. 教师选取“中国长城、美国自由女神、法国凯旋门、俄罗斯红场”四幅图片。
2. 教师制作“经历提示表”，根据学生已学过的动词、名词来设定。基本格式如下：

动词1—去。

搭配词：国家名。如：中国、美国、法国、巴西等。（有学生熟悉的，也有不熟悉的。）

动词2—吃。

搭配词：饺子、烤鸭、面条、法国菜、日本菜等。

动词3—学。

搭配词：英语、西班牙语、汉语、日语、阿拉伯语等。

动词4—看。

搭配词：NBA、奥运会、世界杯足球赛等。

活动方式与步骤：

一、热身

1. 教师展示世界风光图片，问学生：“这是哪儿？你知道不知道？”引导学生一起说：这是中国、美国、法国、俄罗斯。
2. 教师用学生母语或英语表示“去过”的意义，引入汉语的表达句型：V＋过；否定句型：没（有）V＋过；一般疑问句型：V＋没＋V＋过或V＋过＋吗？

二、活动内容

1. 教师发放“经历提示表”，并予以说明。然后给出常用词：去过……，……，也去过……，便于训练学生连续表达。
2. 学生先阅读“经历提示表”，不会的词语问老师，然后根据自己的情况，对照提示，先写自己的经历。要同时出现肯定和否定句。用汉字、拼音均可。
3. 学生按座位顺序，依次上讲台介绍自己的经历。例如：

我听妈妈说过美国很漂亮，但是我从来没去过。我去过西班牙，吃过那里的海鲜饭。

小时候我玩儿过棒球，参加过一次校级比赛，还拿过二等奖呢。

弟弟喜欢足球，看过两次世界杯足球赛，我呢，因为工作忙，从来没看过。

4. 学生讲完，教师用接近正常的语速，依提示内容问学生："谁去过中国？谁学过阿拉伯语？谁喝过中国茶？" 速度尽量快，训练学生的听说能力。
5. 教师总结"过"的句型，特别强调一下其否定形式。

三、活动扩展

教师提出几个有关中国的问题，比如：

谁听说过毛泽东这个名字？

谁爬过长城？

谁读过莫言写的书？

谁看过《功夫熊猫》这部电影？

谁练过太极拳？

一方面复习"过"的用法，同时也进一步了解学生的知识面，宣传中国文化。

示例 8　别开生面的拍卖会

活动目标： 让学生熟练应用有关服装、鞋帽、书、词典、电脑及相应数量词等词语，练习使用人民币，在拍卖的情景中，完成物品描述、报价、换钱等交际任务。

活动用时： 50 分钟。

活动准备：

1. 教师提前通知学生准备自己的"拍卖品"，每人两件。所选的物品最好是已经学过的日常生活物品。
2. 教师准备"人民币"，可在网上下载图案，面额 100 元（5 张）、50 元（8 张）、10 元（10 张）、5 元（10 张）、2 元（10 张）、1 元（10 张）、5 角（10 张）、1 角（10 张）。此为一套。套数根据学生实际人数准备。
3. 师生准备物品图片或 PPT，给每种物品标上价格。价格应有零有整，以便练习。
4. 教师准备硬纸板，做举牌用，按学生数准备。此外，糊一个纸帽，一个拍卖锤（可将木棍裱糊一下代替）。

活动方式与步骤：

一、热身

1. 教师把“人民币”发给学生。并讲解表示币值的单位“元”“角”及拼音标注位置。用“你有几张100元的？”“你有几张5角的？”“有50元的吗？几张？”“有没有1000元的？”等句子提问，组织学生快速识别人民币，并反复听、说量词“张”及“有”字句。
2. 教师告诉学生用“块”“毛”分别代替“元”“角”。教师说一个钱数，学生快速进行组合，如：125块8（毛），教师提醒学生注意“毛”的省略用法。教师应抽查学生的组合与读法是否正确。练习10个钱数组合，逐渐加快速度。
3. 教师播放PPT或者展示图片，学生应一起说：“这是T恤衫，这件T恤78块8（毛）。”

二、活动内容

1. 教师展示拍卖的物品，发出“开始”的指令后，马上显示价格（如120元），学生快速组合自己的钱币（应在1分钟内组合完毕），举手并大声说“我买”。谁第一个举手且钱数正确，教师马上表扬，奖励10分。教师把学生姓名写在黑板上，计分。如果钱数不对，不得分。
2. 其他同学如能在1分钟内组合出超过这个价格的钱数，举手大声说“我买，我出125元”，那么第二个学生（在钱数正确的情况下）得分11分。若有第三个以此类推，正确的记12分。所有“物品”有三次拍卖的机会。拍卖完所有东西后，教师对得分前三名的学生予以表扬和适当奖励。
3. 教师把拍卖牌发给学生，让学生戴上帽子，拿上“拍卖锤”，到讲台上依次拍卖，如：“请看，这是一本书，价值25元，很有用。谁要？你出多少钱？”
4. 其他学生把自己出的价格写在牌子上，写时不要让别人看见，报价要有零头。然后从前排开始，每个学生依次亮牌，快速、大声说自己的报价，如：“我出30块8。”出价最高者“中标”，上台把钱给拍卖者。以此类推，直到学生全部拍卖完为止。

三、活动扩展

教师就如何介绍产品做小结：如“质量很好，很有用”“很舒适”“很漂亮，很便宜（价格不贵），很耐用（能用很长时间）”等，扩大学生词汇量。

示例 9　中国厨艺大比拼

活动目标： 让学生熟练应用常见水果、蔬菜、鱼、肉及面条、饺子等食品词汇，使用“喜欢、要”等词语，在制作中国菜的情景中完成交际任务，学会使用筷子。

活动用时： 50 分钟。

活动准备：

1. 教师提前通知学生带围裙、厨师帽，带六个一次性快餐盘（小号的）。教师准备剪刀、胶棒。
2. 教师准备已学过的有关饮食方面词汇的实物图片。包括两类：一是食品，包括常见蔬菜（4 种）、水果（3 种）、鸡蛋、牛奶、猪肉、牛肉、鱼、饺子、面条、烤鸭；二是调味品，包括盐、糖、醋、辣椒四种。把上述图片集中在一张纸上，按学生数印制。
3. 教师按学生数准备筷子。花生米若干，数量应满足每个学生 20 个以上。
4. 教师准备中国饭店或餐馆内景 PPT，六份奖品。

活动方式与步骤：

一、热身

1. 教师播放中国餐馆的 PPT，让学生穿上围裙，戴上厨师帽，烘托活动气氛。发放筷子、花生米和小盘子。
2. 教师示范用筷子，学生练习用筷子夹花生米，但现在不能吃。只能从一个盘子夹到另一个盘子。
3. 教师组织夹花生米“擂台赛”。第一轮：每个学生拿出一个空盘子，听教师喊“开始”，就往空盘子里夹花生米。教师喊“停”，学生放下筷子，报自己夹的数目。根据花生米的数量淘汰一半学生。第二轮同样，再淘汰一半。直到剩下一个人，即为本次比赛的擂主，教师给擂主发奖品。
4. 此时学生可以吃花生米，但不能用手抓，必须用筷子夹。

5. 教师准备下个活动。发放食品、调味品的图片卡，用“有什么、喜欢、要”等词或短语快速领学生熟悉图片上的物品，师生进行交流。

二、活动内容

1. 学生用图片上的原料配制中国菜。把选择搭配用的图片剪下来，按自己最喜欢的方式搭配出六个菜，如“西兰花鸡蛋、土豆牛肉、西红柿鸡蛋”等，贴在盘子上，标上自己的记号，不能写自己姓名，也不能重复使用原材料。此外需用四种调味品，表明菜的咸、甜、酸、辣的口味，也标注在盘子上（可用拼音）。期间教师巡视，让学生快速讲出其搭配的“菜”名。
2. 每个学生挑选自己认为最好的两个“菜”，送到讲台上，并介绍：“我这个菜叫……，它是甜的，做这个菜，需要胡萝卜、洋葱、胡椒，盐和白糖。你们可以尝尝，看看喜欢不喜欢。”所有学生送上讲台后，教师快速标号。
3. 教师组织学生依次上台评菜。学生把最喜欢的三个菜的号码写在纸条上，交给教师（教师告诉学生不可以评自己的，而且要客观评价）。然后，让两个学生到黑板上，一个读，一个画“正”统计。给前五名的“厨师”发奖品鼓励。

三、活动扩展

教师引导学生介绍本国的特色菜、所需材料及制作方法和程序。

示例 10　自导自演小品 讨价还价二百五

活动目标： 让学生熟练应用有关购物方面的词汇，使用本话题课文的基本句型，在讨价还价的幽默表演情景中，完成一般购物过程中的交际任务。同时，体验汉语幽默、诙谐的特点，初步培养学生的连贯表达能力，了解小品这种汉语语言艺术形式。

活动用时： 50 分钟。

活动准备：

1. 教师在学完相关课文的基础上，提前进行幽默化改编，用已学过的词汇、句型，写成“剧本”。参考如下：

人物：妈妈、儿子、售货员

场景：家、鞋店

情景：

家里

妈妈 （手里拿一双鞋）我要买一双皮鞋，可是没有时间。（大声喊）儿子，你在哪里？

儿子 （跑上）妈妈，我在这儿。

妈妈 你去商店给妈妈买一双皮鞋。要38号的。这是600块钱。

（儿子拿钱就走）

妈妈 回来！要讨价还价。

儿子 怎么讨价还价？

妈妈 说一半儿的。

鞋店

售货员 卖鞋了，漂亮的鞋啊！

（儿子进来）

售货员 你要什么？

儿　子 我买皮鞋。有38号的吗？

售货员 有，请稍等。（拿鞋）这鞋很舒服。

儿　子 我不喜欢黑色的，有红色的吗？

售货员 有。（拿一双红的）

儿　子 好。多少钱？

售货员 580块。

儿　子 太贵了，290块吧。

售货员 什么？便宜点儿，540块。

儿　子 不行，270块。

售货员 啊？好。再便宜点儿，500块。

儿　子 不行，250块！

售货员 （生气）好，就250。（拿鞋盒，装进去一只）250块！

（儿子给钱，出去。售货员做怪脸。）

家里

儿子 我回来了。

妈妈 鞋呢？多少钱？

儿子 250块。

妈妈 很便宜。我看看。（打开鞋盒）怎么一只鞋？

儿子 你不是说一半儿吗?

妈妈 (生气)你真是二百五!

2. 教师按学生数印制“剧本”,注意把课文外的生词“生气、鞋盒、二百五、怪脸”等标示出来。
3. 教师准备两双皮鞋,其中一双是红的。同时也要准备角色扮演的服装,如:围巾、帽子等,特别是“儿子”应扮出一个“憨”味,比如穿一件大而旧的长衫等。
4. 教师准备各种鞋的图片,多一些,按贴满一块黑板的数量准备。准备胶带、剪刀。
5. 教师准备三份小奖品和计算器。

活动方式与步骤:

一、热身

1. 教师利用课间与学生一起把鞋的图片粘贴在黑板上,营造活动气氛。
2. 教师发放“剧本”,先讲解生词,特别是“二百五”数字的文化背景含义;还要演示生气、怪脸的夸张表情,以引导学生的后续表演。
3. 学生自我阅读“剧本”10分钟。期间教师回答学生的问题,并把典型的问题写在黑板上,统一处理。

二、活动内容

1. 教师提问3～5个学生,让学生用母语讲解“剧本”大意,看学生是否理解了其中的幽默。
2. 学生三个人一组,可自由组合,轮流扮演其中的角色,练习表演的语言、动作。然后固定角色,准备上台比赛。准备时间为15分钟。期间,教师应在教室里布置两个区域,家和鞋店。制作表演顺序抽签条:选三个组表演,根据总组数做抽签条,如B1/B2/B3,其他为空,数字为顺序。
3. 各组抽签,表演组准备,穿上服装,摆好道具,然后表演。其他组做评委。总分100分,各组商量后给表演组打分。当场亮分,教师统计。以此类推,直到三组表演完毕。
4. 教师统计三组的分数,得分高者发“表演奖”。

三、活动扩展

教师引导学生对“讨价还价”展开讨论：什么地方可以讲价？超市里边可以吗？Mall 里面呢？怎么跟卖主还价？一般按多大比例？讨论完毕后，教师介绍一下在中国购物时讲价的情况。

第三节 “天气、健康”话题课堂活动示例

示例 11 石头变成孙悟空

活动目标： 让学生能熟练使用人体部位、方位、颜色等词语，使用“在、有、能”等词语，在有趣的“贴鼻子”游戏活动中，完成人体部位、器官、功能的正确表达。同时，认识“孙悟空”这一中国神话人物形象，知道《西游记》这一文学作品的名称。

活动用时： 50 分钟。

活动准备：

1. 教师从网上下载一段《西游记》视频及孙悟空形象图片，图片应是正面的，能清楚显示五官、四肢。
2. 教师按学生数准备孙悟空形象填色图片和大张白纸。在每一张白纸中间画一个大小适中的石头，石头以上作为学生绘制孙悟空的起点，意为孙悟空是由石头变来的。在白纸另一面，按孙悟空头部的造型，画一个大轮廓，便于做贴五官游戏。
3. 教师从网上下载并印制人的五官图片，眼睛（左、右）、耳朵（左、右）、鼻子、嘴共 6 个为一套，按组数准备。图片大小与孙悟空头部轮廓大小相协调。
4. 教师提前通知学生本次课自带水彩笔（一盒），教师准备遮眼用的围巾或眼罩、胶带、剪刀。

活动方式与步骤：

一、热身

1. 教师播放《西游记》视频片段，展示孙悟空形象图片。简单介绍一下《西游记》和孙悟空，练习“孙悟空”这个名字，可

让几个学生模仿猴子的动作，告诉学生孙悟空是石头变来的。

2. 教师发放填色卡片，组织填色活动。教师利用彩色图片与学生问答："这是什么？""这是耳朵。""它是什么颜色的？""黄色的。""耳朵能做什么？""耳朵能听声音。"问答完毕，学生用彩笔涂描。以此类推，直到所有五官完成为止。学生写上自己的中文名字，留作纪念。

二、活动内容

1. 学生自由结成 5 人一组，教师根据组数在黑板上划出相应的区域。期间教师把"石头"白纸粘贴在划好的区域中。各组学生排成一纵队，拿好自己的彩笔。教师喊指令：第一个是"头"，各组第一个学生，跑去在"石头"上方画"头"的形象，画完再说一遍："这是头，头上有眼睛、鼻子、耳朵、嘴等。眼睛是黑色的，能看书，看电视……"说完后站到队尾。以此类推，第二个学生画胳膊，第三个画腿等，直到他们画完并讲完一个完整的孙悟空形象。教师组织学生一起评价哪个组画得最像。
2. 贴五官游戏：教师把大图纸反过来，学生排队站在图纸前，看孙悟空图像。教师为各组学生发放五官图片（每人一个）、围巾或眼罩。学生记住自己手里的五官名称，当教师喊"左眼"时，相应学生应出列走到图纸前，教师为其蒙上眼睛，学生按自己的想象、记忆贴"左眼"。以此类推，直到各组全部完成为止。这期间，学生会十分兴奋，教师应注意控制课堂秩序。
3. 教师把各组的"杰作"放在一起，组织学生一起评价哪个组贴得最好，教师适当予以奖励。

三、活动扩展

教师组织学生在后背上进行写字、猜字的活动。具体操作方法：两人一组，一个坐着，一个站着。站着的学生在坐着的同伴后背上写有关身体部位的词，让对方猜。对方不能说出来，只能用手指身体某个部位，对的记 2 分，错的不记分。得分最高的组可以得到奖品。

示例 12　写病假条

活动目标：让学生能够熟练使用各部位疼痛、感冒、发烧等词汇来表达身体不适。同时能使用“得（děi）、需要”等词语，在给老师写病假条的情景中，完成书面表达交际任务。本活动的目的是初步训练学生的汉语书面表达能力，并使学生体验中国文化中的“尊师、守纪”。

活动用时：35 分钟。

活动准备：

1. 教师按学生数的三倍准备标准格式的病假条。可按A4纸的一半设计，用拼音和汉字写上“学生病假条”字样。参考内容、格式如下：

> 学生病假条
>
> 王老师：
>
> 您好！
>
> 我今天不能去上课了，因为我感冒了，头痛、咳嗽、发烧。我得去医院看病，拿点儿药，在家休息一天，特向您请假一天。望批准！
>
> 学生　张华
>
> 2014 年 10 月 26 日

2. 教师准备替换用卡片。卡片上注明：感冒、发烧、咳嗽、头痛、肚子疼、牙痛、嗓子疼等。每一张卡片上写一个病名或相应症状。可重复，按学生数准备。

活动方式与步骤：

一、热身

1. 教师讲解为什么要写病假条，引起学生注意。然后发放格式化的病假条，学生自己阅读。有问题可以请教老师。
2. 教师讲解病假条的格式，发放空白“学生病假条”，每人一张。

二、活动内容

1. 让学生抽病名卡片，然后按标准格式写病假条，用老师及学生自己的真实名字。期间教师应抽查学生的练习情况。写完后，教师组织学生到讲台朗读。

2. 学生按座位顺序，依次按手中的假条给同学“捎假”：“老师，______不能上课了。”“他怎么了？”“他感冒了，头痛、发烧、咳嗽，______。”

三、活动扩展

教师给学生讲解：如果想把病假条改成事假条，只需要写明事假的理由即可，格式不变。例如：

> 王老师：
>
> 您好！
>
> 我今天不能去上课了，因为我妈妈住医院了，我得去医院照顾她。特向您请假一天。望批准！
>
> 学生　张华
>
> 2014 年 10 月 26 日

学生会写后，教师应该告诉学生，不要一有事就请假，那样会影响你的学习成绩。即使你的假条写得非常好，老师也不一定会批准所有的事假。

示例 13　功夫熊猫的减肥计划

活动目标：让学生能够熟练应用有关日常生活、运动等方面的词汇，在为功夫熊猫制订“减肥计划”的活动情景中，完成交际任务。同时，促使学生强化健康意识，初步了解中国的养生之道。

活动用时：30 分钟。

活动准备：

1. 教师准备《功夫熊猫》视频片段，注意选用功夫熊猫大吃的场面。下载功夫熊猫形象图片，并制成卡片，按学生数准备。
2. 教师准备一个“瘦”熊猫的形象图片，把一胖一瘦的熊猫放在一张 PPT 上。
3. 师生根据已学过的日常生活、运动等词汇，结合减肥这一主题，制作“生活项目”卡片。可用扑克大小的卡片，每张卡片包含一项内容，如：吃水果、吃蔬菜、吃肉、喝啤酒、喝牛奶、睡觉、游泳、打太极拳、抽烟等。套数按学生数准备。生词用拼音和汉字标注。
4. 教师准备“打太极拳”的视频。

活动方式与步骤：

一、热身

1. 教师发放“功夫熊猫”卡片，引起学生兴趣，然后学习生词。
2. 教师播放《功夫熊猫》影片片段，引起学生好奇。引导学生评价功夫熊猫：“这是熊猫。”“他叫功夫熊猫。”“他可爱吗？”“他漂亮不漂亮？”“对了，他太胖了。”
3. 播放熊猫对比 PPT，讲解词语“减肥”的意义。教师告诉学生本活动的主题：帮熊猫减肥。

二、活动内容

1. 教师发放“生活项目”卡片，学生自己先读，不明白的可以问教师。期间教师应抽查，确定学生明白卡片的意义。
2. 学生制订“熊猫减肥计划”，要求从卡片中选取项目搭配成四条建议，写在练习本上。例如：应该（多吃蔬菜），不应该（吃肉）；多（运动），少（睡觉）。写好后自己读熟，准备上台介绍。
3. 学生按座位顺序，上台介绍自己的“计划”。每个学生讲完，教师带领其他学生给予掌声鼓励。活动结束，教师总结。
4. 教师播放太极拳视频，让学生欣赏。

三、活动扩展

教师组织学生讨论日常生活中如何保持优美的身材和健康的身体：

（1）能不能吃很多甜食？

（2）可不可以吃油炸食品？

（3）每天健康的饮食方式有哪些？健康食品有哪些？

（4）天天喝可乐对身体好不好？

（5）应不应该参加体育锻炼？什么时候锻炼？运动多长时间最好？

根据这些问题，介绍一下中国的饮食文化。

示例 14　根据“符号”说天气

活动目标：让学生能够综合运用有关气候、天气等方面的词汇，根据天气预报中的符号来判断天气情况，完成交际任务。同时，认识中国的天气符号，学习生活实用知识。

活动用时：30 分钟。

活动准备：

1. 教师准备气象台的天气符号图片。主要包括：晴、阴、多云、雾、大风、小雨、大雨、冰雹、大雪等。将这些符号缩小到一张 A4 纸上，按学生数印制，同时也把这些图片制成 PPT。
2. 教师下载有关天气预报的视频。
3. 教师准备与天气相关、已学过的用品及活动图片。如：雨伞、太阳帽、墨镜、毛衣、T 恤、冰激凌、皮鞋、凉鞋、游泳、冰灯等，制成 PPT 或大卡片。制作“冷、热、关上门窗、慢开车”的文字说明卡片。
4. 教师准备“对错”问答题卡片。如：天热应该穿毛衣、晴天可以出去玩儿、雾天应该慢开车等。每组 10 个，准备三组。注意每组要有 3 个错的。

活动方式与步骤：

一、热身

1. 教师播放天气预报视频，边放边提问：“这是什么天气？”学生集体回答。
2. 教师引导学生认识中国的“天气符号”。
   （1）教师发放天气符号卡片。先让学生根据图案猜测天气，并用拼音标注在图案上。不能互相商量，只能自己标示。没学过或者忘记的，用母语。
   （2）教师按卡片上的顺序讲解，学生看自己的。对一个得 10 分。看谁得分最高，予以表扬。

二、活动内容

1. 教师把天气符号的大卡片贴在黑板的左侧，一边贴一边依次提问学生每个符号代表什么天气。
2. 教师用 PPT 或者卡片，组织学生看图说天气“接龙”。例如：“今天上午有小雨，中午多云，下午晴。最低气温 9 度，最高气温 28 度。”每个学生至少说三种天气现象，逐步加快速度。
3. 教师把生活用品的卡片，逐一贴在黑板的右侧，边贴边让学生识认。
4. 教师把学生分成三组，各组分开坐。教师示范如何连线，如：晴—热—太阳帽—墨镜—凉鞋—游泳—冰淇淋。边连线边用句子引导学生开口说话，如：今天天气晴，很热，我们出门应该戴太阳帽和墨镜，穿凉鞋。下午下课后可以去游泳，游泳后买冰淇淋吃。

5. 教师检查各组的连线情况，保证全部正确后，各组派代表到前台介绍，例如：今天基多南部山区下雪，天气很冷，气温零下 9 度。那里的人应该穿毛衣，开车应该慢一点儿。
6. 各组讲演完毕后，教师做点评，表扬大家的积极参与。把天气符号图片作为奖品给表现好的学生。

三、活动扩展

教师引导学生模仿电视节目中的播音员开展“预报天气”活动：教师播放一段天气预报视频后，要求学生看着 PPT 中出现的天气符号做“预报员”，要求语音语调正确，语速适中，吐字清晰，动作自然。表现优秀者给予奖励。

示例 15　识中国地图 知各地天气

活动目标：让学生能够熟练应用有关方位、天气的词汇，使用汉语“天气预报”一般语句，在谈论中国各地天气的情景中，完成交际任务。同时，初步认识中国地图，体验中国幅员辽阔的特点，并认识几个主要旅游城市。

活动用时：30 分钟。

活动准备：

1. 教师准备英文版的中国地图（中国旅游网可下载）。彩色复印，按学生数印制。
2. 教师下载中央电视台的“天气预报”节目的视频。
3. 教师从中央气象台网站选择北京、哈尔滨、上海、广州、拉萨五个城市、两天的天气预报。最好选 3 月份的，因为南北气候差别比较明显。制作天气预报卡片（汉字、拼音均可，有天气符号更好），格式为：

城　　市	北京
日　　期	2014 年 4 月 20 日星期二
天气情况	中雨

风　　力	3～4级
风　　向	东北
最高温度	17℃
最低温度	3℃

4. 教师准备上述五个城市的标志性风景图片，制成PPT。准备5个小奖品。

活动方式与步骤：

一、热身

1. 教师播放天气预报视频。放两遍，让学生体会汉语的实际语速。
2. 教师发放中国地图，在黑板上写出所选五个城市的名字，并带领学生在地图上标示。轮流提问这五个城市在中国的方位。展示城市图片，让学生复述城市的位置。

二、活动内容

1. 教师发放天气预报卡片，和学生一起熟悉一下第一张卡片的内容，以做活动铺垫。注意讲“最”的用法。
2. 学生两人一组，一个按卡片模仿“天气预报”播音员播报天气情况，另一个根据听到的内容，把天气情况标在相应城市旁边的空白处。两天的天气情况用不同颜色的笔分别标出。然后，两人交换。
3. 教师让学生按温度由高到低排列五个城市的顺序；再按温度由低到高排列五个城市。排完举手示意，教师问：“哪个城市温度最高，多少度？哪个最低，多少度？”直到问完全体学生为止。
4. 教师展示5个小奖品，让学生进行5个问题抢答。如：“明天北京是什么天气？最低温度是多少？”教师根据现场学生的掌握程度设置。学生举手抢答，回答正确，得奖品；回答不正确，换一个问题继续，直到5个奖品发完为止。

三、活动扩展

学生分组讨论自己最喜欢的天气及喜欢的原因。例如：

我喜欢晴天，不喜欢阴天和下雨天。因为晴天阳光好，我们可以出去旅游。阴天和下雨天让我感到很压抑，心情不好。

教师记录每个同学的喜爱情况，适时给予一定的小礼物。

第四节 “旅游、交通”话题课堂活动示例

示例 16 走迷宫 辨方向

活动目标： 让学生能够熟练应用方位词，使用“问路、指示方向”等常用句型，在玩儿“走迷宫”的游戏中，完成交际任务。同时，复习、巩固前面学过的相关内容。

活动用时： 30 分钟。

活动准备：

1. 教师准备较简单的“走迷宫”图。两个为一套，套数按学生数印制。参考图如下（可从网上下载）。教师应提前走一下迷宫，对路线做到心中有数。印制时，图案应清晰，用 A4 纸一张印一个。

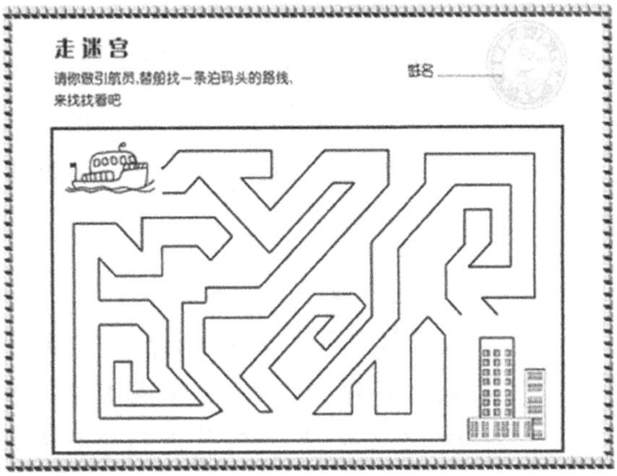

2. 教师准备胶带、剪刀、教鞭指示棒。准备4份小奖品。

活动方式与步骤：

一、热身

1. 教师把演示用的迷宫大图粘贴在黑板上。
2. 教师讲解“走迷宫”游戏的基本规则。

二、活动内容

1. 教师与学生一起演示“大图迷宫”的走法。反复使用“从……到……”“怎么走？”“一直走、往前走、向左拐、向右拐”“这样不行”“这样就到了”等句子。先慢一点儿，以教师说为主，然后，引导学生一起说，再由学生自己说。
2. 走出“迷宫”后，教师用教鞭指示，学生集体再快速重复说一遍。教师发放迷宫图，讲解两个迷宫的要求。
3. 学生一边用笔画线走迷宫，一边大声说。期间教师应注意每个学生的表达是否正确，有错误的及时纠正。
4. 教师按学生数做抽签卡片，其中有四个“讲解员”。组织学生抽签，抽到“讲解员”的学生依次上台讲自己的走法，其他学生对照自己的图片听，也可随着说。最后把小奖品发给上台讲解的学生。

三、活动扩展

教师和学生互动做问路、指路的活动，例如：

从你家到 ××× 大学怎么走？

从 ××× 大学到最近的银行和超市怎么走？

从这里怎么去市中心？

从你家怎么到机场？

你每天怎么来上课？

老师每天怎么来上班？

引导学生根据实际情况来回答。

示例17　繁忙的交通咨询台

活动目标：让学生熟练应用表示主要公共交通工具、数字、距离等的简单词汇，使用本话题常用的“怎么、能、可以、坐”等词语，在根据距离远近选择相应交通方式的活动情景中，完成交际任务。

活动用时： 40 分钟。

活动准备：

1. 教师准备交通工具“飞机、公共汽车、火车、地铁、出租车”等的图片，5 个为一套，套数按学生数准备。
2. 学生选择已学过的国家、本国的城市及所在城市的重要地方，作为“目的地”，如果配有典型的风景图片效果更好。比如：中国、美国、日本（3 个）。本国的城市应选择远、近两种，各选两个（共 4 个）。本城市内要选择知名的超市、银行、公园、旅游景点等（共 4 个）。
3. 师生把每个“目的地”制成卡片，此外，准备胶带、剪刀。

活动方式与步骤：

一、热身

1. 教师展示交通工具图片，然后，说出卡片上交通工具的名称，学生展示对应图片。第二遍语速快一些；第三遍，学生两个人一组，互相问答。
2. 学生自主活动时，教师把“目的地”图片粘贴在黑板上，注意要分散开，下部留有较大的空白。同时，剪出小的胶条，虚粘在黑板边，以方便学生使用。在讲台一侧摆放一个独立的桌子，做“咨询台”。
3. 教师引导学生用汉语来表达：“到……有多远？”“2000 公里。”“怎么去？”“坐飞机。”；或“……15 公里，很近，可以坐公共汽车，也可以坐地铁，还能打的。”；或“……450 公里，坐火车。”等。
4. 学生自己根据黑板上的“目的地”，选择各自的“交通方式”。可以两个人讨论（约 10 分钟）。

二、活动内容

1. 学生按座位排好顺序。拉开前后桌椅的空间，便于学生出入。第一个学生上台，拿着图片，做“咨询员”。教师做第一个“咨询者”，从不同距离的“目的地”中选择五个进行咨询。如：“请问，日本远不远？怎么去？”学生说：“日本很远，坐飞机去。”让学生迅速将飞机图片粘贴在日本卡片下方。以此类推，直到五个图片粘贴完为止。注意，有多个选项的只能任选一个。

2. 第一个学生到“咨询台”做“咨询者”，第二个学生做“咨询员”回答并粘贴图片，重复上述过程。以此类推，直到最后一个学生答完。然后，教师充当“咨询员”。
3. 教师顺着“目的地”进行总结：“去中国，坐飞机；去超市，可以坐公共汽车，也能坐地铁，还可以打的（或坐出租车）……”
4. 对学生们的表现进行表扬和鼓励。

三、活动扩展

教师补充表示其他交通工具的词汇并启发学生应用。例如：

船——坐船。我们可以坐船去河对岸。

自行车——骑自行车。很多学生喜欢骑自行车去上课。

摩托车——骑摩托车。我朋友喜欢骑摩托车去农村观光。

长途汽车——坐长途汽车。坐长途汽车可以去很远的地方。

学生熟悉这些词后，教师引导他们谈论如何去其他的风景区，尽量用上这些词语。

示例 18 展风景图片 谈旅游经历

活动目标： 让学生熟练应用有关国家、方位及自然风景等词汇，使用“有”字句和“过”字句，在展示自己旅游照片、说旅游经历的活动中，完成交际任务。同时，扩展国际视野，了解中国主要旅游城市、景点，增加到中国旅游的兴趣。

活动用时： 50 分钟。

活动准备：

1. 教师提前让学生准备自己的旅游照片，每个国家、景点一张，要求最有代表性。
2. 教师准备世界著名的、不同国家的标志性景物图片。如：美国的自由女神、日本的富士山、澳大利亚的悉尼歌剧院、中国的长城、埃及的金字塔等五个，做成 PPT。
3. 教师按学生数准备中国旅游地图。选择北京、上海、哈尔滨、西安、香港、台湾为主要旅游地，准备各地的代表性旅游风景图片，做成 PPT。
4. 教师准备胶带、剪刀。

活动方式与步骤：

一、热身

1. 利用课间组织学生把自己的旅游照片粘贴在黑板上。一个学生一个位置，便于使用。
2. 播放世界风景图片 PPT。提问：“这是哪个国家？”去过的同学可以举手，没有学过具体名称的学生可以用母语回答，然后教师翻译成汉语，组织学生识读。

二、活动内容

1. 教师做表达示范，如：我去过美国，去过日本，没去过埃及。埃及的金字塔很高，非常漂亮等。然后，逐个提问学生“你去过……吗？你去没去过……？”等。
2. 学生准备上台介绍自己的旅游经历（5 分钟）。期间教师做顺序签，让学生抽，确定顺序。学生上台后，展示自己的照片，讲经历。“我去过……，这是……”，直到全部学生讲完为止。
3. 教师给予表扬和鼓励，然后播放中国风景图片，并概括介绍中国风景秀丽、旅游景点众多的特点。接着用问题导入：“你们想去中国旅游吗？”
4. 教师发放中国旅游地图，指认五个旅游地的位置。如：哈尔滨，在中国的东北部。冬天哈尔滨有冰灯，非常漂亮。教师要注意做到讲述内容与图片 PPT 的配合。讲完一个，就与学生互动“哈尔滨在哪？有什么？”等。活动结束后，把中国旅游地图作为礼品送给学生。

三、活动扩展

教师把世界其他著名的景点集中起来，与学生互动练习（5 个）。

你们谁去过美国的黄石公园？

意大利的比萨斜塔谁去过？

迪士尼乐园你们参观过吗？

有没有谁见过尼加拉瓜瀑布？

有没有人看到过英国的大本钟？

巩固学生对词汇和句型的掌握，同时扩大学生的视野。

示例 19　这是我的名片 请多指教

活动目标： 让学生能够熟练应用有关“职业、地址、联系方式”等词汇，看懂中国人的名片，并在认识中文名片及自己制作中文名片的活动中，完成交际任务。同时，了解交换名片、正确称呼的礼节与文化，进一步熟悉中国人的姓名特点。

活动用时： 40 分钟。

活动准备：

1. 教师准备几个不同格式的中文名片或示例图片。
2. 教师按每个学生两张的数量，准备制作名片的空白卡片。一张 A4 纸做四个。
3. 教师把学生的外文姓名翻译成中文，或给每人起一个中文名字，每个名字都打印出来。

活动方式与步骤：

一、热身

1. 教师把真实的“中文名片”发给学生，讲解其中内容。
2. 教师讲解、演练交换名片时的动作与用语。要点有：双手递，双手接；阅后应及时放在包里或上衣口袋里，不能放裤子兜里，更不能随意丢弃。礼貌用语：“这是我的名片，请多指教。”“谢谢。”组织学生两人一组，进行活动演练。
3. 学生按座位顺序，自后向前依次递、接名片，最后一个学生递给开始的第一个学生。
4. 学生看自己手里的中文名片。为降低难度，对工作单位、地址两项中的汉字不做要求。不认识的字，举手示意，教师前去告知。其中，姓名中的汉字拼音不能标在“名片”上。
5. 教师讲解中文名片的具体内容，用汉字写在黑板上，要求学生跟写，以复习汉字：姓名、职务、地址、电话、手机、传真等。

二、活动内容

1. 教师告诉学生这次活动是“交换名片”：一个学生递名片，说：“这是我的名片，请多指教。”另一个接名片，指着姓名说：“谢谢。对不起，我不认识汉字。请问，这是什么字？”答：“这是______，是我的姓；这是______，是我的名。”接者应迅速标上拼音，重复一遍，并说：“______先生（女士），很高兴认识你。”

2. 学生互换角色，继续上述活动。两个人把各自名片要回。期间教师应观察指导。该活动结束后，教师根据名片上的姓名，开始快速提问：“谁是——？”持有相应名片的学生应站起来说：“我是______。”
3. 教师发放空白卡片，要求学生自己制作名片。项目包括：姓名（中文）、地址（用外文）、电话号码、手机号码、E-mail、传真。接着向学生发放中文姓名纸条，让学生描写两遍。然后，学生先制作一张，与教师讨论是否可以用。内容无误后，学生再制作“个性化”名片，进行设计，加上图案、照片。
4. 教师告知学生课后用电脑制作自己的中文名片，下次课交给老师。如果设计得漂亮，可以搞一次小展览。

三、活动扩展

教师向学生介绍中国人在重要场合首次见面时的礼节：您好！（伸出右手，与对方右手相握）请问您贵姓？如果对方问同样的问题，则回答：免贵姓______，叫______。这时可以拿出名片，双手递给对方说：这是我的名片，请您多指教。如果对方也拿出名片，马上记住对方的名字，并说：______先生 / 小姐，认识您很高兴。

示例 20　模仿 听音 识乐器

活动目标：让学生在观看、聆听及动作模仿的活动中，迅速识认二胡、笛子、扬琴、古筝、琵琶等中国传统乐器的形状、音质特点，完成活动过程中的交际任务。同时，增强学生对中国音乐文化的了解和兴趣。

活动用时：40 分钟。

活动准备：

1. 教师准备上述五种乐器的图片，准备好《汉语教学有声挂图》乐器挂图。
2. 教师准备“女子十二乐坊”演出的 CD 或视频。
3. 教师准备一副耳机。三份奖品，最好是中国传统音乐的 CD。

活动方式与步骤：

一、热身

1. 教师播放“女子十二乐坊”演出的视频或者 CD，3 分钟左右。
2. 教师播放二胡的 PPT，或展示图片，告诉学生：“这是二胡。”在黑板上写生词，领学生读，并用图片一一问答。然后播放视频，问：“有几把二胡？”师生互动问答。
3. 以上述方式依次识认其他四种乐器。快速闪现五种乐器的图片，让学生快速说出乐器名称。
4. 教师播放二胡独奏视频，告知学生注意声音与演奏的动作。学生边听边模仿动作，然后教师请学生模仿演奏动作和声音。依次展示其他四种乐器。注意播放后边乐器的时候，要反复与前边的进行对比。

二、活动内容

1. 学生三人一组，可自由组合。教师排好表演顺序。
2. 第一组先开始。教师放音乐，一个学生戴上耳机听，然后小声告诉第二个学生。第二个学生表演相应乐器的演奏动作；第三个学生站在较远的地方，根据动作猜乐器，大声说出乐器的名字。每对一个，教师就在黑板上计 10 分。共五个。
3. 以此类推，直到各组表演完为止。
4. 统计各组分数，得分最高者为胜，发放奖品。

三、活动扩展

教师利用有声挂图，让学生视听“鼓、锣、唢呐”这三种乐器，同时学习这三个单词。熟悉后，让学生闭眼睛听辨乐器，然后根据听到的顺序写下所学的生词。

9 中国文化教学课堂活动设计应用示例

本章导读

语言与文化是不可分割的整体，语言文字中包含着极其丰富的文化内涵，这既是历史的文化积淀，又是现实的文化镜像。语言本身既是文化的产物和组成部分，同时又是文化的载体。如果说语言是外壳，那么文化就是蕴含其中的核心、灵魂，语言赋予了文化生动活泼的生命。

学习一门外语或第二语言，实际上是一种跨文化交际。其中，文化认知差异体现在学习和教学过程中，会对语言学习者产生很多影响，也会直接影响到能否更为深入、正确、客观地了解一个国家、一个民族的历史和现实。因此，在进行语言教学时就不能不揭示蕴含其中的文化因素。国际汉语教学的目的不仅仅是教会学生认识几千汉字，会说流利的汉语，无障碍地阅读中文文章，更是在教学的同时展示博大精深的中华文化。作为教师应充分重视文化因素在教学中的必要性和重要性，在教授汉语的同时，适时适地、有计划地切入文化知识，详细介绍文化背景和深刻内涵，使学生了解到丰富多彩的中华文化知识，理解中华文化内涵，接受、喜爱中华文化，进而逐步拓宽其思维和视野。此外，教师在开展汉语教学的同时，也需要认真分析学生由于文化干扰造成的语言错误，提高学生对文化的敏感性，建立起跨文化交际的意识，促进学生不断提高跨文化交际能力，逐步培养其从不同视角解释世界多元文化现象的能力。

海内外教学实践证明，在开展汉语教学的同时，适时融入文化知识，一方面可以帮助学生克服由于文化背景知识缺乏而引起的语用失误和理解偏差，另一方面也可以活跃课堂气氛，提高学生的学习热情。相比较而言，文化内容因其独特性，更容易吸引学习者的兴趣。

本章以《国际汉语教学通用大纲》初级部分涉及的中国文化项目为依据，展示了20个课堂活动示例。力求突出两个特点：一、在内容安排上，根据课堂教学进度合理安排文化活动，把文化活动内容与学生的汉语词汇水平、表达能力紧密联系在一起，最大限度地实现语言教学和文化传播的有机结合；二、在活动形式上，力求把文化体验与汉语交际紧密结合，以期达到学生中国文化知识与汉语交际能力同步提高的效果。

第一节 中国民俗文化教学课堂活动示例

示例 1 领中文名字 识古今名人

活动目标：让学生熟悉中国人名构成的顺序特征、寓意特点；认记自己的中国名字。借助图片认识孔子、老子、毛泽东、邓小平、姚明等古今名人；了解中国文化在姓名、称呼中的体现。同时能用“是”、“叫”、“谁”等词语完成简单的相互介绍的交际任务。此活动可以在汉语教学最初阶段进行。

活动用时：50 分钟。

活动准备：

1. 教师从网上下载姚明在 NBA 打球的一段视频（3 分钟左右）。同时下载孔子、老子、毛泽东、邓小平、姚明的肖像图片。
2. 教师给每个学生起一个地道的中文名字，并把它们单个打印出来，标上拼音，最好也将名字的含义用学生母语标在卡片上。

活动方式与步骤：

一、热身

教师播放姚明比赛的视频，边放边指着姚明问：“他是哪国人？”“他叫什么名字？”把“他叫姚明”写在黑板上，注意姓与名之间应留空当，以示与学生母语名字的区别。

二、活动内容

1. 教师讲解中国人姓名的顺序：姓 + 名，先姓后名，然后，对中外名字进行对比说明，使学生体会外文名字长、音节多而中文名字短、音节少的特点。
2. 教师展示孔子图片，问：“他是谁？”然后教师介绍孔子的基本情况和国际地位，人们尊称他为“孔子”“孔夫子”，不直呼其名。学生练习读熟。
3. 教师展示老子、毛泽东、邓小平、姚明的图片，重复上述问答及介绍活动。然后组织学生集体朗读，进一步熟悉黑板上的五个中国名字。接下来教师展示人物图片，依次问学生：

“他是谁？”“他叫什么名字？”“他是哪国人？”等，每个学生回答两个问题，问答时要求用正常语速。

4. 教师讲解中国人名字中“姓的继承、名的寓意”特点。中国人的姓常见的有100多个，姓氏人数最多的姓是：李、王、张。同时介绍男、女名字的特点，如：“强、伟、明”等适合男性，“丽华、琴、英”等适合女性。教师最后介绍自己的名字寓意，尽量解释得幽默一些。

三、活动扩展

1. 教师展示写有学生中文名字的卡片，故作神秘地说：“这是什么？”然后请学生到台前领取教师给他们起的中文名字。
2. 教师把学生中文名字的拼音写在黑板上，学生读熟。要求每个领到名字的学生说出：我的中文名字是（叫）______。
3. 教师发放名字卡片，学生自己依拼音读。期间，教师一一听辨并给出正确读法，解释名字的含义，要让学生喜欢。
4. 学生向周围的同学询问：“你的中文名字是什么？”对方回答。教师告诉学生卡片上的是汉字，像画儿一样，并让学生临摹。检查每个学生临摹的情况，错误的予以纠正，适当鼓励学生说：“很漂亮，真聪明。”教师要让学生经常用中文名字，增加学生的认同感。

示例2　说好称呼语 表明尊敬意

活动目标： 让学生了解汉语中常用的“称呼语”，体验“相互尊敬、敬老爱幼、孝敬父母、谦虚为善”的中华传统美德，了解中国人日常生活中的“礼”文化。能够在实际交际情景中正确称呼不同职业的人。顺利完成初次见面打招呼、自我介绍、告辞等交际任务。

活动用时： 30分钟。

活动准备：

1. 教师准备“见面打招呼、递名片、称呼别人、表示谦虚、告辞”等情景的图片或视频。
2. 教师准备表示职业类型的人物图片，包括：教师、医生、司机、厨师、经理、校长、律师、会计等。

活动方式与步骤：

一、热身

1. 教师展示人物职业图片，让学生辨认并说出职业，补充没学过的词语。
2. 教师简要介绍中国人注重生活中的礼节，不同的职业有不同的称呼语。

二、活动内容

1. 教师讲解称呼规则：在家庭中，不直接称呼父母及长辈、兄姐的名字，应称呼家庭关系的称谓；社会交往中，称呼“姓+职业或职务”，不知道“姓”的时候，直接称呼职业或职务。都不知道的话，可以称“先生、女士”；一般称司机、厨师为“师傅”。注意在此过程中，应随时学习没学过的词语。
2. 教师播放人物图片，一一指出职业、职务，让学生依次进行练习，然后标上“姓”，再练习一遍。注意对司机、厨师，应称“师傅”，不称职业。
3. 教师讲解中国人见面的规则：互相握手。强调：不拥抱。先说“你好”，然后递名片，注意要双手递、双手接。用语：“这是我的名片，请您多关照。”“认识你很高兴。”
4. 教师组织学生进行角色扮演，两人一组练习不同职业的人见面时的动作与语言。然后练习递名片的动作与语言。

三、活动扩展

1. 教师提醒，礼节是中国文化中的一个重要部分，而且与外国有很多不同。教师提醒学生注意，提示在日常生活中要多加练习。
2. 教师讲解在受到赞扬时，一般要表示谦虚，可以说“哪里，哪里”“不敢当，不敢当”。组织学生练习。
3. 教师向学生介绍中国人收到礼物时，一般不习惯当场打开。

示例3 剪个吉祥带回家

活动目标：让学生体验中国的“吉祥”文化，了解中华民族憧憬美好未来、向往美好生活的文化特质，认识主要的吉祥图案和中国剪纸艺术，特别是由汉字变形、谐音而形成的吉祥图案。同时，认识、会写其中的汉字，增加对学习汉字的兴趣，并能运用已学的词汇、句型完成简单的交际任务。此活动应在汉字书写教学开始后进行。

活动用时：50 分钟。

活动准备：

1. 教师从网上下载“福、喜、寿”由汉字变形而成的传统吉祥图案图片，要剪纸形式的。印在一张纸上，数量按学生数准备。同时，做成 PPT。
2. 教师准备红纸，准备剪双喜字。教师应提前学会红双喜剪纸的折叠方法、剪纸方法。
3. 教师从网上下载龙凤呈祥、连年有余（莲花、鱼）、太极图、中国结等图片，彩色打印在纸上。数量按学生数准备。
4. 教师提前通知学生带剪刀。

活动方式与步骤：

一、热身

1. 教师播放剪纸“喜”“福”“寿”的图片 PPT，教“剪纸”一词。用“是”字句，“漂亮”、“喜欢”等词与学生进行问答。
2. 教师告诉学生剪纸里面其实是汉字，引起学生的好奇。
3. 教师为学生讲解这是中国的吉祥图案，解释“吉祥”的意义。强调学汉字的重要性。
4. 教师告诉学生此活动的内容：学剪纸、认识中国的吉祥图案。

二、活动内容

1. 教师发放第一张图案纸。单独播放“双喜”图片，在黑板上写上拼音，解释含义。带领学生读熟。
2. 教师引导学生用手按笔画顺序“空中写字”，边比划边说笔画名称。然后在练习本上写四个“喜”字，教师指导纠正。
3. 教师发放红纸，演示剪“喜”字，然后一步一步教学生如何剪“双喜”字。剪完后把学生作品粘在教室黑板上展示，讲解“双喜”的含义。若其他图案剪纸有困难，可指导学生剪下印制图片代替剪纸。
4. 教师发放第二张图案纸，并讲解除了用汉字变形外，还用汉字的谐音来表达吉祥，如：连年有余（莲花、鱼）、中国结等。

三、活动扩展

下课前教师引导学生说三句话："这是______，我很喜欢中国剪纸，我要贴在我的门上。"学生依次进行，活动结束。

示例4　识中国日历 知传统节日

活动目标：让学生初步了解中国的农历，知道重要的传统节日：春节、元宵节、清明节、端午节、中秋节等。能够看懂中国的日历，可以完成与数字、星期、日期、节日相关的交际任务。能够认识并书写与数字、星期和日期相关的汉字。此活动可在完成数字、日期、星期等相关内容的教学后进行。

活动用时：30分钟。

活动准备：

1. 教师准备一本完整的日历，要公历、农历一体化印制的、彩色的、单页的，便于课上活动和学生在日常生活中使用。按学生数印制。
2. 教师准备米字格纸，便于练习汉字。
3. 教师准备有关春节、元宵节、清明节、端午节、中秋节典型活动的视频资料。
4. 师生制作"日期指示卡"。裁纸条，每个纸条上用汉字写两个日期。如：公历七月二十八日，星期五；农历五月初六。按学生数准备。

活动方式与步骤：

一、热身

1. 教师用"今天几号""现在是几月""今天星期几""五月一日是星期几""这个星期六是几号"等进行问答，引入本活动所需词语。
2. 教师发放日历，说明本活动的内容是认识中国日历。

二、活动内容

1. 教师发放米字格纸，或让学生拿出汉字练习本，准备学写汉字。教学生新词：年、月、日、星期、号、农历、公历、初一，反复练习后，让学生指认日历上的信息，从年份到十二个月再到一个月内的每个日期。

2. 教师发放“日期指示卡”，学生据此依次在日历上指点并说出公历是几月几日，星期几。
3. 教师讲解公历与中国农历的不同，指出农历在中国人生活中的重要作用。引导学生学习农历表示方法，如：农历三月初一、初二、初十等，一直到三十。
4. 教师介绍中国的传统节日，并告诉学生中国的传统节日的确立有的以公历为依据，有的以农历为依据。如：“春节是农历一月一日。”学生在日历上根据汉字寻找，然后说出公历的日期、星期。依次进行其他节日的练习，让学生分别说出相应的公历或农历日期。然后教师播放传统节日视频，并根据画面简要介绍节日的相关内容。

三、活动扩展

教师引导学生列出本国的传统节日，分别找出那一天对应的农历日期，并介绍那一天有什么特殊含义。例如：

5月8日是农历的三月二十，是我们国家的母亲节。这一天是感谢母亲为养育我们所付出的辛苦，所以我们都早早地给妈妈买了礼物，在这一天送给她。

示例5 包饺子 过大年

活动目标：让学生了解中国传统文化中过春节的习俗：家家户户包饺子、贴春联、放鞭炮，感受春节时全家和和美美、团圆喜庆的氛围。能够正确理解“春节、春联、压岁钱、红包”等词语的文化含义，同时能够熟练运用过节时常用的交际和祝福话语。

活动用时：50分钟。

活动准备：

1. 教师从网上下载过春节的视频，并将“春节、春联、压岁钱、红包”等关键词做成PPT，准备两个红灯笼。
2. 教师准备包饺子用的东西：饺子馅、和好的面、面板、擀面杖、筷子若干，煮饺子的炉灶、锅。
3. 学生准备吃饺子用的一次性餐具和纸巾。

活动方式与步骤：

一、热身

1. 教师上课前穿上节日的服装，将红灯笼挂在教室里，贴上春联（从网上多下载几幅），营造节日气氛。
2. 上课铃一响，教师指着灯笼告诉学生："今天我们过年了。"接着播放春节的视频，介绍过节的主要方式：家家户户大团圆，一起包饺子、贴春联、放鞭炮等。
3. 教师展示 PPT，引导学生学习关键词：春节、春联、压岁钱、红包。

二、活动内容

1. 教师引导学生学习过年的拜年常用语"过年好（新年好）、新春快乐、恭喜发财"等，然后学生进行分组练习，每人说一两句春节的拜年常用语。教师分组指导。用同样的方式练习过年的祝福常用语"祝你（您）身体健康、学业进步、工作顺利、万事如意"等。
2. 学生逐个到前面表演学过的拜年和祝福常用语。
3. 接下来进行包饺子活动。教师简要介绍包饺子的各个步骤："先把饺子馅放进皮里，再把皮捏好，最后再煮"，然后示范，指导。让学生们一边练习包饺子，一边说汉语："先……，再……，最后……"，直到每个学生都能流利地说句子，每人能包出不露馅儿的饺子。
4. 教师煮饺子，大家在欢快喜庆的氛围中品尝自己的劳动果实、体会过年的快乐。

三、活动扩展

教师组织学生进行朗读春联活动。把从网上下载的比较简单的春联展示给学生，让大家集体学习，不懂的地方教师加以解释，以此方式扩大学生词汇量，同时也可以传播中国传统文化。

示例 6　品香茗 悟茶道

活动目标： 让学生能够熟练掌握和茶相关的基本词汇（茶叶、茶壶、茶杯、茶碗、茶道等）以及基本选择句式"你喜欢喝茶还是咖啡？”的问答。在观赏老师沏茶、品茶的过程中，体会中国茶文化所蕴涵的“修身养性、淡泊明志、宁静致远”的深刻内涵。

活动用时：50 分钟。

活动准备：

1. 教师准备茶叶、茶具、开水。
2. 教师从网上下载有关茶道的视频以及茶具的图片。
3. 教师准备和茶有关的词语，按学生数做出卡片。

活动方式与步骤：

一、热身

1. 教师播放有关茶道的视频，引起学生的好奇。
2. 教师提问学生：“你们喜欢喝什么？”学生自由回答。然后引入选择问句：“你喜欢喝咖啡还是茶？”教师讲明回答时必须从中择一：我喜欢喝茶（咖啡）。

二、活动内容

1. 教师引导学生学习和茶相关的词语。教师把卡片发给每一个学生，让其试读，正确熟练后教师展示茶具图片和学生问答：“这是什么？它是茶叶吗？……”
2. 教师拿出准备好的茶具，边演示边讲解茶道的各个步骤，并将步骤名称写在黑板上：烫壶、置茶、温杯、高冲、低泡、分茶、敬茶、闻香、品茶。因为泡茶的过程需要 5 ～ 6 分钟，因此演示到“高冲”这一环节时，可引导学生学习沏茶过程中的高频词，如：高、低、分茶、闻香、品茶。
3. 茶泡好后，教师演示“低泡、分茶、敬茶”各个步骤，并插入对中国文化中“尊敬他人”美德的介绍。
4. 学生每人都拿到一杯茶后，开始集体“闻香、品茶”。期间，教师可介绍饮茶可以放松心情、陶冶性情，讲明喝茶既有独饮的清幽，也有集会联谊的雅趣。

三、活动扩展

教师找一个学生代表练习沏茶、泡茶的全过程，其他同学用汉语说出每一步骤的名称。

示例 7　品尝不同风味的中国菜

活动目标： 让学生了解中国菜讲究“色、香、味、营养”等的特点，能够说出 5 道典型的中国菜，掌握日常的蔬菜名称，能够到中餐馆熟练点餐。此外，在品尝不同风味菜肴的过程中，更加喜欢中国饮食文化。

活动用时： 50 分钟。

活动准备：

1. 教师从网上下载以下典型中国菜的图片，并加上文字说明，做成 PPT。如：鱼香肉丝、麻婆豆腐、西红柿炒鸡蛋、宫保鸡丁、蒜蓉西兰花。
2. 教师在家里做几道菜带到教室来（如果条件允许）。
3. 教师从网上下载制作以上几道菜的视频。

活动方式与步骤：

一、热身

1. 教师展示中国菜的图片，引导学生熟悉相关词语和菜名。
2. 学生练习看图片报菜名。速度逐步加快，直到大家能脱口而出。

二、活动内容

1. 教师播放做鱼香肉丝的视频，遇到生词时暂停下来，将其中的关键词语及制作步骤写在黑板上，并用学生母语做出细致解释。
2. 教师领读所列举的蔬菜及调料的关键词，逐步让学生熟悉“酱油、醋、鸡精、麻油”等常用词。再次播放视频，中间不停顿，练习学生听力。学生熟悉内容后，找代表上台介绍如何做这道菜。
3. 教师引导每个学生讲一遍制作的过程。教师利用这个间隙把准备好的几道菜拿出来，给学生一个惊喜。
4. 教师先让学生说出各个菜的名称，集体品尝老师的手艺。大家边吃边欣赏其他视频，谁对其他菜感兴趣，可以拷贝老师的视频，下次上课给大家表演其他菜的做法。

三、活动扩展

教师与学生互动，问大家在当地中餐馆常吃的中国菜是什么，是否知道怎么做那些菜。下次课教师告诉大家那些中国菜的做法。

示例 8　“喜”字成语知多少

活动目标： 让学生了解成语，尤其是四字成语是汉语词汇的重要组成部分，同时能够理解和掌握“喜”字构成的十个成语。

活动用时： 50 分钟。

活动准备：

1. 教师按学生数制作带“喜”字的成语卡片，标注拼音，并加上学生母语释义。根据学生水平，可选择以下成语：

   喜从天降、喜上眉梢、喜出望外、喜笑颜开、喜上加喜、
   喜气洋洋、喜结良缘、欢天喜地、双喜临门、皆大欢喜。

2. 教师准备两个红色气球，并分别贴上大红“喜”字。
3. 教师从网上下载“双喜临门、喜上加喜、喜结良缘、皆大欢喜”等图片。

活动方式与步骤：

一、热身

1. 课前教师把贴有“喜”字的气球挂在教室天花板或灯上。一上课，就让气球掉下来，在学生还未反应过来时，教师说：“这是喜从天降！”
2. 由此导入本活动的主题：学习“喜”字成语。

二、活动内容

1. 教师将写有“喜”字成语的卡片发给学生，运用肢体语言或图片演示“喜”字构成的常见成语。
2. 学生试读、教师逐个指导、纠正发音，直到每个人能准确流利朗读 10 个成语。
3. 教师引导学生用成语造句。教师给出例句，学生模仿例子造句。

   例如：今天是新年，人人喜笑颜开。

   何塞和玛利亚喜结良缘，今天又大学毕业，真是喜上加喜。

   约翰的女儿大学毕业了，儿子找到工作了，真是双喜临门。

4. 教师引导学生再次快速复习所有成语。然后 4 人一组，找一名善于表演的学生到前面做动作，组里的其他成员依次说出

相关成语，如：气球从屋顶掉下——喜从天降；学生满脸堆笑——喜笑颜开；两个气球放在一起——喜上加喜；把“囍”字贴在门上——双喜临门；安娜和马丁结婚——喜结良缘等。哪组学生在5分钟内表演、说出的成语最多，哪组就为优胜组。把两个气球（喜上加喜）送给他们作为奖励。

三、活动扩展

教师把以“喜”字开头的常用词语介绍给大家：喜糖、喜酒、喜剧、喜气、喜事儿。让大家仿照给出的例句造句，如：我们去吃马丁的喜糖，喝安娜的喜酒，他们家最近有很多喜事儿，我们沾沾他们的喜气。

示例9　练两招太极拳

活动目标： 让学生在“学打太极拳”的活动情景中，体验中国传统武术内敛、智慧、四两拨千斤的“太极”文化；在汉语实践方面，综合使用方位、身体部位及“向”“要”等词汇、句型，完成动作所需的交际任务。此活动可在有关方位词、基本身体部位词汇教学后进行。

活动用时： 50分钟。

活动准备：

1. 教师提前熟悉太极拳的基本动作，如“起势、野马分鬃、白鹤亮翅、云手”等，并了解太极拳的内涵意义。
2. 教师准备“太极图”图案，二十四式太极拳的视频片段以及中国功夫类电影的视频片段（3分钟左右）。为增强效果，最好找李小龙的功夫片。
3. 教师准备太极服。如果没有，应穿较宽大的衣服、运动鞋。

活动方式与步骤：

一、热身

1. 教师穿太极服（或运动服）进教室。
2. 教师播放中国功夫电影，让两个学生模仿动作。
3. 教师问学生：“谁会中国功夫？”如果有，可以表演一小段。
4. 教师做冲拳动作，说“向左、向右、向前”等，学生跟着做。

二、活动内容

1. 教师告诉学生今天学中国太极拳。学习太极拳相关词汇，并练习造句。接着播放太极拳表演视频，然后展示太极图。
2. 教师简要讲解太极拳柔和、缓慢、内敛的特点和其中包含的“四两拨千斤”的道理。
3. 教师让学生在教室里散开，各找一个地方，准备学习太极拳。如果教室容纳不下，亦可到教室外场地。
4. 第一个动作：起式。教师示范，然后学生跟着做，要求一边做一边说口令。学生自己练习，教师指导，并注意应与学生多交流。其他动作用同样方式练习，教师可适时加入“左前、右前”等新方位词。接着让学生看一遍相应动作的视频，学生自己练习一会儿。最后，老师说动作名称，学生做动作。

三、活动扩展

教师引导学生学习一对反义词“快—慢”。教师告诉学生太极拳要慢，并体会其中的“静、专心”的特点，强调中国文化中修身养性的内涵。

示例 10　数棋子 识围棋

活动目标：让学生能够初步认识和了解中国围棋，能够用基数词熟练查数，并能结合“有”字句完成所需的交际任务。本活动重点不是介绍中国围棋知识，而是通过认识中国围棋，练习“百位以上数字”的正确读法。本活动建议在学完十位基数词后进行。

活动用时：30 分钟。

活动准备：

1. 教师准备围棋图片，包括：棋盘、黑白棋子。如果能有真的围棋盘、棋子更好。
2. 教师把围棋棋盘复制在一张 A4 纸上面，打印出来。按学生数准备。同时准备一张放大的棋盘，以备集体共用。
3. 教师下载中、日、韩围棋比赛的视频（5 分钟左右）。
4. 教师准备小奖品若干。

活动方式与步骤：

一、热身

1. 教师告诉学生今天课上有一个非常有趣的东西，请他们猜猜是什么。由此导入活动。
2. 教师播放围棋比赛视频。
3. 教师展示围棋图片（或实物），学习“围棋、棋子、横线、竖线”等新词。教师引导学生用“是”字句和“有”字句介绍：“这是中国围棋的棋盘，这里有很多点，能放棋子。围棋有黑色和白色的棋子。”教师讲解活动任务：今天就是看谁能快速地数清“点数”，猜一猜有多少棋子。

二、活动内容

1. 教师发放事先打印好的围棋棋盘。要求学生自己用汉语、按顺序数有多少条横线，然后向老师报告。例：棋盘上有十九条横线。
2. 教师让学生进行竖线的数目统计，接着教师总结，中国围棋棋盘有十九条横线、十九条竖线，让所有学生练熟。
3. 教师问学生：“棋盘上有多少点呢？看谁最快说出来。”引导学生自己想办法，数出来后不要说，到讲台告诉老师。教师记录，看谁是第一个说对的（361 个点）。等大部分学生告诉老师点数后，教师把大棋盘贴在黑板上，组织学生一起快速数数。学生按座位顺序，逐个到前台来数，每人数 3 行，一人数完，教师把最后的基数词写在黑板上，下个人接着数。谁中间无停顿、无重复，就奖励一个小奖品，直到数完 361。
4. 教师继续提问：“两个人下棋，棋子要一样多，每人需要多少棋子呢？一共需要多少棋子呢？”（每人 180 个，一共 360 个）奖励算得快的学生。最后教师总结：中国围棋棋盘有十九条横线、十九条竖线。一共有 361 个棋子，黑色的棋子有 181 个，白色的有 180 个。

三、活动扩展

教师让学生介绍自己国家有什么样的棋？如果有，可以仿照中国围棋的模式进行简单介绍；如果没有，就让学生介绍一下跳棋的线条、棋子及比赛规则。

第二节　中国文化鉴赏教学课堂活动示例

示例 11　做个文物鉴定家

活动目标： 让学生初步认识景德镇瓷器、唐三彩、景泰蓝等，增强对中国工艺品文化的感性认识。同时，训练学生对汉语拼音声调的“直呼”能力，综合使用已学过的有关词汇、句型完成与“瓷器、陶器”相关话题的交际任务。此活动适合在学完颜色词后进行。

活动用时： 30 分钟。

活动准备：

1. 教师准备景德镇的瓷器图片 5 张。尽量精选不同时代、品种、花样的瓷器产品。
2. 教师准备唐三彩的典型图片 5 张。
3. 教师准备景泰蓝的典型图片 5 张。

活动方式与步骤：

一、热身

1. 教师介绍英文 china 一词有“瓷器”的含义。
2. 教师展示两张瓷器的图片，介绍中国是瓷器的发祥地，中国的瓷器有很多种类。
3. 教师展示两张唐三彩、景泰蓝的图片，说明也有一些工艺品与瓷器相仿，应仔细辨认。

二、活动内容

1. 教师在黑板上写“瓷器”的拼音，让学生自己练习拼读，教师纠正学生的发音、声调。组词：景德镇瓷器、蓝色瓷器、白色瓷器等，并展示瓷器的图片。按座位顺序进行“是”字句的问答：“这是什么？这是瓷器吗？这是不是瓷器？它是什么颜色的？”等，速度接近正常语速。然后进行组句练习：中国瓷器很漂亮；盘子是瓷器，杯子也是瓷器；瓷器有很多颜色。
2. 教师展示瓷器图片，依次让学生连续说上述句子，直到正确、流利为止。然后展示唐三彩图片。问学生：“这是瓷器吗？这是什么？”学生回答后，教师告诉学生这不是瓷器，并在黑板上写“唐三彩”汉字。然后组句：唐三彩有绿色、白色、蓝色和黄色等。我喜欢唐三彩。用同样方式进行“景泰蓝”的练习。注意颜色词汇的应用。

3. 教师引导学生集中复习一下景德镇瓷器、唐三彩、景泰蓝等词语。然后展示图片，要求学生依次用刚才说过的句子回答，保证每人都说得正确和流利。

三、活动扩展

教师告诉学生瓷器、唐三彩、景泰蓝是流行世界的工艺品，并介绍主要产地：瓷器——景德镇；唐三彩——西安；景泰蓝——北京。

示例 12　京剧脸谱显风采

活动目标：让学生初步了解中国京剧艺术，能够用学过的颜色词语、“是”字句、“有”字句等对京剧脸谱进行基本的描述。在认识京剧脸谱、绘制京剧脸谱的活动中产生对这门艺术的兴趣，增进对中国文化的全面了解。

活动用时：30 分钟。

活动准备：

1. 教师提前通知学生带一个较粗、较高的酒瓶，并用白纸将其全部糊实。
2. 教师通知学生带一套水彩笔、一张彩纸、一条细绳或一根橡皮筋。
3. 教师准备京剧视频，选热闹一些的片段。要出现较多的脸谱及人物形象。
4. 教师准备各种京剧脸谱图片，生、旦、净、末、丑都包括，共准备六个，颜色种类尽量多，并把图片打印出来。
5. 教师准备几个带有脸谱的小书签，作为奖励。

活动方式与步骤：

一、热身

1. 教师让学生展示自己带的彩纸，教师依次问：“这张纸是什么颜色？”快速复习颜色方面的词语。

2. 教师告诉学生今天要看中国戏剧，播放京剧视频。
3. 教师引导学生学习“京剧、脸谱”等词语，简单讲解京剧里生、旦、净、末、丑的特点。
4. 教师再播放视频，逐个指出“老生、花旦”等角色。告诉学生本节课的活动内容是画脸谱。

二、活动内容

1. 教师让学生拿出瓶子、水彩笔等用品。把脸谱图片贴在黑板上，并与学生一起说脸谱上有什么颜色。
2. 学生任选一个脸谱在瓶子上画。期间教师要照顾到每个学生，与他们进行有关颜色方面的对话，如：脸是什么颜色、你这个脸谱有什么颜色等。学生画好后，在瓶子口用细绳固定彩纸，做脸谱的头巾或帽子。
3. 教师把学生的作品摆在教室讲台上，让学生逐个介绍自己的脸谱，给画脸谱好的学生小书签作为奖励。课间休息时也可以把学生的作品放在教室外面的窗台上，供其他班学生观看。

三、活动扩展

教师结合大家做出的“脸谱”，给学生补充一些京剧脸谱的基本知识:“生、旦、净、末、丑”不同角色的含义。然后让学生欣赏一段京剧视频，问他们喜欢哪种角色。下次做脸谱时，可以照着他们最喜欢的角色去做。

示例 13　动手折纸扇 灯会赏彩灯

活动目标：让学生体验折扇、折灯笼等中国文化元素，了解中国人心灵手巧、热爱生活的美好品质，知道红色、白色在中国代表的文化含义。在语言实践方面，让学生体会汉语组词的简单规律（颜色词 + 名词），同时，通过制作纸扇、灯笼这样的活动完成相关话题的交际任务。此活动可在汉字教学初期进行。

活动用时：50 分钟。

活动准备：

1. 教师提前通知学生带水彩笔，按学生数准备用于折纸扇的白纸。
2. 教师从网上下载不同大小、式样、图案的纸扇图片和各种电扇的图片。

3. 教师下载扇子舞视频，两分钟左右；中国元宵节视频，突出灯会，准备各种红灯笼图片、天安门城楼灯笼图片和交通红绿灯图片。

活动方式与步骤：

一、热身

1. 教师简要讲解汉语组词的基本方法（用形象的方式来解释，尽量不要出现偏正、动宾等语法术语）。
2. 教师展示红绿灯图片，分别指着红灯、绿灯、黄灯和整个红绿灯问学生："这是什么？"学生用母语回答，教师写在黑板上，以便与汉语的词汇进行比较。
3. 教师以灯为例讲汉语的组词方法。灯—红灯、绿灯、黄灯（颜色）、红绿灯。
4. 教师告诉学生本次活动的内容：学习快速扩展词汇的方法，如"红茶，绿茶，红苹果，绿苹果，黄苹果"等。

二、活动内容

1. 教师展示一张纸扇的图片，在黑板上写"扇"的拼音，让学生认读，并讲解意义。然后扩展词汇：扇子、纸扇、电扇。接着展示纸扇、电扇的图片，依次问学生："这是什么？中国纸扇漂亮吗？"要求学生用完整的句子回答。然后把颜色词加上，进行问答。
2. 教师播放扇子舞视频，说明扇子不仅是日用品，更是具有中国特色的艺术品，从中能反映出中国人心灵手巧的特点。然后问学生："扇子怎么折出来的呢？"让学生思考一下。
3. 学折纸扇。教师发放白纸，让学生在上边随意作画、写汉字。然后按折纸顺序和方法，教学生折纸扇。该过程中，教师要有意识地多说"第一、第二、最后"等序数词。做好以后，教师应适当表扬学生。
4. 教师播放中国元宵节灯会的视频，同时，教师在黑板上写"灯笼、红灯笼、绿灯笼、黄灯笼、粉灯笼"等拼音。固定一个画面，问一个学生："有什么颜色的灯笼？"换画面再问一个学生，直到全部学生回答完毕。最后问学生："晚会上为什么没有白灯笼？"学生想不出答案时，教师告诉学生：红色是中国人表示喜庆的颜色，如红对联、红灯笼；而白色的灯笼、对联表示悼念亡人，这个习俗一定注意。

三、活动扩展

教师把扇子和灯笼上常出现的图案、文字等文化含义向学生做介绍：灯笼上常出现的祝福语有“欢度春节、元旦快乐、恭贺新年、恭喜发财”等。扇子上经常会出现龙凤呈祥图案、书法作品、诗歌等各具特色的文化元素。这种方式可以让学生体会中华文化的博大精深，进一步保持他们学习汉语及中华文化的积极性。

示例 14　旗袍、唐装试试看

活动目标： 让学生认识旗袍、唐装两种典型的中国传统服装，初步了解“丝绸、纯棉、尼龙”等面料方面的词汇。在语言实践方面，熟悉常用的服饰词语，能够运用“穿 / 戴（等动词）+ 着”描述人的衣着、打扮。

活动用时： 50 分钟。

活动准备：

1. 教师准备穿着“西装、裙子、T 恤、衬衣、夹克、牛仔裤”等男、女人物的图片。上述服装词语已经学过。同时准备几张穿旗袍、唐装的人物图片。
2. 教师下载中国旗袍、唐装时装表演视频和一段巴黎时装表演视频。
3. 教师准备中国丝绸、纯棉蜡染面料图片。
4. 教师准备一件真正的旗袍和一套唐装。

活动方式与步骤：

一、热身

1. 教师展示服装类词汇的图片，教师指，学生说，快速复习已学过的词语。
2. 教师播放巴黎时装表演视频，边放边问：“他（她）穿着什么？”学生自由回答。
3. 教师强调一下“动词 + 着”表示动作或状态的持续，然后告诉学生：今天我们要看中国人穿什么。

二、活动内容

1. 教师展示穿着旗袍、唐装的人物图片。说：“这是旗袍、唐装。”在黑板上写“旗袍、唐装”，组织学生读熟。然后加上颜色词，构成词组，如：红色旗袍、紫色唐装等。

2. 教师播放旗袍、唐装时装表演视频。让学生看一遍。再放视频。边放边停，问一个学生：“他（她）穿着什么？”学生根据画面上的人物回答，如：她穿着红色旗袍、他穿着紫色唐装。以此类推，对全部学生进行问答。
3. 教师对旗袍、唐装进行简单解释。旗袍是女性服饰之一，它是满族服装，能体现女性的线条美；唐装是中国的一种传统服饰，字面意思是唐人的服装，即“华人的服装”，它的特点是立领、对襟、盘扣。旗袍和唐装都有很多样式。从材料的角度来说，旗袍和唐装最典型的面料是丝绸、纯棉，很少用化纤面料。
4. 教师展示丝绸面料的旗袍与唐装，讲明它们是中国的传统服装，能体现中国人的气质和文化特色。
5. 组织几个学生分别来试穿唐装和旗袍，并问其他学生“怎么样？合适吗？”，可以复习“太大了，太小了，很合适，不合适”等学过的词汇。教师为穿着合适的学生拍下照片，并说：“索菲娅穿这件旗袍非常合适。马丁穿这件唐装也非常合适。”

三、活动扩展

教师让学生们讨论他们国家的传统服装是什么？请代表上台介绍服装的名字、面料、穿着的场合等。

示例 15 “最具中国特色景物”评选

活动目标： 教师通过集中向学生展示丰富多彩的中国历史文化，让学生对长城、故宫、兵马俑、敦煌石窟、石狮等具有代表性的中华文化符号产生深厚的兴趣。在语言实践方面，通过评选活动，学生能够熟练应用序数词进行交际。

活动用时： 50 分钟。

活动准备：

1. 教师提前通知学生准备有关“中国印象”的图片，最好是家人、朋友以前旅游或自己上学时教科书上的图片。
2. 教师准备长城、故宫、兵马俑、天坛、乐山大佛、敦煌石窟壁画、石狮、四合院等景物图片，打印出来。在图片上方标注其名称，内容应醒目。

3. 教师提前将红纸剪成圆形，大小与手掌一般。按每个学生 5 个准备。带胶带、剪刀。
4. 教师准备介绍故宫、长城的视频。

活动方式与步骤：

一、热身

1. 教师利用课间时间，组织学生把自己准备的图片粘贴在黑板上。教师准备的图片应粘贴在教室里走动较方便的地方。
2. 上课后，教师先让学生观看图片，并抄写图片上的拼音，自己试读。

二、活动内容

1. 学生按座位顺序依次到图片前，指着图片说：“这是中国的______。”教师简单介绍图片，纠正发音。
2. 教师发放红圆纸片，要求学生从图片中选 5 个最能代表中国特色的景物，让学生在纸片上写：第一、第二、第三、第四、第五。“第”字可以现场学习。写好后，教师要求每个学生到图片前，一边说“第一是长城，第二是兵马俑，第三是……”一边把红圆纸片贴在相应图片上。
3. 教师与学生一起统计每个景物的得票情况。如：第一，长城，8 张；第二，故宫，5 张等。师生一起为每一处景物统计分值，最后按从高到低的顺序把分值排列出来。

三、活动扩展

除了介绍著名的景点，教师可以针对学生比较感兴趣的其他景点，进一步做文化内涵的介绍，如四合院、乐山大佛、敦煌壁画等，让学生进一步了解中华文化。

第三节　现代中国教学课堂活动示例

示例 16　从数字看中国

活动目标： 让学生在识读多位数字的语言实践中，了解中国的面积、人口、历史、民族等基本国情信息。认识中国国旗、国歌、国徽。

活动用时： 30 分钟。

活动准备：

1. 教师准备一张大的中国行政区划地图。
2. 教师准备表示国情信息的数字材料，其中包括：1 个中国；34 个省级行政区（包括直辖市、自治区、特别行政区）；56 个民族；5000 年左右历史；960 万平方公里；13 亿多人口；首都是北京。
3. 教师准备中国国旗、国徽图片；汉、回、维吾尔、藏、壮等主要少数民族典型的图片；甲骨文、兵马俑、故宫、长城等具有历史性的图片。可以把图片做成 PPT。
4. 教师准备中国国歌和天安门广场升旗仪式视频。

活动方式与步骤：

一、热身

1. 教师引导学生复习个位数数字的读法，练习十位、百位、千位、万位及亿位数的读法。让学生两人一组，互相写阿拉伯数字，然后用汉语说出正确的读法。教师巡视指导。
2. 教师向学生说明本次活动内容：通过数字了解当代中国。
3. 教师播放天安门广场升旗仪式视频，把中国地图挂在黑板上。

二、活动内容

1. 教师在黑板上写数字“1”和“一个中国”“中华人民共和国”（加上拼音），领学生读熟。然后在地图上指位置，并简要讲解台湾、香港、澳门是中国的省级行政单位。
2. 教师在黑板上写数字“56”，让每个学生快速读一遍，告诉学生中国有 56 个不同的民族，汉族是人数最多的民族。
3. 教师播放相关历史图片的 PPT，在黑板上写数字“5000”，学生依次快速读一遍。教师介绍中国有五千年左右的悠久历史，有灿烂的文化，如举世闻名的四大发明。

4. 教师问学生本国的领土面积，学生应用汉语回答。教师在黑板上写数字“9600000”，学生依次读，教师告诉学生这是中国的国土面积。然后问学生本国的人口数量，学生回答后，教师在黑板上写数字“1300000000”，让学生依次读出，并告诉学生这是中国人口的数量。最后集体复述：中国有 56 个民族，5000 年左右的历史，960 万平方公里，13 亿人口等。

三、活动扩展

教师引导学生把了解到的现代中国国情知识与本国的加以对比，比如本国的历史、国土面积、人口数量、民族结构、工农业产品等。在国情知识对比中，相互学习，共同进步。

示例 17　识中国地图 游华夏名胜

活动目标：让学生初步了解中国地大物博、风景秀丽的特色，掌握主要旅游城市的名称、景点。在语言实践方面，能够应用方位词和“在”字句、“有”字句来进行交际，逐步形成成段表达的能力。此活动可以在方位词教学后进行。

活动用时：50 分钟。

活动准备：

1. 教师下载英文版的中国地图，用 A4 纸打印，每个学生一张。
2. 教师重点关注要介绍的城市位置，包括：哈尔滨、北京、上海、广州、香港、西安。
3. 教师准备上述城市的风景图片和标志性图片，做成 PPT。
4. 教师准备一段介绍九寨沟、张家界或日月潭等名胜的视频。

活动方式与步骤：

一、热身

教师播放张家界和九寨沟的介绍视频，引起学生兴趣。边播放边与学生交流：这是哪儿？这是中国。今天我们去中国看看。

二、活动内容

1. 教师发放中国地图，与学生一起快速指认：东部、西部、南部、北部、中部、东北、东南、西北、西南等方位。
2. 学习“城市”一词，引导学生说：中国有很多城市。教师指着地图说："在中国东北部，有一个城市，叫哈尔滨。请在地图上找一找。"学生找，找到举手。教师问："哈尔滨在哪？"学生回答："在这儿，在中国东北部。"然后教师展示哈尔滨风景图片，特别是冰灯，引导学生说："哈尔滨有冰灯，很漂亮。"

3. 教师说城市名，学生先用拼音写，然后在地图上找。如：上海，在中国东南部。依次练习北京、香港、西安等城市。然后变换问题，用"______在哪儿？"与学生进行快速问答，反复练习重要城市及其方位。
4. 学生两个一组，一问一答练习。接着教师播放北京图片的PPT，让学生用拼音写图片上景物的名称，如：天安门、长城、故宫等，组织学生学习词汇。然后引导学生依次连续说句子：北京在中国北部，有天安门、长城。用同样的方式进行上海、香港、西安等城市的练习。最后以幻灯形式一张一张展示图片，学生依次根据图片说：这里是______（城市），这里有______（图片景物名）。如："这里是西安，这里有兵马俑。"

三、活动扩展

教师为学生们介绍一下他们不太了解的城市及历史文化名胜或标志性景点，如：上海的东方明珠，西安的碑林，香港的海洋公园等等，让学生逐步深入地了解中华文化。

示例 18　MADE IN CHINA 调研报告会

活动目标： 让学生初步了解中国的经济情况及在世界的地位，亲身体会中国与所在国的贸易状况、中国产品对所在国人们生活的影响。在语言实践方面，学生进一步扩展日用品词汇，开始使用双语词典，重点练习"中国制造的"短语，并综合应用所学句型完成所需的交际任务。此活动可以在有关购物话题教学后进行。

活动用时： 50 分钟。

活动准备：

1. 此活动需教师提前准备，到活动课要有两天以上的间隔，最好能间隔周末，让学生课下准备。
2. 教师引导学生对所在城市的综合性超市进行调查了解，选择 5 个较大的。

3. 教师提前进行活动布置，包括：学生分组，根据住址分成5组；每组选出与住址较近的超市；到超市调查有哪些商品是中国制造的，写下物品的名称（可用母语）；回家后查字典或用网上翻译软件，查出该物品的拼音；每组商品数不少于10个；拍下照片，用普通纸打印出来，把拼音标注在图片上。另外，每个学生对自己家里的物品进行统计，看看哪些是中国制造的，方法同上。
4. 教师准备能反映中国农业、工业、科技发展情况的视频（5分钟左右）。如：北大荒的收割，林立的工厂，繁忙的超市，火车、地铁呼啸而过，航天发射等。
5. 教师准备胶带、剪刀。

活动方式与步骤：

一、热身

1. 教师组织学生粘贴在超市拍摄的照片。每组一个地方。
2. 教师给出交际例句：我家的______（物品名）是中国制造的，这个______（商品名）是中国的，我的T恤也是中国制造的。

二、活动内容

1. 学生分组讨论，主要练习把商品的名称读准，把句子说连贯。期间教师应到各组指导，注意纠正音、调。
2. 学生按座位顺序依次到前边介绍个人搜集到的中国产品。
3. 每组讲完，教师随即再快速重复一遍，问："这是什么？这是美国制造的吗？这是不是日本制造的？"学生根据实际情况回答。
4. 各组派代表集中介绍本组的中国产品，其他组员及时补充。尽量用正常语速。所有小组讲完后，教师把学生发音不准的词再反复领读几遍，结合句子练习，直到所有学生都掌握。

三、活动扩展

1. 播放视频材料，学生观看。
2. 教师用学生母语介绍一下中国商品在世界上的影响力。

示例19　奥运会上找中国

活动目标： 让学生了解现代中国体育在世界上的地位，从体育的角度增强对现代中国的感性认识。在语言实践方面，在奥运会体育比赛的情景中，进一步熟悉主要国家的汉语名称、主要体育运动项目名称，并综合应用所学过的句型完成所需的交际任务。此活动应在有关个人爱好、运动项目教学后进行。

活动用时： 50 分钟。

活动准备：

1. 教师准备 2008 年北京奥运会开幕式视频片段，对其中的入场式进行剪辑，出现所在国、中国、美国、德国四个国家画面。
2. 教师下载乒乓球比赛、体操比赛、射击比赛及女排比赛的片段及颁奖仪式视频。
3. 教师下载所在国获得奥运会冠军项目的比赛及颁奖仪式视频。
4. 教师下载篮球、足球、游泳等常见体育运动视频以及北京奥运会闭幕式视频，特别是焰火表演。

活动方式与步骤：

一、热身

1. 教师播放奥运会开幕式视频（一分钟左右）。
2. 教师引导学生学习“奥林匹克”“运动会”及简称“奥运会”等词语。学生体验汉语中的“简称”现象。
3. 教师告诉学生本次活动内容是“看奥运，找中国”。

二、活动内容

1. 教师播放开幕式运动员入场的视频，出现一个国家时停住画面，问学生：“这是哪个国家？”学生自由回答。教师及时补充与纠正。
2. 教师播放乒乓球比赛视频。问：“这是什么？”把“乒乓球”三个字写在黑板上，学生读熟。播放乒乓球颁奖仪式，在升国旗时停住画面，指着国旗问一个学生：“这是哪个国家？”再换一个学生认另一面国旗。之后，教师指着画面中的人，问：“他们是哪国人？”让学生轮流上来练习表达。
3. 教师在黑板上写“体操”的拼音，解释词义。播放体操比赛及颁奖仪式视频，后边操作方式同乒乓球。注意没有学过的国家名，如俄罗斯等，教师要及时翻译和标注。
4. 教师播放 2008 年奥运会上刘翔图片的 PPT，问：“他是谁？他是哪国人？”学生回答后，教师给出正确答案。播放篮球、足球、游泳图片的PPT，让学生用“我喜欢______，我会______。”句型说话。

三、活动扩展

1. 教师播放“鸟巢”等北京奥运会图片的PPT，简要介绍中国在奥运上的表现及得奖情况。
2. 播放闭幕式焰火表演视频，活动结束。

示例 20　找个中国网友

活动目标： 让学生从国际互联网发展的角度，认识现代中国的民主、开放及现代化。从语言实践上，让学生集中学习有关现代通讯、网络方面的词汇，掌握“孔子学院”汉语学习网站的登录、使用方法，增强自我获取汉语学习资源的能力。此活动在出现“电话”“电话号码”等词汇后即可进行。建议尽早进行该活动，以便师生能使用汉语学习的网上资源，促进课堂教学。

活动用时： 100 分钟（两节课）。

活动准备：

1. 该活动需要提前准备。教师要先看看现在所用的教室里有没有无线网，学生有没有笔记本电脑。如果上述有一个条件不具备，就应提前联系学校机房，安排汉语教学两节课，确定时间。特别注意要能显示中文（简体），如果不能，应请示有关领导予以解决。
2. 时间确定后，教师应联系国内朋友或者学生，要他们的 E-mail 地址或者 QQ 号，并让他们按时上网，准备与这里的学生网上联系（最好联系国内的外语学院，选择与这里的学生母语相同的高年级学生）。按学生数联络国内朋友或学生，并把邮箱地址写在纸条上，每人一个。
3. 教师提前熟悉“网络孔子学院”网站的登录步骤、使用操作方法，教师需演练熟练。
4. 教师准备新华网、人民网、CCTV 网站的网址。
5. 教师准备国内计算机机房图片。写好“网络、网址、网上通讯、网友、孔子学院、新华网、CCTV”等词汇的拼音及翻译，存在自己的电脑里。

活动方式与步骤：

一、热身

1. 学生开机，试用网络。发现问题，应及时解决，保证每个学生都能正常上网。同时，教师应与国内联系，确认是否准备好，并告知确切的联系时间。
2. 学生学习“电子信箱、邮件”等词语及例句“我的电子邮箱是______”。两个学生互相问答，并记录。然后，向对方邮箱里发一封邮件，看是否能收到。老师告诉学生自己的邮箱地址，让学生向邮箱里发一封邮件。
3. 教师以群发的方式，把计算机机房图片及新词语发至学生邮箱。

二、活动内容

1. 学生认读词语，教师逐个检查、纠正。告诉学生，中国计算机很发达，应用很广泛。教师说“新华网的网址是 www.xinhuanet.com”，学生记录。再说两遍核对。
2. 学生登录此网站，切换成母语或英语版，进行浏览。用同样的方式练习登录“人民网”。教师可以告诉学生还有很多网站，中国是开放、民主的国家，言论自由、信仰自由、信息畅通，可以从网上了解现代中国。
3. 教师说“网络孔子学院的网址是 www.chinesecio.com”，学生记录并上网。教师指导学生逐步进入网站，点击“学习”即可使用（也可以先点击右上角切换成英文版或母语版再进行使用）。教师可以让学生放到收藏夹里，以后慢慢使用。给学生 10 分钟，浏览并使用一个学习项目。期间，教师解答学生不明白的问题。
4. 教师问学生：“你们想认识中国网友吗？”接着让学生抽取国内朋友的邮箱地址或 QQ 号纸条，发邮件或加为好友。双方进行信息交流，时间为 25 ～ 30 分钟。下课前 10 分钟，教师向国内的朋友或学生邮箱群发邮件，表示感谢，并告知他们活动结束，以后常与这里的学生交流。

三、活动扩展

教师给学生介绍其他学习汉语的网站，介绍本地华侨与外国学生联谊互动，加深了解，互做朋友，相互促进。

后 记

本书终于要刊印出版了，这是目前在我所出版的著作中构思、准备、写作、修改时间最长的一本书。

早在2007年我在主编《体验汉语基础教程 教学参考书》时，就意识到活动的重要性，因此在“教参”中为广大教师提供了96个课堂活动，但是因“教参”的受众面有限，始终觉得这些活动没有被广泛使用而感到遗憾。

为了使活动教学延续下去，2008年年底我申请了北京语言大学校级项目《对外汉语课堂活动设计研究》（项目号：08YB05），并对当时北京语言大学使用的汉语教材的每一课都提供了任务活动。后因2009年出国任教，该项目延期至今。2012年我申请了教育部人文社会科学重点研究基地重大项目《“任务—活动”型汉语课堂教学模式构建与应用》（项目号：12JJD740005），这才把前期所有的研究和实践整合起来，可以说这本书是前期研究的一个阶段性总结。

在这里要特别感谢河北邢台职业技术学院的李俊芬教授，正是她的加入，才使本书稿顺利完成。我和俊芬相识于2007年，当时她是汉办出国师资，正在廊坊接受出国前的培训，我是培训专家，从那以后我们一直邮件联系，共同探讨对外汉语教学方方面面的问题。2009年当我把课题的想法告诉她时，我们一拍即合，从此俊芬开始在海外一线广泛积累经验、反复实验、不断修改。从2007年至今，俊芬三次出国任教，均在南美国家，她多次跟我说“在南美课堂如果不开展活动，没办法进行汉语教学”。

本书共提供140个课堂活动案例，可以说每个活动都是在屡经海外汉语课堂的考验中历练产生的，每个活动都是经过课堂实验证明有效后，历时三年多、历经六次修改，到今天才算基本完成。但是此时此刻我们的心里却没有丝毫轻松之感，反而更加感到任重而道远。

首先，对汉语国际教育活动教学法的探索永无止境。我们深知，本书所收录、记载的活动绝不是终极的样板，本书的出版除了对各位同行起一点抛砖引玉的作用外，更多的是鞭策自己进一步去探索、去完善、去推陈出新。可以说，本书的出版仅仅是一个新的开端，引导我们更深入地研究汉语国际教育活动教学的内在机制、更全面地在课堂教学中契合学习者的学习动机，高效开展教学活动与实践，以期达到更显著提高汉语国际教育教学质量的目的；第二，要继续在教学实践中对本书中的活动进行精益求精的推敲。我们非常清楚在对活动教学的驾驭水平、过程设计与实施环节上还有许多要进一步完善的地方，需要在未来的课堂实践中不断凝练提升；第三，在海外汉语课堂，在非目的语的环境中，如何把教学活动积极、适时、恰如其分地与当地文化相融合，在弘扬中华优秀文化的同时，促进中外文化的交融，是永远值得探索的重要课题。总之，套用现下一句流行语：活动教学研究与实践永远在路上！

让我们以感谢作为这本书的结语吧。

本书的完成，我们所任教的学校及学生给予了极大的支持和配合。他们是：北京语言大学、日本东京外国语大学、香港中文大学海外学院、泰国易三仓大学、澳门理工大学、巴拿马大学、多米尼加理工大学、厄瓜多尔瓜亚基尔大学、圣多明各华侨学校等。在此表示衷心感谢！

深深感谢中国蒸蒸日上的汉语国际教育事业，能成为其中的一员我们倍感幸福；感谢为这本书提供帮助的各位师长及北京语言大学出版社的编辑们；感谢支持我们在国外工作时的父母、爱人和孩子；感谢我们那些可爱的外国学生们！

在这里我要特别感谢李俊芬老师的爱人毕起先生，作为理工科出身的毕起先生为了支持妻子的事业，两次作为汉语教师志愿者陪同俊芬出国任教。毕起先生以他缜密的思维和独特的视角以及一线教学经验为本书的活动设计、案例编写提供了无私帮助，在此表示深深的谢意和敬意！

谨以此书表达我们对汉语国际教育事业的热爱！

姜丽萍

2014 年 11 月